곽선희 목사 설교집
41

복낙원 인간상

곽선희 지음

계몽문화사

머리말

'복음은 들음에서' — 이는 진리이며 우리의 경험입니다. 하나님께서 우리에게 주신 복 가운데 가장 큰 복은 말씀을 주신 것입니다. '말씀이 육신을 입어서 오신 것' 입니다. 말씀을 주셨고 들을 수 있게 하셨고 마음문을 열고 받아 믿게 하신 것, 참 놀라운 은혜입니다.

말씀은 단순한 지식이 아닙니다. 추상적인 이론이 아닙니다. 말씀은 선포되는 하나님의 계시적 능력인 것입니다. 말씀의 권능, 그 능력을 알고 체험하면서 비로소 '말씀 안에서 태어나는 생명적 기적' 이 나타나게 됩니다. 오늘도 그 말씀이 증거되고 새롭게 선포되고 있습니다. 설교가 곧 말씀입니다. 성령의 역사와 함께 끊임없이 이루어지는 생명의 역사입니다. 이 선포되는 말씀, 증거되는 진리를 통하여 구원의 능력은 항상 새로워집니다. 말씀 안에서 새 생명이 탄생하고 말씀 안에서 영혼이 소생하며, 그 큰 능력 안에서 우리는 강건해집니다. 우상을 이기는 능력의 사람으로 성장해가는 신비롭고 놀라운 사건을 강단에서 늘 경험하고 있습니다.

여기에 또다시 설교말씀을 모아 책자로 내어놓습니다. 예수소망교회 강단을 통하여 하나님께서 우리에게 주신 말씀입니다. 이제 그 말씀을 책자로 엮어 내어놓음으로써 우리가 시간과 공간을 초월하여 개별적으로 하나님을 만나게 되는 '말씀의 역사' 에 귀중한 방편이 되고자 합니다. 책자라는 그릇에 담긴 이 말씀들은 읽는 자의 마음 안에서 또 다른 '말씀의 신비한 기적' 을 낳게 되리라 확신합니다.

한 시간 한 시간의 설교를 위하여 간절히 기도해주신 모든 성도들과 이 책자를 출간하기까지 수고해주신 여러분께 진심으로 감사를 드립니다. 그리고 또다시 영광을 오직 하나님께 돌리면서……

곽선희

차 례

머리말 ——— 3

너는 나를 따르라(요 21: 18-23) ——— 8

찾으면 만나리라(렘 29: 11-14) ——— 18

예수께로 인도되는 어린이(막 10: 13-16) ——— 27

아름다운 면류관(잠 1: 7-9) ——— 38

소망으로 얻은 구원(롬 8: 18-25) ——— 48

이러한 기쁨에 사는 사람(요 3: 22-30) ——— 56

성령 충만함의 증거(행 4: 29-35) ——— 67

가만히 서서 구원을 보라(출 14: 10-14) ——— 77

오직 나뿐입니다(왕상 19: 1-10) ——— 87

일어나 머리를 들라(눅 21: 20-28) ——— 97

자기구원의 비결(엡 4: 25-32) ——— 106

자기 사명을 아는 사람(창 45: 1-8) ——— 117

안식일의 주인(마 12: 1-8) ——— 126

하나님의 일의 신비(요 6: 26-35) ──── 136
주가 내게 주신 은혜(롬 15: 14-21) ──── 146
더욱 네 마음을 지키라(잠 4: 20-27) ──── 157
하나님의 소원을 아는 사람(빌 2: 12-16) ──── 166
너를 자유케 하리라(요 8: 31-38) ──── 176
끝까지 견디는 자(마 24: 9-14) ──── 188
실낙원 인간상(창 3: 6-13) ──── 198
복낙원 인간상(눅 15: 17-24) ──── 209
새 계명의 원초적 의미(요 13: 31-35) ──── 219
니를 능하게 하신 예수(딤전 1: 12-16) ──── 231
만민의 기도하는 집(사 56: 6-8) ──── 243
네 이름을 존귀케 하리라(삼하 7: 8-17) ──── 253
교회됨의 원초적 속성(행 2: 43-47) ──── 264
추수자 인생(갈 6: 6-10) ──── 275

곽선희 목사
장로회 신학대학 졸업
프린스턴 신학석사
풀러신학 선교신학박사
인천제일교회 목사
장로회 신학대학 교수 역임
숭의여자전문대학 학장 역임
서울장로회신학교 교장 역임
소망교회 원로목사

곽선희 목사 설교집 제41권
복낙원 인간상

인쇄 · 2005년 6월 10일
발행 · 2005년 6월 15일
지은이 · 곽선희
펴낸이 · 김종호
펴낸곳 · 계몽문화사
등록일 · 1993년 10월 11일
등록번호 · 제16—765호
전화 · (02)917-0656
정가 · 14,000원
총판 · 비전북 / (031)907-3927
ISBN 89-89628-20-2   03230

* 잘못 만들어진 책은 바꾸어 드립니다.

복낙원 인간상

너는 나를 따르라

내가 진실로 진실로 네게 이르노니 젊어서는 네가 스스로 띠 띠고 원하는 곳으로 다녔거니와 늙어서는 네 팔을 벌리리니 남이 네게 띠 띠우고 원치 아니하는 곳으로 데려가리라 이 말씀을 하심은 베드로가 어떠한 죽음으로 하나님께 영광을 돌릴 것을 가리키심이러라 이 말씀을 하시고 베드로에게 이르시되 나를 따르라 하시니 베드로가 돌이켜 예수의 사랑하시는 그 제자가 따르는 것을 보니 그는 만찬석에서 예수의 품에 의지하여 주여 주를 파는 자가 누구오니이까 묻던 자러라 이에 베드로가 그를 보고 예수께 여짜오되 주여 이 사람은 어떻게 되겠삽나이까 예수께서 가라사대 내가 올 때까지 그를 머물게 하고자 할지라도 네게 무슨 상관이냐 너는 나를 따르라 하시더라 이 말씀이 형제들에게 나서 그 제자는 죽지 아니하겠다 하였으나 예수의 말씀은 그가 죽지 않겠다 하신 것이 아니라 내가 올 때까지 그를 머물게 하고자 할지라도 네게 무슨 상관이냐 하신 것이러라

(요한복음 21 : 18 - 23)

너는 나를 따르라

　어떤 회사에 새로운 사원들을 뽑기 위한 입사시험이 있었습니다. 그 입사시험에 났던 이야기를 할 타인데 여기 여러분도 다같이 한번 답안을 생각해보시기 바랍니다. '당신이 혼자서 거센 폭풍우가 휘몰아치는 밤길에 차를 몰고 가고 있다고 생각하십시오. 가다가 작은 마을을 지나갈 때 보니 마침 버스정류장에 세 사람이 아주 초조하게 비를 맞으며 버스를 기다리고 있는 것입니다. 차를 세워놓고 보니 한 사람은 방금 죽어가는 불쌍한 할머니입니다. 또 한 사람은 자세히 보니 한때 자기의 생명을 구해준 아주 고마운 은인인 의사였습니다. 다른 한 사람은 묘령의 여성인데 자기가 평생 찾던 아주 이상형의 아름다운 여자였습니다. 그러나 자기 차에는 세 사람 중 한 사람만 태워갈 수밖에 없는 사정입니다. 당신이라면 셋 중 누구를 태워주겠습니까?' 이런 질문입니다. 여러분도 마음속으로 생각 좀 해봤습니까? 어느 사람을 태워야 되겠습니까? 이제 200명의 경쟁자를 물리치고 당당하게 합격되어서 아주 중요한 직책에 발탁된 한 사람의 회사원은 답을 이렇게 썼습니다. '내 자동차의 키를 의사한테 주고 그 의사가 이 할머니를 모시고 가서 정성껏 치료해주기를 바라겠습니다. 그리고 나는 내 이상형의 여자와 함께 버스를 기다리겠습니다.' 이 사람은 지금 세 사람을 다 살렸습니다. 또한 자기소원도 이루었습니다. 이게 말하자면 win-win입니다. 너도 좋고 나도 좋고 우리 모두가 좋고 다 좋고… 이런 사람은 회사에 큰 도움이 되는 그런 사람이 될 것입니다.

　'자유는 선택하는 능력이다'하는 유명한 말이 있습니다. 우리는 아무리 곤경에 있어도 선택을 할 수 있습니다. 아직도 선택할 기회는 있습니다. 아직도 내게는 선택할 수 있는 자유가 있습니다. 그 자유를 누리고 사는 사람이 바른 인격자입니다. 어떤 의미에서 우리는 계속적으로 선택을 하고 삽니다. 또 어떤 때는 종말론적으로 선택합니다. 이 새벽에 오신 여러분은 아마도 오늘 교회에 갈까 말까, 그 고민은 아니한 것같습니다. 그러나 사놓은 옷, 옷을 입을 때 이걸 입을까 저걸 입을까, 또 밥을 먹고 갈까 그냥 갈까… 하찮은 일에도 꼭 선택이라는 게 있습니다. 그 선택에 따라서 내 운명은 결정되곤 합니다. 시인 괴테는 행복한 삶을 위해서는 다섯 가지의 자세가 필요하다고 말합니다. 상식적인 얘기입니다. 첫째, 어떤 경우에도 미워하지 말고 사랑해버리는 것입니다. 절대 미워하는 사람이 되지 않도록 하라는 것입니다. 어느 사이에 내가 미워하는 사람이 되면 그 순간부터 나는 망가지게 됩니다. 그래서 미워하지 말라는 것입니다. 둘째, 과거에 대해서 후회하지 말 것입니다. 항상 기회는 앞에 있는 것입니다. 옛날일 생각하면서 '그때 그러지 말았어야 하는데…'하는 후회는 그만해야 됩니다. 이제 다 지나갔습니다. 후회는 어리석은 것입니다. 셋째, 화를 내지 말 것입니다. 화낼 일이 있다면 오히려 자성을 할 것입니다. 나 스스로를 깊이 살펴보면 그실 화낼만한 이유는 그리 많지 않습니다. 넷째, 걱정을 하지 말 것입니다. 모든 일이 걱정한다고 되는 게 아니니까요. 하나님께 맡겨버리라는 것입니다. 어니 젤린스키의 유명한 「느리게 사는 즐거움」이라는 책이 있습니다. 거기서 한 구절 재미있는 말을 읽을 수 있습니다. 우리 걱정의 **40%**는 절대 일어나지 않는 일입니다. 우리가 하는 걱정의 **30%**는 이미 지나간 일입니다. **22%**는 사소한 것들입니다. 오직 **4%**만은 바꿀 수 없는 것입니다. 이것은 내가 손을 댈 수가 없는 것입니다. 그리고 4%만이 내가 고칠 수 있는 일입니다. 자, 100가지 중에 4가지입니다. 오직 4%만이 걱정할 가치가 있는 것입니다. 나머지는 걱정이라는 것처럼 맹랑한 게 없습니다. 여기에 정력과 시간을 쏟을 필요가 없다 하는 것이지요. 다섯째, 언제나 현재의 일에 충실할 것입니다. 지금이 중요하거든요. 과거도 아니요 먼 미래도 아닙니다. 현재가 중요합니다. 여기에 하나님의 부르심이 있고 하나님의 뜻이 있는 까닭입니다.

오늘본문을 잘 보면 예수님의 수제자 베드로라는 사람을 보게 됩니다. 이 사람이 지금 결정적인 순간에 왔습니다. 예수님과 3년 동안을 동행하면서 많은 경우에 많은 것을 배우고 많은 사건을 치렀지만 오늘 이 순간이야말로 가장 중요한 시점인 것입니다. 그는 예수님의 제자 중에서도 수제자입니다마는 부끄럽게도 예수님을 세 번이나 모른다고 부인하는 threefold denial의 실수를 범합니다. 세 번이나 예수님을 부인하는 큰 죄를 지음으로 큰 부끄러움을 샀습니다. 부활하신 예수님을 만났지만 그는 다시 예수님의 제자가 되겠다고 나설 수가 없었습니다. 그의 고민에 대해서 성경은 언급하고 있지 않습니다마는 짐작할만합니다. 예수님을 부인하고 고민한 것도 고민이지마는 내 생각에는 그보다 더 큰 고민은 부활하신 예수님을 만났다는 사실입니다. 만나고보니 기가막힌 것입니다. 어쩌다가 이 모양이 됐습니까. 한번 비교해보십시오. 예수님 부활하시지 않았다면 그런대로 베드로는 어떻게 좀 위로를 받았을는지도 모릅니다. 그러나 예수님께서 부활하셨으니 '이크! 원 이런, 이런 멍청한 녀석이 있나!' 자기자신을 자책하고 책망하고 괴로워합니다. 결국은 부활하신 예수님을 만나고나서 '안되겠다. 난 제자의 신분을 사양한다. 나는 물고기 잡으러 간다'하고 옛고향으로, 옛직업으로 돌아갔더란 얘기 아닙니까. 그런데 또 다른 제자들도 줄레줄레 따라갔습니다. 일곱 제자가. 가서 물고기를 잡는데 이게 한 삼 년 쉬었다가 하니까 그런지, 물고기도 알아봤는지 어쨌든 못잡았습니다. 한 마리도 못잡고 피곤해 있는 바로 그날 새벽에 예수님께서 나타나시고 베드로를 부르십니다. 아주 자비로우신 모습입니다. 그리고 저는 이 본문을 읽을 때마다 생각하는 게 있습니다. '내가 예수님이었다면…'하고 좀 생각해봅니다. 한마디쯤 하고 싶은 말이 있는 것입니다. "이 녀석아, 어찌 여기 왔느냐? 베드로야 네가 어찌 다시 이리로 돌아왔느냐?" 그리고 "아니, 한 번쯤 모른다고 하면 되지 굳이 맹세하고 저주까지 했느냐?" 한번 물어보고 싶은 것입니다. 그러나 예수님께서는 그의 과거에 대해서 전혀 말씀하지 않으십니다. 책망하지도 비판하지도 않으십니다. 과거를 들먹이지 않으십니다.

어떤 어린아이가 하도 말썽을 부리고 장난이 심해서 하루도 터지지 않는 날이 없습니다. 또 남의 아이까지 때려가지고 치료비 물어주기 일쑤입니다. 견딜 수가 없어서 많이 걱정하다가 어떡하면 좋을까, 부모가 서로 의논했답니다. "이 녀석이 사달라고 조르는 자전거 사줍시다." "사줍시다." 그런데 조건이 있습니다. "너 일주일 동안 사고치지 않으면 네가 원하는 자전거 사준다." 아이는 약속을 했습니다. 이놈이 사고치고 싶은 일이 많지마는 자전거 얻어가질 생각에서 꾹 참았습니다. 무사고 일주일 후 약속대로 자전거를 사주면서 부모가 뭐라고 했겠습니까. 하지 않아야 될 소리를 한 것입니다. "이렇게 착한 아이가 왜 그렇게 허구헌날 사고를 쳤니?" 그 순간 아이는 안색이 바뀝니다. "내 고 말 나올 줄 알았어. 자전거 안가진다" 하고 나가버리는 것입니다. 왜 과거를 묻습니까. 왜 과거는 들춥니까. 이 사람들이 이래서 사람을 실망시키는 건데 오늘 예수님 참 좋으신 어른입니다. 어쩌면 그 엄청난 실수를 한 베드로를 놓고 한마디 말씀이 없으십니다. 오직 한마디, 차원높게 하시는 말씀은 이것입니다. "아가파스 메?" 네가 나를 사랑하느냐, 내 양을 먹이라, 지금 네가 나를 사랑하느냐, 지금 내 양을 먹이라, 나는 네 과거를 묻지 않는다, 네 잘못을 탓하지도 않는다, 지금 네가 나를 사랑하느냐, 그러면 내 양을 먹이라—말씀하십니다. 리처드 바크가 쓴 「갈매기의 꿈」이라고 하는 재미있는 책이 있지요. 그 책 중에 이런 말이 나옵니다. '생의 끝에 가서 삶을 정리하고 돌아볼 때 가장 가치있는 질문은 오직 하나, 나는 누구를 얼마나 사랑했는가? 그것뿐이다.' 여러분, 세상을 떠나는 마지막 순간에 우리마음에 물어야 할 가장 소중한 판단 기준이 이것입니다. '나는 누구를 얼마나 사랑했는가?' 거기서 내 인생은 평가됩니다. 오늘 예수님 물으십니다. '내 네 과거를 묻는 것이 아니다. 탓하는 것도 아니다. 지금 네가 나를 사랑하느냐? 그러면 여기서 물고기잡을 게 아니다. 돌아가서 내 양을 먹이라.' 그러기 위해서는 나 자신을 깨끗이 비워야 합니다. '나는 아무것도 아닙니다. 내가 주를 사랑합니다. 내가 주를 사랑하는 줄 주께서 아십니다. 그러면 주의 양을 먹일 것입니다'하고 다시 출발하는 것입니다. 오직 사랑 하나만을 마음에 품고 주의 사랑에 감격하면서 다시 출발하는 것입니다. 이것이 베드로의 생입니다.

 D. L. 무디가 어느날 큰 부흥회를 인도하고 단을 내려왔을 때 어떤 사람이 가까이 와서 "하나님의 수많은 사람들, 하나님께서 수많

은 사람들을 당신을 통해서 구원하셨는데 이러한 위대한 주님의 종을 내가 직접 얼굴을 뵙게 되고 악수를 하게 되니 지상의 영광입니다"하고 말했더랍니다. 그러니까 무디는 허리를 굽혀서 땅에 있는 흙을 한줌 움켜올리더니 손가락을 죽 펴고는 흙을 아래로 흘러보내면서 하는 말이 "하나님이 쓰신다는 걸 빼놓고는 나는 한줌의 흙에 불과합니다"라고 대답했습니다. '나는 한줌의 흙에 불과합니다.' 이 마음이 바로 주를 사랑하는 마음입니다. 이제는 자기판단도 다 버렸습니다. 자기자성도 버렸습니다. 자기비판도 버렸습니다. 자기평가도 다 포기했습니다. 오직 '네가 나를 사랑하느냐?' '내가 주를 사랑합니다.' 그 한마디, 오직 그것 하나만 생각하고 다시 출발합니다. 그런데 이 귀한 출발에, 이런 때면 꼭 시험되는 게 있습니다. 대단히 중요한 사건입니다. 베드로가 지금 뭘 생각합니까. 다시 출발하는 이 중요한 시간에… 예수님께서 베드로에게 '네가 나를 위해서 큰 핍박을 받아야 되겠다. 원치 않는 곳으로 끌려갈 것이다.' 십자가에 죽을 것을 예언하고 계십니다. 자, 바로 이 순간입니다. 베드로는 옆에 있는 요한을 생각했습니다. 주의 사랑하는 제자거든요. '네가 이렇게 고난을 당할 것이다' 하실 때에 이것이, 이렇게 되게 된 이유가 혹이라도 내가 예수를 모른다고 한 것에 대한 형벌은 아닌가, 그래서 이같은 어려움이 있을 것이라고, 이렇게 죽게 될 것이라고 말씀하시는 것이 아닌가 하고 율법적 관계로 이 문제를 생각하게 됩니다. 그래서 예수를 부인하지 아니한 제자, 십자가 밑에까지 가서 예수님을 쳐다보던 그 요한을 생각하고 '이 사람은 어떻게 될까요?' 합니다. 묘한 질문이지요. 사람에게 치사하고 더러운 것이 질투입니다. 좌우간 죽을 때까지 질투한다니까요. 이 질투라는 마음은 참 어다나 있는 것입니다. 바로 이 거룩한 역사에까지도 시험으로 작용합니다. 요한, 예수님께서 사랑하는 사람, 예수님 품에 안겨서 '누가 주를 팔 것입니까?' 묻던 그 사람, 십자가 밑에까지 갔었던 바로 그 사람, 예수님을 모른다고 하지 아니한 그 사람 요한은 어떻게 될까요—이제 예수님 대답하시는 말씀을 들어보십시오. "내가 올 때까지 그를 머물게 하고자 할지라도 네게 무슨 상관이냐." 네게 무슨 상관이냐—깊이 생각해야 될 말씀입니다. 우리는 주님만 생각하면 되는데 주님과 나와의 관계이면 되는데 왜 이웃을 생각합니까. '왜 저 사람이 잘되는 거죠? 왜 저 죄인이 잘되는 거죠? 나쁜 사람이 왜 출세하는 거죠?' 다른 사람하고 비교할 것 없습니다. 악인의 형통을 부러워하지 말라 했습니다. 머지않아서 그 흔적도 보이지 않을 것이라고 했습니다. 다 하나님께 맡기고 다른 사람과 비교하지 말 것입니다. 꼭 비교하는 데서 문제가 일어납니다. 좀더 깊이 생각하면 베드로는 직선적으로 말해서 '네가 십자가에 죽어야 할 것이다' 하실 때 '오 주여 감사합니다' 하여야 될 것 아닙니까. 그래서 그가 마지막에 십자가를 질 때는 예수님께서 십자가를 그렇게 지셨는데 내가 어찌 십자가를 예수님처럼 질 수 있단말입니까, 안됩니다, 거꾸로 매다시오, 해서 거꾸로 십자가에 못박혔다 하지 않습니까.

　　자, 예수님께서 십자가에 돌아가셨습니다. 주님 위해 십자가에 죽는다는 건 영광이지요. 그리스도를 위해서 고난당한다는 것은 큰 영광이지요. 큰 은총이지요. '네가 나를 위해서 고난받아야겠다' 하시면 '아멘, 주여 감사합니다' 하여야 되지 이 시간에 '이 사람은 어떻게 될까요?' 하다니 참 답답한 질문입니다. 왜 그쪽으로 마음을 쓴 난발입니까. 예수님 박절하게 말씀하십니다. '내가 다시 올 때까지 머무르게 할지라도 너와 무슨 상관이냐? 그건 나와의 관계지 네 문제가 아니야.' 우리, 언제나 하나님과의 직선적 관계, 종말론적 관계를 바로해야 합니다. 내가 하나님 앞에 누구입니까. 내게 주어진 것 그 무엇이든지 다 내게 주신 은총일 뿐입니다. 실패하고 피곤하게 되는 이유가 어디 있습니까. 그것은 나의 잘못되었던 과거에 매이기 때문입니다. 예수님께서는 베드로가 더는 과거에 매이는 것을 허락지 않으셨습니다. 때로는 자기를 모르기 때문입니다. 내가 얼마나 나약한 존재인지, 내가 얼마나 큰 은혜를 입은 사람인지, 또 내가 할 일이 무엇인지, 하나님께서 내게 맡기신 바가 무엇인지, 그걸 똑바로 몰랐기 때문입니다. 내게 맡겨주신 것 그것만 알면 되는 것입니다. 또 그 일만 하면 되는 것입니다. 내가 할 수 있는 일은 4%도 안 되는 것입니다. 그것만이 내가 할 수 있는 일입니다. 내가 할 수 있는 일이라는 게 아주 변변치 않은 일이거든요. 그런가하면 다른 사람과 비교하지 말 것입니다. 절대로 비교하지 말 것입니다. 제가 심지어는 가끔 이런 질문을 받습니다. "자녀교육을 어떻게 하면 잘할 수 있을까요?" 자녀와 나와의 관계, 이 문제를 놓고도 걱정할 것 없습니다. 당신 할 일만 잘하라고 대답해줍니다. 아버지는 아버지가 해야 할 일, 어머니는 어머니의 할일만 하면 됩니다. 그 다음은 하나님께 맡기세요. 부부간에도 서로 이런 사람이 되어달라, 저런 사람이 되어달라 할 것 없습니다. 오직 하나님과 그와의 관계입니다. 질투할 것도 없고 비판할 것도 없고 몇시에 돌아오든지 그거 상관하지 마십시오. 그게 문제가 아닙니다. 내가 문제입니다.

오늘본문말씀 잘 들어보십시오. '너하고 무슨 상관이냐?' 얼마나 강한 말씀입니까. 내가 다시 올 때까지 머무르게 할지라도 네게 무슨 상관이냐, 네가 일찍 죽든 십자가에 죽든 그건 너의 문제이지 왜 요한하고 비교하느냐, 네게 무슨 상관이냐, 너는 나를 따르라, 오직 너는 나를 따르라, 네가 나를 사랑하느냐, 내 양을 먹이라, 너는 나를 따르라…

　세상이 어떻게 되든 이젠 그만합시다. 저는 이런 생각이 있습니다. 여러분에게 구체적으로 부탁하고 싶습니다. 제발 주일날은 신문보지 마십시오. 주일날아침에 신문보고 교회오지 마십시오. 주일날은 텔레비전도 웬만하면 켜지 마십시오. 전화도 하지 말고 받지도 마십시오. 다 꺼버리세요. 그리고 조용히 주님 앞에 나아와 예배드립시다. 그리고 주의 음성을 들읍시다. 너는 나를 사랑하느냐, 내 양을 먹이라 하십니다. △

찾으면 만나리라

나 여호와가 말하노라 너희를 향한 나의 생각은 내가 아니니 재앙이 아니라 곧 평안이요 너희 장래에 소망을 주려하는 생각이라 너희는 내게 부르짖으며 와서 내게 기도하면 내가 너희를 들을 것이요 너희가 전심으로 나를 찾고 찾으면 나를 만나리라 나 여호와가 말하노라 내가 너희에게 만나지겠고 너희를 포로 된 중에서 다시 돌아오게 하되 내가 쫓아 보내었던 열방과 모든 곳에서 모아 사로잡혀 떠나게 하던 본 곳으로 돌아오게 하리라 여호와의 말이니라 하셨느니라

(예레미야 29 : 11 - 14)

찾으면 만나리라

　후쿠사이라고 하는 사람은 1800년대 일본의 대표적인 유명한 화가였습니다. 그에 얽힌 이런 이야기가 전해지고 있습니다. 어떤 날 한 친구가 찾아와서 "내가 수탉을 좋아하네. 수탉그림 하나 그려주게나" 했습니다. 했더니 이 화가는 "그럼세. 자네가 부탁하는데 내가 안들어주겠나. 하나 잘 그려줌세"하고 약속하면서 일주일 후에 오라고 했습니다. 일주일 후 친구가 큰 기대를 품고 찾아갔더니 이 화가는 "그림이 잘 안됐네. 일주일만 더 있다 오게나" 했습니다. 일주일 있다 또 갔더니 또 일주일 더 있다 오라고 합니다. 그 다음에는 한 달 있다 오라 합니다. 그리고 또 한 달 또 한 달… 이렇게 하기를 3년이나 했습니다. 끝내 이 친구는 화가 났습니다. "자네, 나를 어찌 이렇게 우롱하는 건가? 그 얼마나 대단한 그림을 그린다고 이렇게 사람을 골탕먹이는가?" 버럭 화를 냈더니 "이 사람 진정하게나. 화내지 말고 여기 앉아 있게나"하고 화가는 안으로 들어가더니 종이하고 붓하고 물감을 가지고 나와 친구 보는 데서 순식간에 수탉 한 마리를 잘 그려냅니다. 얼마나 잘 그렸는지 그림 속의 수탉이 당장에라도 뛰어나올 것만 같았습니다. 그런 좋은 그림을 그렸더라는 것입니다. 그런데 그 친구는 오히려 화를 냅니다. "아니, 이렇게 쉽게 그리는 걸 가지고 밀이야 3년이나 날 골탕먹여?" 화가는 "화내지 말게나"하고 친구의 손을 잡고 자기 작업실로 들어갔습니다. 들어가보니 이 무슨 놀라운 일입니까. 온 작업실이 수탉그림 천지였습니다. 밤낮으로 그려놓은 수탉의 습작그림이 온방안에 가득 차 있는 것입니다. 3년을 두고 그리고 그려놓은 그림들이었습니다. 친구는 크게 감동을 받고 말문이 막혔다고 합니다. 수탉 한 마리가 화가의 손으로 그려지는데 그것이 우연한 것입니까. 그게 순식간에 될 수 있는 일입니까. 그의 마음속에, 그의 재능 속에 한동안, 3년 동안을 쌓이고 쌓여서 한 폭의 그림이 그려졌다 하는 이야기입니다.

톨스토이의 「사랑이 있는 곳에 신도 있다」라고 하는 아주 유명한 책이 있습니다. 그 책에서 톨스토이는 말합니다. '우리가 잘못 알고 있는 일이 하나 있다. 우리는 항상 완벽을 추구한다. 그리고 평안만을 원한다. 형통만을 바란다. 그러나 실패하지 않는 인생은 없다.' 여러분, 실패하지 않는 인생은 없습니다. 실패할 때마다 조용히 힘차게 일어나면서 무엇인가를 깨달아가고 바람직한 사람으로 되어져 가는 것입니다. 언제나 해결책은 있습니다. 찾는 자에게 있습니다. 그는 이렇게 말합니다. '그림자가 있는 곳에는 반드시 빛이 있다.' 그림자만 있는 법 없고 빛만 있는 법도 없습니다. 그림자가 있는 곳에는 빛이 있는 것입니다. 노리스 클락은 「To be is to be Self-communicative」라고 하는 그의 명저에서 세 가지 요소의, 세 가지 모양의 인간을 본다, 생활자세를 본다고 말합니다. 생활양식은 이렇습니다. 첫째는 자기소유의 모습입니다. 자기중심적이고 자기발전, 자기능력, 자기지혜, 자기지식에 의존합니다. 그리고 자기성취감에 몰두합니다. 그러나 이것만은 아닙니다. 그 누구든간에 자기헌신의 모습을 볼 수 있습니다. 부득불 우리는 많은 사람 속에 삽니다. 부모가 자식을 낳아놓았으면 자식을 위해 헌신합니다. 또 자식은 부모를 위해 수고합니다. 우리는 부득불 누군가를 위해서 헌신하고 수고하는 일을 떠날 수 없습니다. 그 어떤 자세로 사느냐가 문제입니다. 그러나 이것만도 아닙니다. 그가 말하고자 하는 핵심은 여기 있습니다. 자기초월의 이해입니다. 자기생각, 그 작은 생각, 하찮은 능력, 여기에 머물러 있을 수 없는 것이 인간이다, 뭔가 초월적인 것을 생각하고 한 단 더 훌쩍 뛰어넘어서는 그런 생각을 가지지 않으면 우리는 바르게 살아갈 수가 없다 하는 말입니다.

  오늘본문을 보면 상상할 수가 없는, 도대체 이해할 수 없는 말씀이 있습니다. 유대백성이 하나님 앞에 죄를 범했습니다. 엄연한 범죄입니다. 엄연히 하나님 앞에 잘못해서 하나님께서 징계하시고 유대백성을 바벨론에 포로되게 하십니다. 예루살렘성전은 다 진멸됐습니다. 그 거룩한 성은 무너지고 쓸만한 사람들 수만 명은 바벨론으로 옮겨갑니다. 바벨론으로 포로되어갔습니다. 포로되어가서 어떠했겠습니까. 낙담하고 절망하고, 그리고 불안하고 또한 초조하고… '언제면 하나님께서 우리를 용서하시려나? 언제면 고향으로 돌아갈 수 있을까? 이스라엘을 향하신 은사는 여기서 끝나는가? 이 민족의 장래는 어떻게 될 것인가?' 초조하고 불안합니다. 아주 고통스럽습니다. 이때 예레미야를 통해서 전해주신 메시지입니다. 놀랍습니다. 초조해하지도 말고 불안해하지도 마라, 여기서 결혼하고 살라, 여기서 생업에 종사하고 자식을 낳으면서 아주 살아라 하십니다. 오늘의 메시지를 좀더 거슬러 올라가서 4-7절을 보면 이런 말씀이 있습니다. '집을 짓고 정원을 만들고 결혼을 하고 자녀를 기르라.' 포로되어가서 바벨론에 있는데 이게 어띤 메시지입니까? 그것만이 아닙니다. 더 놀라운 말씀이 7절에 있습니다. "그 성읍의 평안하기를 힘쓰고 위하여 여호와께 기도하라." 다른 말로 하면 바벨론을 위해서 기도하라는 것입니다. 바벨론에 포로되어간 백성이 가서 모진 고생을 하고 있는데 '너희는 바벨론을 위해서 기도하라. 그리고 평안한 가운데서 하나님의 구원하시는 날을 기다리라. 초조해하지 마라. 그리고 현실에 충실하라' 말씀하십니다. A.W. 토저라고 하는 분이 이런 말을 합니다. '현대인이 하나님을 가까이하지 못하는 것은 자기집착에 매이기 때문이다. 스스로의 생각을 버리고야 하나님의 뜻을 이해할 수 있다.' 여러분, 바벨론에 포로되어간 이 사람들이 자기생각, 자기감정에 매인다면 아무것도 할 수 없습니다. 자기생각을 완전히 버리고 하나님의 말씀을 들어야 했습니다. 깜짝놀랄만한, 도대체 이해하기 어려운 말씀입니다. 바벨론에 포로되어간 이 사람들에게 '여기에 당분간 머무를 생각을 하라. 그리고 이 성을 위하여 기도하라' 하십니다. 그리고 성경은 분명히 오늘본문에서 해답을 줍니다. 이 사건은 재앙이 아니라 평안이라고요. 이스라엘사람들이 바벨론에 포로되어가는 것은 재앙이 아니라 평안이라고요. 의미심장한 말씀입니다. 기독교인이 무엇입니까. 신앙이라는 것이 무엇입니까. 시험을 시련으로, 시련을 축복으로 받는 것입니다. 내게 주어진 불행이 결코 저주가 아니라는 것입니다. 주님께서 나를 위하여 죽으셨기 때문에 어떤 고난도 그것은 저주가 아니요 재앙이 아닌 것입니다. 내가 미처 생각하지 못하고 있지만 이것은 축복이라는 것입니다. 그걸 믿는 것이 그리스도인입니다. 여러분, 현실에 불만스럽습니까? 그러나 잊지 마십시오. 하나님께서는 절대로 실수하지 않으십니다. 하나님께서 버리신 것도 절대로 아닙니다. 잠시잠깐 내 생각에 집착한 나머지 주의 뜻을 이해하지 못하고 있을 뿐입니다. 이제 눈을 떠야 합니다. 명심하십시오. 야고보 사도는 야고보서 1장에서 이렇게 말씀합니다. '성도들아 여러 가지 시험을 만나거든 온전히 기쁘게 여기라. 그 시험은 하나님의 약속을 주시기 위한 것이다.' 온전히 기쁘게 여기라—우리가 어려운 사건에 부딪힐 때면 조용하게 우리인간의 생각, 자기집착에서 떠나 그 높은 의미를 이해하여야 합니다. 큰 사건이요 모순적인 사건이요 부조리한 사건일지언정 그 속에 의미가 있습니다. 하나님의 뜻이 있고 하나님의 말씀이 있고 하나님의 경륜이 있고, 깊은 곳에 평안이 있습니다. 평안으로 지향하는 오늘의 시련이요 사건이라는 것을 알아야 합니다. 우리 앞에 있는 정치, 경제, 문화, 복잡한 문제, 마음에 안듭니까? 이제 cool down합시다. 냉정함을 되찾읍시다. 이것이 재앙이 아니라 평안으로 지향하고 있다는 것을 잊지 말아야 합니다. 이것은 하나님의 작품입니다. 그런 긍정적인 면에서 생각해봅시다. 좀더 적극적으로 현실을 봅시다. 놀라운 역사가 조용하게 벌써 이루어지고 있는 것을 능히 감지할 수 있는 것입니다.

또한 본문에서 말씀합니다. "장래에 소망을 주려 하는 생각이라." 소망을 주려 함이니라—현실보다 무서운 것은 소망입니다. 현실보다 강한 것은 소망입니다. 그래서 인생은 그가 지금 어떤 모습으로 사느냐에서 물을 것이 아니고 마음속에 있는 소원이 무엇이냐에 따라서 평가되어야 합니다. '내 소원이 무엇이냐?' 그런데 놀라운 것은 이것입니다. 형통할 때는 소망이 세속적입니다. 잘살고 평안하고 행복하면 소원자체도 아주 추잡합니다. 그게 인간입니다. 그러나 한 번 더 생각해보십시오. 환난을 당하고 어려움을 당하고 고난을 당하게 되면 소원이 정리가 됩니다. 내가 무엇을 위해서 살았던가? 무엇을 위해서 살아야 하는가? 인생이 무엇인가? 도대체 사랑이라는 게 무엇이냐? 묻게 됩니다. 저는 아주 어려운 형편에 있는 가정을 한번 상담했었습니다. 뭐 복잡한 얘기 하더라니 제가 한마디 물어봤습니다. "왜 결혼했소?" "그걸 모르겠어요." "이제부터 알아보세요." 제가 그랬습니다. 왜 결혼했느냐고요. 도대체 결혼의 목적이 뭐였냐고요. 이것도 생각 없이 출발한 것입니다. 이제 한번 흔들어놓으니까 이제부터 생각을 합니다. 나는 왜 결혼을 했던가? 나는 무엇을 위해서 살아야 하나? 소원을 바로 정리해주십니다. 그래서 고통의 날에 소망이 순수해집니다. 하나님을 향한 종말론적 소원으로 소원이 정화됩니다. 병걸리고보면 생각이 달라집니다. 아주 임종이 가까워오면 더 달라집니다. 임종에 이르면 사람마다 세 가지를 후회한다고 합니다. 죽음을 받아들이면서 이제 생각합니다. '이럴 줄 알았더면 좀더 베풀고 살 걸 너무 인색했었다. 그 많은 욕심이 아무 소용 없었는데…' 또한 '좀더 참을 걸.' 참지 못한 것들이 이제 막 후회로 몰려옵니다. 또한 '좀더 즐길 걸.' 마지막은 '나는 누구를 얼마나 사랑했던가'로 평가됩니다. 소망을 주려 합니다. 그 모든 사건 속에서 진정한 소망, 나 스스로가 지향하는 소망, 영원한 소망으로 소망의 의미를 바꾸게 됩니다. 단순합니다. 오직 하나님께만 의존하게 됩니다. simple mind로 말입니다. 그래서 생각해야 합니다. 이것은 재앙이 아니라 평안입니다. 절망이 아니라 보다 나은 소망에로 나를 인도하고 있는 것입니다. 아시는대로 욥이 얼마나 어려운 고난을 겪었습니까. 그러나 욥이 그 많은 고난을 겪으면서 하나님 앞에 가까이 갑니다. 그는 이렇게 고백합니다. "그가 나를 단련하신 후에는 내가 정금같이 나오리라(욥 23:10)." 나를 단련하신 후에—그 모든 사건으로 내 영혼을 단련하고 계시는 것입니다. 이 단련 후에 정금같이 나오게 될 것이라고 말씀합니다.

혼다 켄이라는 사람이 쓴 재미있는 책이 있습니다. 책 제목이 매력적입니다.「부자가 되려면 부자에게 점심을 사라」— 어떻습니까? 말도 안되는 소리 아닙니까. 점심 얻어먹어야 할 주제에 점심을 사 다니요. 뭘 말하는 것입니까. 부자 미워하지 말라는 말입니다. 부자 미워하고 비판하면 그 사람 부자 못됩니다. 마음을 열고 부자에게 점심을 사고, 돈의 문제가 아니라 삶의 자세를 배우라는 것입니다. 점심을 사면서 한번 들어볼까요? 이제 내가 부자될 수 있는 길이 열릴 것입니다. 그래서 좋아하는 일을 직업으로 삼게 되고 다른 사람이 기뻐하는 일을 나도 기뻐하게 되고 내가 삶의 현실에 가장 소중한 것이 무엇인지를 깨닫게 되고 거기서 삶의 변화가 온다고 말해주고 있습니다. 자, 바벨론포수(捕囚) — 이 큰 사건입니다. 이 현실, 이 모순된 현실에 주어진 하나님의 약속이요 메시지입니다. '오늘 이것은 재앙이 아니라는 걸 잊지 마라. 이것은 절망이 아니라 소망이란 걸 잊지 마라.'

성도 여러분, 현실이 마음에 안듭니까? 조용히 하나님의 음성을 들어봅시다. 이것은 저주가 아니요 이것은 소망입니다. 그리고 하나님께서 우리에게 말씀하십니다. '기도하라, 들어주리라. 찾으라, 만나리라.' 기도는 하나님과 나와의 바른 자세입니다. 그리고 찾으라 — 행동으로 바로 이 말씀 속에 살아갈 때 하나님께서 새로운 길을 보여주시겠다고 말씀하십니다. 이스라엘백성이 홍해변에 왔을 때 홍해가 가로막혔다고해서 아우성입니다. 그때 주어진 유명한 메시지가 있지 않습니까. "Be still and know that I am God." 조용하여 내가 하나님됨을 알지어다 — cool down, calm down, 제발 들끓지 말고 쉽게 절망하지 마라, 조용하여 내가 하는 것을 보라, 말씀하십니다. 성도 여러분, 이제 우리는 모든 생각을 잠깐 멈추고 이 현실이 무엇을 의미하는지, 이 현실을 통해서 하나님께서 무엇을 이루고자 하시는지 조용히 들어야 하겠습니다. 이것은 재앙이 아니요 평안이요 이것은 절망이 아니라 소망이라고… 많은 사건을 통해서 '내가 너를 사랑하노라' 하시는 주님의 약속을 다시 확인할 수 있어야 할 것입니다. △

예수께로 인도되는 어린이

사람들이 예수의 만져 주심을 바라고 어린아이들을 데리고 오매 제자들이 꾸짖거늘 예수께서 보시고 분히 여겨 이르시되 어린아이들의 내게 오는 것을 용납하고 금하지 말라 하나님의 나라가 이런 자의 것이니라 내가 진실로 너희에게 이르노니 누구든지 하나님의 나라를 어린아이와 같이 받들지 않는 자는 결단코 들어가지 못하리라 하시고 그 어린아이들을 안고 저희 위에 안수하시고 축복하시니라
(마가복음 10 : 13 - 16)

예수께로 인도되는 어린이

　어느 어머니가 큰딸 결혼식에 가면서 유치원 다니는 막둥이딸을 데리고 갔습니다. 그런데 이 막둥이는 언니가 입은 화려한 웨딩 드레스를 보더니 엄마를 쳐다보고 묻습니다. "엄마, 언니 참 예쁘다. 언니 어디 가는 거야?" "시집가는 거란다." "시집가는 게 뭔데?" "결혼하는 거란다." "결혼이 뭔데?" "그것은 이제 저기 서 있는 신랑하고 서로 특별하게 사랑하고 위하면서 아주 행복해지는 것이란다." 어머니는 나름대로 이렇게 설명을 했습니다. 했더니 이 꼬마 하는 소리가 "어? 그러니까 엄마는 아직 결혼하지 못했구나" 하는 것이 아닙니까. 엄마가 아빠한테서 사랑받는 걸 본 일이 없거든요. 밤낮 싸우기만 하고 그러니까 아이 눈에는 엄마가 아직 그 행복해진다는 결혼을 하지 못했구나 싶은 것입니다. 참 심각한 일이 아닙니까.

　인생은 무엇을 먹고 사느냐가 중요하지 않습니다. 무엇을 보고 사느냐, 무엇을 듣고 사느냐, 무엇을 느끼고 사느냐에 인생의 운명이 달려 있는 것입니다. 어린시절에 특별한 경험을 얻음으로해서 위대한 인물이 된 사람들은 많습니다. 우리가 이 교회에서 기억하고 있는 몇사람만 거론을 해도 유명한 서머나 감독 폴리캅같은 분은 9세 때 중생을 경험했으며 우리가 잘 아는 매튜 헨리같은 사람은 11세에, 그리고 스펄전같은 세계적인 목사님은 12세 때 영적인 깨우침을 받았다고 합니다. 제가 이 현대를 주도하고 있는 CEO들에 대해서 나름대로 연구를 해보았습니다. 그들을 연구하다가 큰 충격을 받은 것이 바로 이것입니다. 이들은 하나같이 좋은 가정을 가지고 있습니다. 통계학적으로 말하면 50명, 세계적인 그 CEO 중의 47명이 조강지처와 살고 있습니다. 돈많고 출세한 사람들입니다. 세계적으로 출세한 이 사람들은, 바야흐로 이혼율이 50%를 넘는다는데, 이 사람들은 다 좋은 가정을 가지고 있는 것입니다. 아내를 바꾸는 일 없이 조강지처와 살고 있습니다. 위에 말한 세 사람도 아주 좋은 가정을 가지고 있었습니다. 또하나 충격적인 것이 이들은 하나같이 어렸을 때에 대한 기억이 좋습니다. 어렸을 때 할아버지, 할머니, 아버지, 어머니에 대해서, 친구들, 형제들에 대해서 좋은 추억을 가지고 있는 사람들입니다. 이 사람들이 과학자도 되고 지도자도 되고 학자도 된다—이것을 우리가 잊어서는 안됩니다. 그러니까 어느 대학을 나왔느냐가 중요한 게 아닙니다. 어떤 가정에서 어떤 분위기 속에서 자랐느냐입니다. 제가 이런 말씀을 드릴 때마다 좀 가슴아픈 것은 이런 사실이 내가 선택하는 게 아니기 때문입니다. 이것은 복으로 주어지는 것입니다. 사람은 세 가지 복을 타고나야 됩니다. 이건 분명 복입니다. 내가 어찌할 수 없는 일입니다. 첫째, 부모를 잘 만나야 합니다. 둘째는, 스승을 잘 만나야 합니다. 초등학교 선생님으로 시작해서 대학교수까지 한평생 많은 선생님들을 만나는데 그 선생님들을 잘 만나야 합니다. 한번 삐끗해서 못된 사람 만났다하면 운명이 곤두박질합니다. 제가 아는 목사님 한 분이 나이 쉰도 되지 않아 목회를 제대로 못해서 그만 쫓겨나가지고 아무것도 못하고 어렵게 지내는 것을 보았습니다. 언젠가 저를 만나서 말합니다. "저는 공부도 했고 박사도 됐고 유학도 했고 했지만 지금 생각하니 한 사람 교수를 잘못 만난 것으로해서 이 지경이 됐습니다. 그의 지도를 받다보니 내가 이런 사람이 된 것같습니다." 뼈아픈 고백이었습니다. 사실입니다. 스승 한번 잘못만나면 운명이 망가집니다. 그렇지 않으니까? 요새도 길거리에서 떠드는 우리사람들 가만히 보십시오. 거, 선생 잘못 만났었습니다. 셋째, 배우자를 잘 만나야 합니다. 그거야 내가 선택하는 것이지요. 아니, 내 선택이라고만 할 수도 없지만요. '하나님께서 짝지어주셨다. 세월이 갈수록 두고보니 그것은 운명이었다.' 그렇게 말할 수밖에 없겠습니다. 이것도 복입니다. 한번 잘못 만났다하면 아주 운명이 옴붙는 것입니다. 망하고 맙니다. 남편 잘못만나면 여자인생 끝나는 것이지요? 어찌할 수 없는 일입니다. 그러니 이거 다 복이지요. 그러니 무엇을 듣고 보고 느끼고 사느냐, 누구를 보고 사느냐, 나아가 누구를 존경하고 사느냐… 아주 중요한 것입니다. 누구를 나의 생의 모델로 생각하고 사느냐, 모본으로 생각하느냐―중요한 일입니다.

오늘본문말씀은 짧은 내용입니다마는 이 속에 유대사람들의 자녀교육관이 기록되어 있습니다. 유대사람들의 자녀교육관은 세계적으로 유명합니다. 왜 이 사람들이 이렇게 강하고 우수한가? 생각해보지 않을 수가 없습니다. 우리네는 노벨상, 노벨상, 하고 하늘의 별 쳐다보듯 선망하지마는 민족적으로 분석해보면 노벨상 받는 사람의 60%가 유대사람들입니다. 자, 어찌 생각하겠습니까. 유대사람들 어떻게 우수한 민족이 되느냐? 비밀은 자녀교육에 있습니다. 오늘본문에 나타난 예수님의 말씀은 마땅한 자녀교육관을 우리에게 가르쳐주고 있습니다. 이스라엘사람들의 풍속을 보면 가장 핵심적인 것이 자녀교육을 우선으로 하고 거주지 선택도 그에 기본을 두고 있다는 것입니다. 경건한 유대사람들은 반드시 회당 옆에 삽니다. 걸어서 나올 수 있는 거리에서 삽니다. 모든것보다 이것이 우선이기 때문입니다. 공기좋고 교통좋고 어떻고… 그러지 않습니다. 우리는 지금 여기에 교회부터 이렇게 먼저 지었습니다마는 유대사람들은 회당을 짓는다하면 아주 허허벌판에다가 짓습니다. 싼 땅을 사가지고 먼저 교회를 구성하고 공동체에서 거기다가 교회를 짓고 교회를 뺑뺑 돌아가면서 각각 사는 집들을 짓습니다. 울타리치듯이 동그랗게 삽니다. 그리고 커뮤니티를 이루고 삽니다. 그분들은 생각합니다. '걸어서 갈 수 있는 거리에 회당이 없다면 Jew가 아니다.' 그래서는 회당을 중심해서 온가족들이 그렇게 살아가는 것입니다. 회당은 주일날만 나오는 데가 아닙니다. 생활의 중심입니다. 생각해보면 우리네하고는 너무 거리가 먼 얘기 아닙니까.

그렇게 살 뿐만 아니라 그들은 항상 율법과 「탈무드」로 살아갑니다. 그래서 유대사람들의 어떤 고등학교에서는 그 바쁜 시간에 오전 내내 오로지 율법과 「탈무드」만 읽습니다. 그리고 토론을 합니다. 율법과 「탈무드」, 오전에는 완전히 이것만 읽습니다. 그리고 점심먹고 오후부터 공부를 합니다. 그렇게 교육해서 세계적인 학자가 나오는 것입니다. 그 마음속에 「탈무드」가 꽉차 있어야 된다는 것입니다. 율법으로 가득차 있어야 된다는 것입니다. 이것이 없으면 유대사람이 아니라는 것입니다. 거기에 지혜가 있고 삶의 생명력이 있다고 그들은 그렇게 믿고 있습니다.

그리고 또 한 가지는 어렸을 때부터 존경할 사람을 가르치는 것입니디. 먼옛날에 누구누구가… 모세가, 다윗이… 그러는 것보다 현재 살아 있는 분, 눈앞에 보이는 분, 이 분을 본받으라, 이 분을 닮아라, 이런 분을 존경하라—그것을 꼭 가르치는 것입니다. 그래서 유대사람들은 주로 회당에 있는 랍비를 생각합니다. 랍비는 부자도 아닙니다. 랍비는 잘사는 사람도 아니고 흔히 말하는대로 학자도 아닙니다마는 부모들은 '회당에 가서 랍비를 존경하라, 랍비처럼 되라, 지혜의 사람이 되라' 이렇게 자녀들을 가르칩니다. 존경을 실제상황에서 가르칩니다. 여러분, 사람을 존경할 줄 안다는 것은 대단히 중요한 일입니다. 그런데 우리네는 존경하는 인물이 없습니다. 요새 아이들 보고 물어보십시오. 이순신밖에 없습니다. 그리고는 다 죽일 놈이라 합니다. 이러니 교육이 되겠습니까. 현재 살아 있는 분 중에 '이 분을 닮아라, 이 분을 존경해라' 할만한 사람이 있어야 되는데요. 없으면 안되지요. 우리 교역자들도 그렇습니다. 가끔 이런 질문을 받습니다. "목사님, 목회하시는 중에 목사님이 모본으로 생각하고 존경하는 목사님이 누굽니까?" 그러면 저는 단 세 사람을 꼭 얘기합니다. 이렇게 마음속에 존경하는 모본이 있고야 목사도 되고 사람도 되는 것입니다. 그것을 가르쳐야 됩니다. 그래서 회당에 가서는 랍비를 보며 "자, 저 분을 닮아라" 합니다. 그리고 교통이 불편한 옛날에는 어쩌다가 마을에 귀한 손님이 방문하게되면 자녀들을 데리고 가서 그 어른을 보이고 이 분을 닮아라, 이런 어른을 배우라, 우러러 보라 하고 존경을 가르치는 것입니다. 오늘도 예수님께서 이 마을에 들어가셨는데 사람들이 우 모여들었습니다. 아이들을 데리고 와서 다른 게 아니라 '저 어른을 보아라. 저 훌륭한 어른을 보아라' 하고 존경을 가르치고, 저런 분으로부터 배우라 합니다. 그리고 나아가서는 '복을 빌어주세요' 하고 예수님께 청합니다. 복빈다고 긴 기도 하는 것이 아닙니다. 머리에 손을 한번 대는 것입니다. 그 축복하는 것, 축복을 받아야 산다고 그들은 생각합니다. 내가 노력하고 수고하고 다 해도 아닙니다. 복을 받아야 됩니다. 저런 복 받은 어른으로부터, 귀한 어른으로부터 복을 받아야 된다고 그들은 생각합니다.

얼마나 중요한 얘기입니까.

　저는 목회 중에 뻔히 알면서도 실천하지 못하고 오히려 여기서 떠난 너무도 유감스러운 일이 있습니다. 그것은 뭐냐하면 제가 미국에서 공부할 때 보니까 제가 나가서 돕던 교회에서는 예배시간에, 어른예배시간에 앞자리에 어린아이들이 같이 앉아서 예배드립니다, 교대로. 유년부 어린아이들이 여기 와서 앉는 것입니다. 그리고 설교 전까지, 그전까지 같이합니다. 찬송도 부르고 기도도 하고 앉았다 일어났다 하고 설교 전에, 성가대 찬양 전에 싹 나갑니다, 아이들이. 그 다음에는 딴 아이들이 옵니다. 그리고 그 교회는 뒤를 유리로 막아놓아서 좀 떠들어도 괜찮습니다. 거기서 아이들이 어른들과 같이 또 한 반은 예배를 드립니다. 어른들의 예배에 아이들을 동참시키는 것, 그것 참 아름다운 일이라고 생각했었습니다. 그런데 저는 그것을 실천하지 못했습니다. 이게 제일 유감스러운 것입니다. 가끔은 어린아이를 데리고 나온 사람 있거든요. 그러면 그거 말리지 않습니까. 그러면 하는 말이 "아, 그 저 목사님처럼 되라 해서 데려왔는데 왜 못들어갑니까?" 하는 것이면 정말 할말 없는 것입니다. 그거 참 어려운, 실천하지 못한 부분입니다. 그도그럴것은 저는 이에 대해서는 할말이 없습니다. 왜냐하면 제가 어렸을 때 교회에 나가면 물론 주일학교 나가서 아이들과 같이 성경공부 하고 예배드리고 이어서 어른예배 때도 꼭 참례해야 했기 때문입니다. 다들 놀러 가는데 나만 그랬던 것입니다. "너는 안돼! 앞으로 목사가 될 사람이니까 참례해라." 이것입니다. 그래 어른예배를 참례했었습니다. 혼자서 어른들과 같이 예배를 드렸는데 한번은 빼먹었거든요. 눈이 많이 온 날입니다. 눈이 막 오니 스케이트를 타고 싶어 안달이었거든요. 그래서 어린아이예배만 드리고 슬그머니 빠져나가서 스케이트를 탔지요. 신바람나게 타는데 또 눈이 오는 것입니다. 눈맞으면서 타는 재미, 그거 기가막힙니다. 아, 이렇게 하고 있는데 제 어머니가 찾아왔습니다. 담요를 뒤집어쓰고 멀리서 "선희야!"하고 부르시는 것입니다. "아, 어머니 저 주일학교 하고 왔는데요" 하니까 "안돼, 가자." 어머니에게 끌려서 교회 갔습니다. 갔더니 예배 다 끝났습니다. 그러나 그때 어머니의 손에 이끌려 다시 교회에 갔던 추억은 잊을 수가 없습니다. 그 후로는 빼먹지 않았습니다. 어른예배에 꼭 참례를 했었습니다. 그리고 설교듣는 걸 어린아이지만 다 받아썼습니다. 필기를 한 것입니다. 그 필기한 걸 모아놓았었는데 제가 피란나온 다음에 어머니는 제가 필기해놓은 그것을 읽으면서 우시더라는 얘기를 들었습니다. 자, 이렇게 어른예배에 참례하는 것 귀한 일입니다. 이걸 보아야 됩니다. 이 경건을 보아야 됩니다. 저희들끼리만 모여서 와글와글하다가 돌아가는 게 아닙니다. 교육은 지식으로 되는 게 아니라 감동으로 되는 것입니다. 경건의 본을 보여야 된다는 말씀입니다. ― 우리교회 어느 권사님네 아들 하나가 초등학교 3학년인데 이놈이 공부도 잘하는데다 장난도 심합니다. 이놈이 언젠가 이러더랍니다. "나 커서 목사 될래." 엄마가 "야! 장난꾸러기야. 네가 무슨 목사가 돼? 목사 아무나 되는 줄 알아?" 하니까 "아니야, 나 목사 될래." "왜?" "가만 보니까 우리아버지는 엄마한테 꼼짝못하고 엄마는 목사님한테 꼼짝못하더라. 목사가 제일이데." 내 그래서 그놈 괜찮구나 했습니다. 여러분, 존경의 대상 이걸 지적할 수 없다면 어찌하면 좋겠습니까? 모본이 없습니다. 오히려 한다는 말이 "누구말도 믿지 마라. 수상한 사람 조심해라. 모든 사람을 의심해라" 하는 것이니 어떻게 세상꼴이 되겠습니까. 존경은 교인의 기본입니다. respect. 그래서 예수님 나타나셨을 때 부모들은 아이들을 데리고 가서 '우러러보라. 이런 분을 존경해야 된다. 이런 분을 사랑해야 된다.' 이렇게 교육하는 것입니다. 또한 '복을 내려주세요. 주께서 받으신 복을 제 자식에게 주세요' 합니다. 예수님 앞에 나온 많은 사람들, 여러분도 아시지만 어떤 사람은 병고치러 나왔지요. 또 어떤 사람은 출세하러 나왔지요. 어떤 사람은 예수님을 핍박하려고 나왔지요. 여러 가지 불순한 동기도 있는데 아시는대로 가장 순수한 동기가 어린아이를 데리고 나온 것입니다. 이건 병고쳐달라는 것도 아니고 출세목적도 아니고 명예추구도 아니지 않습니까. 어린아이 데려온 것을 보셨을 때 예수님마음이 가장 행복했을 것같습니다. 그 시간을 가장 값지게 여기셨을 것입니다. 많은 사람이 나왔지만 그밖에는 다 예수님을 기쁘시게 못했습니다. 그러나 어린아이들을 데리고 나온 것을 보시매 너무너무 좋으셨습니다. 제자들은 그 뜻도 모르고 꾸짖지만 '얘들아, 이리 오너라. 어린아이들을 데리고 오게 하라' 하십니다. 아이들을 안고 복을 주셨다―너무도 귀한 장면입니다. 여기에 예수님의 교육이 있습니다. 예수님의 기독교교육이 여기에 있습니다. respect, 존경하는 마음, 그 다음에 복을 받아야 되겠습니다. 복받는 마음이 그것입니다.

그리고 오늘본문에 중요한 교훈이 있습니다. '어린아이를 가르치러들지 말고 어린아이로부터 배우라. 천국은 어린아이와 같다. 어린아이로부터 배우라.' 그렇습니다. 저는 생각합니다. 좀 우스운 얘기지만 가톨릭신부들이 설교를 시작하면서 설교학을 좀 가르쳐달라고 히기에 제가 가돌릭신부늘 세미나에 가서 설교학을 강의한 일이 있습니다. 마치고나서 점심먹으면서 "신교 목사님들은 설교를 잘하는데 우리신부들은 설교를 잘 못해요. 설교 잘하는 비결이 뭡니까?" 자꾸 물어옵니다. 열심히 강의한 다음인데 또 물어보더라고요. 그래 제가 "아주 중요한 비결이 있습니다" 그랬더니 "뭔데요?" 그래서 "그러나 실천하지 못할 걸요?" 그랬더니 "아, 말씀하세요. 설교 잘하려면 실천해야죠" 하므로 "장가를 가세요, 허허허…" 했습니다. 장가를 가보면 알지요. 아내와의 관계, 이게 보통 어려운 것이 아닙니다. 이것이 큰 공부입니다. 그렇지 않습니까? 여자 하나 사랑하는 게 쉽지 않습니다. 사랑하기가 쉽지 사랑받기는 어렵지요. 사랑받을 만큼 된 사람, 그 위대한 사람입니다. 그런가하면 태어나는 자녀들을 키우면서 또 얼마나 공부를 많이 합니까. 가만히 들여다보면 이게 기가막힌 교과서입니다. 성경책이 따로 없습니다. 그거 들여다보면 성경책입니다. 아시겠습니까? 오늘 예수님께서 '저들로부터 배우라' 하십니다. 어린아이들의 믿음, 그들의 순진함, 그들의 신실성, 그들의 사랑… 무슨 긴 얘기가 따로 필요합니까. 어린아이로부터 배우라 하십니다. 오늘도 마음을 열고 어린아이들을 대해보십시오. 무궁무진한, 정말 천국의 모습, 천국백성의 모습을 볼 수 있습니다. 오늘 예수님말씀이 '하늘나라는 이런 사람들의 것이다. 저들로부터 배우라' 하십니다. 이렇게 배워가면서 또한 저들을 바른 길로 가르치게 되는 것입니다. 스위스의 유명한 교육가 페스탈로치는 말합니다. 최상의 학교는 가정이요 최상의 커리큘럼은 사랑이라고요. 사랑은 이론이 아닙니다. 사랑과 정열의 시인인 하이네라고 하는 사람을 여러분이 아십니다. 친구들이 그의 가정을 한번 방문했더니 아이들이 집안에 수십 명이나 모여서 온통 난장판이었습니다. 집안이 흔들릴 만큼 와글와글 떠들고 돌아갑니다. "우리가 알기에는 자네한테는 아이가 없는데 어떻게 아이들이 이렇게 많이 와서 노는가, 시끄럽게?" 하이네는 대답합니다. "동네서 빌려왔네. 내가 종종 아이들을 데려다가 파티도 하고 먹을것도 주고 같이 놀고 한다네." "어째서?" "저들과 만나고 저들의 떠드는 소리를 듣고 저들의 얼굴을 보고야 미래가 보이고 시상이 떠오르거든." △

아름다운 면류관

여호와를 경외하는 것이 지식의 근본이어늘 미련한 자는 지혜와 훈계를 멸시하느니라 내 아들아 네 아비의 훈계를 들으며 네 어미의 법을 떠나지 말라 이는 네 머리의 아름다운 관이요 네 목의 금사슬이니라

(잠언 1 : 7 - 9)

아름다운 면류관

「뉴욕 타임즈」가 베스트 셀러로 소개했던, 우리나라에서도 많이 읽혀진 책 「마음을 열어주는 101가지 이야기」는 저도 아주 재미있게 부담없이 읽은 기억이 있습니다. 이 책 속에 나오는 이야기입니다. 존 웨인 슐레터라고 하는 사람이 자신의 어머니에 대한 이야기를 간단하게 싣고 있습니다. 어머니가 세상을 떠나기 전에 병상에 둘러선 자녀들에게 아주 흥미로운 유언을 했습니다. 가끔 이런 것을 봅니다. 서양사람들은 죽으면서도 유머를 합니다. 워낙 마음의 여유가 있어서 그런지 그런 그 여유있는 유언을 들을 수 있는데 이 또한 그런 유언입니다. "내 사랑하는 자녀들아, 내 무덤에는 꽃을 가져오지 말라. 나는 무덤에 없을 거니까." 재미있지 않습니까. "나는 육체를 떠나는 순간 곧장 내 고향 유럽으로 갈 예정이다. 너희 아빠가 밤낮으로 유럽으로 데려다준다고 하면서 약속만 해놓고 안지키고 말았다. 그러니 이제 나는 곧장 유럽으로 갈 거다. 그리고 내일아침 천국에서 다시 만나자." 빙그레 웃으면서 세상을 떠나갔다는 것입니다. 많은 것을 생각하게 하는 얘기입니다. 도대체 효도란 게 무엇일까? 생각하게 됩니다.

공자의 제자 자유(子游)가 공자에게 효에 대하여 물었습니다. 공자는 말합니다. "요새사람들은 효도라고 하면 다만 부모님을 잘 부양만 하면 되는 것으로 아는데, 사람은 개나 말까지도 다 먹여서 키울 줄 알지 않는가. 만일 부모님을 존경하는 마음이 없다면 어떻게 짐승을 기르는 것과 다르겠는가." 까마귀나 곰이나 황새 같은 것도 부모 부양은 할 줄 알며 텔레비전 한번 보니까 사자도 그런 사자가 있더라고요. 늙어서 사냥을 못하는 숫사자에게 음식을 날라다 먹이는 그런 착한 사자가 있더라고요. 그러니 뭐 부양하는 것 정도를 효라고 생각해서는 안된다 하는 얘기입니다. 모름지기 공경해야 한다는 것입니다. 孝爲百行之源(효위백행지원)이라고 했습니다. 유명한 얘기 아닙니까. 효가 모든 행위의 근본인 것입니다. 그래서 말입니다. 제가 선교학을 공부하면서 보니까 중국기독교 초기에 그 불모지에 선교를 할 때 그 문이 잘 안열리지 않습니까. 마음문이 열리지 않는 사람들에게 전도지를 뿌렸는데 그 전도지 중에 가장 많이 읽히고 많은 효과가 있은, 많은 사람을 예수믿게 한 전도지가 뭐냐하면 (그게 통계로 나와 있습니다) 재미있게도 '기독교는 효의 종교다'라고 말한 전도지였습니다. 그래서 중국사람들이 예수믿게 되었습니다. 내용이 어느 정도였느냐? 성경에는 부모님에게 손찌검을 하거나 '라가' 즉 미쳤다고 하거나 말이라도 이렇게 하는 놈은 때려죽이라 했습니다. "자기 아비나 어미를 치는 자는 반드시 죽일지니라(출 21 : 15)." "그 아비나 어미를 저주하는 자는 반드시 죽일지니라(출 21 : 17)." 성경에는 그밖에도 여러 곳에 이런 말씀이 있습니다. 그러니 '봐라, 기독교는 효도의 종교다. 아 좋은 종교다' 하고 예수를 믿게 되었다는 기록이 선교학에 나옵니다. 확실히 성경은 효도의 종교인 것이 사실입니다. 기독교의 근간을 이루고 있는 십계명, 율법의 총칭인 십계명에 부모를 공경하라, 한 것이 사람에 대한 계명 중에는 첫째입니다. 제5계명으로 말입니다. 계명이란 게 뭡니까. 하나님의 명령이요 하나님의 뜻이요 하나님의 기뻐하시는 바요 나아가 이걸 통해서 우리가 복을 받는 것입니다. 우리가 복받을 수 있는 길은 바로 계명에 있습니다. 하나님께서는 이 길을 통해서 복을 주십니다.

이 길을 떠날 때 복받을 수 없습니다. 명령입니다. 강한 명령입니다. 그 계명 안에서 우리의 뜻과 하나님의 뜻이 하나가 되기를 원하십니다. 어느 순간이라도 우리의 뜻이 그 계명에서 말씀하시는 뜻과 하나가 되어야 복을 받을 수 있는 것입니다.

효의 동기적인 오해가 좀 있습니다. 사회학적으로 이것을 잘 연구해보면 유산을 바라고 효도하는 경우가 많다는 것입니다. 내가 그 기록도 봤지만 말도 많이 들었을 것입니다. 왜 우리가 명절 때마다 민족이동이라 할 만큼 귀성객이 넘치지 않습니까. "왜 그렇게도 야단인가? 그 좀 조용히 지내지 않고… 나는 뭐 실향민이니까 이런 소리를 하는 거지만…" 그랬더니 "모르는 소리 하지 마십시오. 저기에 운명이 걸렸습니다" 라는 대답이 돌아옵니다. 나이많은 아버지 어머니가 가진 시골의 그 땅값 많이 올라갈 테고 부모님이 그걸 딱 붙들고설랑 "명절에도 안오는 놈들 땅 안준다" 이러고 있다는 것입니다. 그러니까 죽기살기로 명절에는 가야 된다는 것입니다. 유산 좀 얻어 가지려면… 자, 그러니 그게 무슨 효도입니까. 나 그 '민족이동' 할 때마다 그 생각이 자꾸 납니다. 저 마음들이 지금 순수한 것인가? 마음에 좀 걸리는 것입니다. 그리고 사회학적으로 이걸 연구해온 기록에 보면 이렇습니다. 도대체 효라는 게 뭐냐하면 옛날부터 농경문화에서부터 발달한 것입니다. 수렵문화에는 효가 없습니다. 농경문화에만 효가 있는데 농경문화는 또 뭐냐? 농토가 있지 않습니까. 이 농토를 내가 유산으로 물려받지 못한다면 그 땅 내게는 소용이 없는 것입니다. 소도 언덕이 있어야 비빈다 하지 않습니까. 땅이 없으면 모든 노력이 소용없습니다. 옛날에는 그랬습니다. 땅을 못가지면 그는 일생동안 그저 남의 집 머슴살이나 하다 가는 것입니다. 땅 없는 사람은 사람이 아니었습니다. 사람취급 받을 수가 없었습니다. 그런데 이 땅이 누구 것입니까. 부모님의 것입니다. 부모님으로부터 물려받게 되어 있는 거란말입니다. 이걸 물려받으려면 효도해야 됩니다. 부모님에게 잘보여야 합니다. 이런 관계가 문화화해서 효라는 덕이 생겨났다—이것이 사회학자의 비판입니다. 알고보면 참 마음에 안드는 것이지요. 이런 잠재의식이 깔려 있어서, 유산을 받겠다고 하는 그런 생각들이 모여서 효라는 관념을 이루었다—이 도대체 얼마나 슬픈 얘기입니까. 그리고 또하나의 잘못된 오해가 뭐냐하면 나이많은 어른을 불쌍히 여기는 것입니다. 불쌍히 여기는 인도주의적 차원에서 부모를 공경하는 경우가 있습니다. 몸도 움직이지 못하고 치매도 왔고 뭐 여러 가지로 안됐다, 인생이 불쌍하다, 그래서 부모를 돕는다—이건 효도가 아닙니다. 그럴 수가 없지요. 효라는 것은 이런 인도주의적 차원이 아닙니다. 또하나는, 옛날에는 징계가 무서웠습니다. 국법이 효를 중심으로 한 것이었습니다. 국법 자체가 효를 근본으로 했습니다. 그래서 징계가 무서워서, 그것이 타성화해서 효를 이루었다 하는 생각입니다. 요새와서는 더 나쁜 게 하나 있습니다. 더 나쁜 효입니다. 그것이 바로 효를 무슨 액세서리 쯤으로 생각하는 것입니다. 사람들 보는 데서는 효도하는 척하고 안보는 데서는 마음대로 내버려두고… 나는 이렇게 효도한다, 나는 이렇게 부모를 잘 모신다… 액세서리로 자랑하는 것입니다. 그래서 참 유감스럽게도 살아생전에는 그렇게 구박하다가 죽고나면 굉장하게 장례식을 치르고 또 제사하느라고 야단입니다. 이거 왜 이러는 것입니까. 왜 살아생전에 잘 안모시다가 죽은 다음에 잘 모시나? 내 그게 궁금해서 연구를 해봤습니다. 집중적으로 연구해봤더니 결론이 딱 나왔습니다. 늙어 있는 무능한 부모는 아무 소용이 없다, 죽어 귀신이 돼야 복을 줄 수 있지 않겠는가, 귀신된 부모가, 그게 효용성이 있다—그래서 죽은 다음에 잘한다는 것입니다. 원 세상에, 어쩌다가 우리 문화가 이렇게 됐습니까. 그래서 죽은 다음에 제사하느라고 그 난리를 치는 것입니다. 간단히들 생각합니다. 살아생전은 소용없고 죽고 나야 중요하다는 것입니다. 이런 공부를 하면서 아, 우리문화 참 많이 잘못됐다, 생각을 해봅니다.

그러면 오늘성경에 말씀하는 효는 무엇입니까. 훈계를 들으라 하였습니다. '들으라' '쉐마'. 중요한 말입니다. 하나님의 말씀도 들으라, 부모의 훈계를 들으라—듣는 것, 이것이 효도입니다. 아시겠습니까? 어떤 자세로 듣느냐가 문제입니다마는 모름지기 들어야 됩니다. 제가 이런 시간에나 한번 부모님께 효도하는 마음으로 말씀드립니다마는 제 아버지는 효도상을 여러 번 받으셨습니다. 시골이지마는 효도상을 받는 효자이셨습니다. 내가 볼 때도 효자이셨습니다. 대단한 효자이셨습니다. 우리할아버지가 이 예순 다 된 아버지를 부르시는데 "애야, 오너라" 하십니다. 그러면 아버지는 얼른 가서 할아버지 앞에 무릎 딱 꿇고 앉으십니다. 대체로 손자는 할아버지 앞에 겁이 없거든요. 옆에서 보면 아버지는 쩔쩔매십니다. 할아버지가 뭐라고 말씀하시면 "예, 예, 알았습니다, 알았습니다" 하면서 들으십니다. 절대 밀대꾸를 못하십니다. 그리고 문을 열고 나가시면서 문간에서 "나 원 정… 아버지도 참, 나 원 정…" 하십니다. 아무래도 들어서는 안될 말씀을 하시니 어떡하면 좋습니까. 그러니 "나 원 정 아버지도…" 그러면 내가 옆에 있다가 "나 원 정…" 하고 흉내를 냅니다. 그러면 아버지는 "예끼 이놈아, 너 그러면 못쓴다" 하십니다. 그저 듣는 것입니다. 말이 안되는 말을, 그래서는 안될 것같아도 들어야 됩니다. 무조건입니다. 경청을 해야 됩니다. 그 듣는 것이 효도라는 것입니다. 또 이 듣는다는 것에는 들을 가치가 있다는 뜻이 들어 있습니다. 말도 안된다, 들을만한 가치가 없다… 그건 불효입니다. 부모님은 요샛말로 노하우가 있습니다. 그리고 나를 사랑하는 분입니다. 그의 말은 들을 가치가 있습니다. 그것을 들음으로 내가 지혜자가 되는 것입니다. 그 파란만장한 생에서 얻은 귀중한 교훈, 그게 얼마입니까. 이건 내가 들을 가치가 있다―그걸 인정해드리는 것입니다. 이게 효도입니다. 그걸 인정하면서 듣는 것입니다. 이것이 효도입니다. 이걸 잊지 말아야 합니다. 들어야 됩니다. 윈스턴 처칠이 위인으로서 한때 이름을 높이 날리고 있을 때 어떤 신문사에서 '위인을 만든 스승들'이라는 제목으로 윈스턴 처칠이 유치원다닐 때부터 시작해서 그와 관계되었던 스승들을 죽 나열을 했습니다. 이런 사람들이 처칠을 만들었다 하고요. 처칠이 신문사에다가 전화를 걸어서 "수고했습니다. 그런데 중요한 스승을 하나 빠뜨렸구먼요" 했습니다. "누구십니까?" "제 어머니죠. 그 어떤 스승보다도 제게는 우리어머니가 가장 큰 스승입니다." 그렇습니다. 아버지를 스승으로, 어머니를 최고의 스승으로 알고 듣는 것입니다. 스승으로 듣는 것입니다. 잠깐 그리 해봅시다. 우리, 부모 입장에서 자식이 이렇게 생각한다면 얼마나 좋겠습니까. 얼마나 행복하겠습니까. 이것이 효도입니다.

또한 무엇보다 중요한 것은 공경해야 된다는 것입니다. 공경이란 높은 의미의 사랑을 의미합니다. 수평적인 사랑이 아닙니다. 불쌍히 여기는 사랑도 아닙니다. 높이 여기는 사랑입니다. 인도의 성자 선다 싱은 말합니다. '나를 나되게 한 신학교는 어머니의 품이다.' 어머니가 나로하여금 나되게 했다고 간증합니다. '공경하라' — 높이는 사랑입니다. 또한 높이다보면 주의할 것이 거기 있습니다. 「탈무드」에 나오는 이런 말이 있습니다. '아들은 아버지를 공경해야 한다. 그리고 아버지의 자리에는 아버지가 안계실 때도 앉지 말라.' 아버지가 늘 앉는 그 자리에는, 아버지의 의자에는 앉지 말라는 것입니다. 얼마나 중요한 얘기입니까. 또 '아버지가 말할 때 무조건 청종하라' 했습니다. 재미있는 말이 있습니다. '아버지가 다른 사람과 논쟁할 때 다른 사람 편을 들지 마라' 한 것입니다. 얼마나 심각한 얘기입니까. 예로부터 다 이런 일이 있었거든요. 소망교회 강문원 장로님이라고 계십니다. 제가 새벽 1부예배 1시간 전에 교회에 나가서 강단에 올라가 기도를 좀 하고 내려와서 준비를 하는데, 7시 반인데 6시 반에 올라가거든요. 6시 반에 올라가서 척 보면 강문원 장로님과 그 어머니가 앞에 와서 기도하고 계십니다. 새벽기도에 늘 나오시는 분이니까 주일날도 새벽기도를 안하지만 나와 앉아 기도하시는 걸 볼 수 있습니다. 꼭 어머니와 아들이 같이 앉습니다. 그 어머니는 세상을 떠났습니다. 그 후에도 강장로님은 새벽 6시 반에 올라가면 꼭 거기 앉아 계십니다. 제가 이 말씀을 이 시간 처음 드립니다. 한번도 드려본 일이 없습니다마는 강장로님의 그 자리에 앉아 있는 심정을 제가 압니다. 어머니하고 옆에 앉아서 기도하던 그 자리에 앉아서 기도하는 아들의 모습을 봅니다. 이것이 공경하는 것입니다. 또한 잠언 23장에 보면 부모를 기뻐하라, 부모의 뜻을 기뻐하라, 그의 업을 기뻐하라, 아버지가 하는 일을 기뻐하라, 어머니의 뜻을 기뻐하리고 말씀합니다. '즐겁게 여기라.' 그리고 오늘본문에는 '그것은 너희 면류관이다' 하였습니다. 부모를 나의 면류관처럼입니다. 저 부모의 자녀가 된 것을 최고의 자랑으로 삼는 것 말입니다. 그게 효도입니다. 제가 이 시간을 빌어 나이가 드니까 이런 얘기도 하는 것 같습니다마는 강단에서 안할 말을 한마디 하겠습니다. 프린스턴신학교의 총장 글레스비가 한국을 방문했을 때 그때 마침 제 아들은 프린스턴신학교에서 공부를 하고 있었습니다. 제 아들의 문안도 제게 하고 그런 가운데서 만났는데 이 신학대학 총장이 "곽목사님, 나는 이런 말을 잘 안하는 사람입니다만 참으로 저는 곽목사님을 존경합니다. 그리고 부럽습니다. 중심에서 제가 부러워합니다." 그래서 제가 몸둘 바를 몰라서 "아니 왜 그러세요?" 그랬더니 "이제 들어보세요. 제가 프린스턴신학교에서 목사님의 아들을 만났지요." "그래서요?" 아들하고 식사를 하는 중에 "그대가 이 미국 와서 공부하는데 그대가 제일 존경하는 교수가 누구인가? 그대가 제일 존경하는 사람이 누구인가?" 하고 물었더니 대뜸 대답하는 말이 "우리 아버지요" 하더랍니다. 그분은 그 말을 하면서 울었습니다. "나 이 말 한번 들어보고 죽었으면 한이 없겠습니다." 우리 아들놈들은 그렇지 않다, 이것입니다. '내 아버지가 제일이다'—그것이 효자입니다. 다른 것 없습니다. 저는 그래서 제 아들에게 얘기했습니다. "넌 이제 효도할 필요 없다. 다 했으니까… 너는 효도 졸업했다." 더 바랄 게 뭐 있습니까. 이것이 효도입니다. 저는 다른 사람도 아닌 프린스턴 총장으로부터 그 말을 듣고 그 하루종일 얼마나 행복했는지 모릅니다. 여러분, 지혜의 원천이 효도에 있습니다. 효가 없는 인격, 효가 없는 사회, 그것은 지옥입니다. 이 길에 축복이 있습니다. 이 길에 약속이 있습니다. 마지막말을 기억하세요. 효자가 효자를 낳는 것입니다.

내 아들 효자 되길 바라지 말고 내가 내 부모에게 효자가 돼야 합니다. 내가 효자 되면 자연스럽게 효는 내 가정에 더불어 이어질 것입니다. △

소망으로 얻은 구원

   생각건대 현재의 고난은 장차 우리에게 나타날 영광과 족히 비교할 수 없도다 피조물의 고대하는 바는 하나님의 아들들의 나타나는 것이니 피조물이 허무한 데 굴복하는 것은 자기 뜻이 아니요 오직 굴복케 하시는 이로 말미암음이라 그 바라는 것은 피조물도 썩어짐의 종노릇한 데서 해방되어 하나님의 자녀들의 영광의 자유에 이르는 것이니라 피조물이 다 이제까지 함께 탄식하며 함께 고통하는 것을 우리가 아나니 이뿐 아니라 또한 우리 곧 성령의 처음 익은 열매를 받은 우리까지도 속으로 탄식하여 양자 될 것 곧 우리 몸의 구속을 기다리느니라 우리가 소망으로 구원을 얻었으매 보이는 소망이 소망이 아니니 보는 것을 누가 바라리요 만일 우리가 보지 못하는 것을 바라면 참음으로 기다릴지니라

                   (로마서 8 : 18 - 25)

소망으로 얻은 구원

　제2차세계대전 이후에 유대사람들이 유월절에 부르는 특별한 찬송이 있습니다. 그 찬송의 제목은 '아니마임'입니다. 아니마임이라는 말은 '나는 믿는다' 하는 뜻입니다. 이 아니마임이라는 노래가 들려지면 모든 유대사람은 다함께 숙연해지곤 합니다. 이것은 아우슈비츠 수용소에 수감되어 있으면서 gas chamber로 끌려들어가서 죽게 되는, 그 죽음을 기다리는 사람들에 의해서 만들어진 노래입니다. 가사는 간단합니다. '나는 믿는다. 나의 메시야가 나를 돕기 위해서 반드시 오시리라는 사실을…' 2절은 이렇습니다. '그런데 때때로 그 메시야는 너무 늦게 오신다.' 한 유대 외과의사가 바로 이 형무소에 있었습니다. 우연하게 발견한 유리조각이 있어서, 그 깨진 유리조각을 가지고 아침마다 그는 면도를 했습니다. 유대사람들 특유의 수염이 많은데 그는 깨끗하게 면도를 했습니다. 파랗게 면도자국이 있는 이 단정한 의사를 나치 헌병들까지도 gas chamber로 끌고갈 수가 없었습니다. 그는 단정했고 당당했고 꼿꼿했습니다. 그러던 중에 전쟁은 끝나서 자유를 얻게 되고 이 외과의사는 세상에 나오게 됩니다. 그는 노래를 고쳐 불렀습니다. '나는 믿는다. 나의 메시야가 나를 찾아와 도우시리라는 것을…' 그 1절은 같습니다. 그러나 2절에 가서 다릅니다. '그런데 사람들은 너무 서둘러서, 사람들은 너무 서둘러서 믿음을 포기할 때가 많다. 사람들은 서둘러서 믿음을 포기한다' 라고 외과의사는 부르고 있습니다.

　여러분, 구원이라는 게 뭡니까? 먼저 종말론적인 구원이 있습니다. 우리가 영원한 하나님 나라에 들어가게 되는 그 구원이 앞에 있는 확실한 종말론적 구원입니다. 그리고 또한 현재에 구원이 있습니다. 내가 당한 많은 시련 속에서 계속적으로 구원을 이루어가야 합니다. 구원받은 세계관, 구원받은 인생관, 구원받은 가치관. 여러분은 도대체 인생을 어떻게 보십니까? 이 세상에 집착하지 않는 또 그런가하면 세상을 포기하지도 않고 많은 역경과 고난 속에도 절대로 좌절하지 않고, 세상의 화려한 것을 보아도 끌리지 않는 구원받은 가치관, 구원받은 세계관, 구원받은 인생관 이것 또한 현재적인 구원입니다. 오늘본문은 우리에게 확실하게 피조물의 탄식을 말씀하고 있습니다. 세상은 어렵습니다. 많은 고생 합니다. 부조리가 있고 모순이 있고… 그러나 오늘 사도 바울은 말씀합니다. '허무한 데 굴복하는 것이 하나님의 뜻이 아니다.' 모든것이 허무한 것같습니다. 허무로 끝나는 것같습니다. 무의미하게 쓰러져가는 것같습니다. 그러나 꼭 그럴까요? 오늘본문을 자세히 읽고, 읽고 명상해보면 분명히 세상은 허무합니다. 허무한 것처럼 보입니다. 그러나 사도 바울은 말씀합니다. 역설적으로 말씀합니다. 허무한 데 굴복하는 것이 하나님의 뜻이 아니라고. 절대로 허무한 것도 아니고 허무로 끝나서도 안된다는 것입니다. 이 무상한 세상을 살면서도 허무지향적이 아니라 영광지향적으로 세상을 이해하고 오늘을 살아가야 한다는 것, 이것이 바로 소망으로 얻은 구원입니다. 오늘말씀에 몸의 구속을 기다린다 하였습니다. 몸의 구속, 이것은 현실적인 것입니다. 영원한 구원이 있는가하면 몸의 구속, 이 구원을 기다리면서 종말론적인 구원을 현실적으로 살아갑니다. 그래서 사도 바울은 이렇게 말씀합니다. "하나님의 자녀들의 영광의 자유에 이르는 것이니라." 하나님의 아들들의 영광, 이것을 바라보고 오늘을 살아가는 것입니다. '믿음 안에 사는 것이다. 결코 헛된 것이 아니다.' 여러분, 어떻게 생각하십니까? 인생무상입니까? 다 헛된 것입니까? 그러나 오늘성경은 말씀합니다. 절대로 허무로 끝나는 것이 아니고 또한 현재도 허무한 것이 아니라고 말입니다.

구원지향적 역사관, 영광지향적인 세계관을 가지고 밝은 미래를 지향해서 사는 오늘, 이것을 가리켜서 소망으로 얻은 구원이라고 말합니다. 이것이 소망으로 얻은 구원입니다. 그런고로 이 구원받은 백성에게 절망은 없습니다. 비굴할 필요가 없습니다. 물론 약해지지 않습니다. 단적으로 말하면 순교하는 사람들이 절망하지 않습니다. 이 순교가 주는 영광을 바라보기 때문입니다. 이 순교 다음에 오는 영광의 세계를 바라보며 그야말로 천사의 얼굴을 하고 오늘을 갑니다. 이, 구원입니다. 역설적입니다. 신학자 오스카 쿨만은 늘 이런 말을 합니다. 'Already but not yet.' '이미 구원을 얻었다. 그러나 아직 완전한 것이 아니다. 구원 얻었다. 그러나 아직 완성된 것이 아니다. 완성될 것이 앞에 있다. 그것을 지향해서 오늘 그 구원을 누리며 감격하며 간증하며 살아가는 것이다.' 그것이 신앙생활이라고 말합니다. 오늘본문에 특별히 약속된 구원에 대한 "처음 익은 열매"라는 말씀을 합니다. 이것은 바울 특유의 구사법입니다. 특별히 고린도전서 15장에서 말씀합니다. 첫열매란 바로 그리스도의 부활을 말씀합니다. 부활사건을 말씀합니다. 처음 익은 열매를 확증을 가지고, 예수부활의 확증을 근거로 해서 오늘을 사는 그리스도인의 신분을 말씀하고 있습니다. 로마서 8장 15절에 보면 양자의 영을 받았다는 말씀이 있습니다. 이 양자라고 하는 것에 묘한 의미가 있습니다. 아시는내도 이 집에 살다가 저 집으로 양자되어갑니다. 신분이 완전히 바뀝니다. 그러면 이쪽집의 전에 있던 신분이나 모든 책임과는 아무 관계가 없어집니다. 지금 양자로 입적된 그 영광을 누리며 그 특권 그 신분으로 살아갑니다. 역사적으로 보면 왕 중에 그런 사람이 많습니다. 네로황제같은 사람도 원래 왕족이 아닙니다. 양자입니다. 그런 사람들이 많습니다. 그런데 문제는 양자의 신분을 얻고 그 신분에 마땅한 인격이 되어야 된다는 것입니다. 그 과정이 중요합니다. 양자는 됐습니다. 그런데 양자다운 사람이 되지 못했습니다. 거기까지 시간이 걸립니다.

저는 어렸을 때 들은 재미있는 이야기를 가끔 생각하고 웃습니다. 정말 우스운 얘기입니다. 어느 천민집의 딸 하나가 아주 예뻤답니다. 그래서 어느 양반집 아들이 죽어라하고 이 아이를 사모해서 결국은 이건 결혼할 수 없는 사이지만 그 양반집 아들이 너무 좋아한다니까 할수없이 천민의 딸과 결혼을 하게 됩니다. 아, 그런데 이 천민의 집에서는 바야흐로 큰일입니다. 양반집의 법도를 모르니까요. 딸이 시집가서 처신을 어떻게 해야 되는지, 무슨 말을 어떻게 해야 되는지 모르겠으니 그 어머니 보고 걱정을 합니다. "난 가서 어떻게 살아야 돼요?" 그러니까 그 어머니가 가르쳐주기를 "야, 양반이라는 게 별거냐. '님'자만 붙이면 된다. 말끝마다 님, 그냥 아버님 어머님, 그저 이렇게 님자만 붙이면 된다. 간단하다." "아, 그렇구만요." 여름날 시아버지가 문지방을 떡 베고 낮잠을 잡니다. 이 며느리가 점심을 차려가지고 들어갑니다. 한데 시아버지 머리를 비켜놔야 들어가겠는데 문지방을 베고 주무시지 않습니까. 그때 며느리가 하는 말입니다. "시아버님…" 거기까진 잘했습니다. "발님 들어갑니다. 대가리님 치우세요." 요컨대 이렇게 어려운 것입니다. 어쩌다가 천민이 양반집 며느리가 됐지마는 그 가정의 법도를 익혀 살아가기까지는 상당한 시간이 걸리는 것입니다. 아마 많은 시련도 겪어야 할 것입니다. 그러나 그 집 며느리인 것만은 분명한 사실입니다. 양자된 것, 우리는 하나님의 자녀로 양자되었습니다. 진노의 자녀가 하나님의 자녀가 됐습니다. 이 자녀됨의 신분에 도달하도록 가치관, 세계관, 인생관, 체질, 습관, 다 고쳐나가야겠는데 많은 시간이 걸립니다. 그래서 '고난의 학교'라는 유명한 말이 있습니다. 우리가 고난이라는 걸 당하는데 고난 속에서 우리는 공부를 합니다. 1학년, 2학년, 3학년, 4학년이 있다, 이렇게 말한 분이 있습니다. 재미있는 표현입니다. 1학년은 생각하기를 '견디지 않으면 안된다, 모든 고통을 견디지 않으면 안된다' 합니다. 불가부득으로, 억지로억지로 참고참고 나가는 그런 사람이 1학년입니다. 2학년은 '나는 참고 견디리라' 합니다. 3학년은 '나는 고난을 견딜 수 있다. 약속을 믿고 고난을 견딜 수 있다' 합니다. 가능성까지 생각을 한답니다. 그러나 4학년이 되면 '나는 이 고난을 겪어야 할 필요가 있다' 합니다. 여러분은 어느 수준입니까? '이 고난은 내게 필요한 것이다.' 고난이 주는 의미를 생각합니다. '적어도 내게는 꼭 필요한 것이다.' 사도 바울은 말씀합니다. 자신에게 있는 고질병을 가리켜 '육체의 가시, 사단의 사자'라고 했습니다. 참으로 괴로웠습니다. 하나님 앞에 세 번 기도했습니다, 제거해달라고. 그러나 이제 생각합니다. '이것은 내게 필요한 것이다.' 꼭 내게 있어야 할 시련이라고 받아들입니다. 이게 바로 고난학교의 우등생입니다. '이 고난은 내게 필요하다' 합니다.

데이비드 프라이어라고 하는 사람이 잠깐 써놓은 싯귀가 있습니다. 읽을 때마다 늘 감동이 오는 싯귀입니다. '병들지 않으면 드리지 못하는 기도가 있다.' 그가 병들었을 때 이것을 생각합니다. 여러분, 건강할 때 드리는 기도가 있고 병들었을 때 드리는 기도가 있습니다. 병들지 않고는 그런 기도를 할 수가 없습니다. 그건 특별한 기도입니다. 또 '병들지 않고는 부르지 못하는 찬송이 있다' 했습니다. 건강할 때 부르는 찬송이 있지요. 그러나 병들었을 때 부르는 찬송은 특별한 것입니다. 그때만 부를 수 있고 은혜받을 수 있는 그런 찬송이 있습니다. 또한 '병들지 않고는 믿지 못할 기적이 있다' 했습니다. 우리가 때때로 기적을 인정하지 않을 때도 있습니다. 그러나 병들었을 때 아주 천진한 마음으로, 순진한 마음으로 기적을 믿습니다. 그건 그때만 있는 믿음입니다. 또 '병들지 않고는 듣지 못할 말씀이 있다' 했습니다. 성경을 늘 봅니다마는 병들었을 때 읽는 성경은 다릅니다. 저는 옛날에 심방을 많이 하면서 병원에 가서 성경을 읽고 있는 환자를 봅니다. 그것도 침대 위에 무릎을 꿇고 앉아서 성경을 읽는 환자를 여러 번 보았습니다. 그때 읽는 그 성경, 그때 깨닫는 성경, 읽을 때 내게 말씀하시는 주의 음성을 듣는 그 성경은 특별한 것입니다. '병들었을 때가 아니고는 가까이할 수 없는 성경이 있다. 병들었을 때 아니고는 우러러보지 못하는 영안이 있다. 오, 나는 병드는 일이 없이는 인간이 될 수 없다.' 여러분, 프라이어의 이런 간증을 이해할 수 있겠습니까?

    오늘본문은 말씀합니다. 소망으로 구원얻은 사람은 현실 속에서 이 상태 속에서 항상 소망을 새롭게 합니다. 그리고 미래를 향해서 기다립니다. 또한 참고 견딥니다. 이 인내란 소망에서 오는 것입니다. 참고 견딥니다. 그러므로 나의 현실은 소망으로 얻은 구원입니다. 구원지향적입니다. 구원을 현실 속에서 항상 완성해가는 것입니다. 특별히 오늘본문은 제가 개인적으로 좋아하는데 거기에는 이유가 있습니다. 언젠가 한번 신학서적을 읽는 중에 칼뱅의 임종에 대해서 보았습니다. 종교개혁자 칼뱅이 세상을 떠날 때 성경을 외웠습니다. 바로 이 본문말씀을 외웠습니다. "생각건대 현재의 고난은 장차 우리에게 나타날 영광과 족히 비교할 수 없도다." 그는 임종을 앞두고 앞을 보았습니다. 지금 좀 고난이 있지마는 앞에 있는 영광과 비교할 수 없도다—비교할 수 없는 그 영광을 바라봅니다. 환하게 바라봅니다. 이걸 외우고 외우고 외우다가 27번을 외우고 마지막에는 마저 외우지 못하면서 숨을 거두었다고 합니다. 여러분, 소망으로 얻은 구원, 확실하게, 우리가 세상을 떠날 때 우리 눈앞에 영광의 세계가 환하게 보여야 합니다. 여러분 잘 아시는대로 사도 바울은 말씀합니다. 디모데후서 4장 7-8절입니다. '달려갈 길을 다가고 믿음을 지켰다. 지금 내 앞에는 영광의 세계가 있다. 생명의 면류관을 들고 주님께서 서 계시다.' 이렇게 말씀합니다. 내게만 아니라 그리스도의 나타나심을 사모하는 모든 자에게 주실 그 영광이 우리 눈앞에 있다고 합니다. 그것이 바로 소망으로 얻은 구원입니다. 그렇기 때문에 현재에 기뻐합니다. 이 약속된 소망을 바라보면서 현재에도 기뻐합니다. 이 기다림은 지루한 것이 아닙니다. 이 기다림 자체가 곧 행복입니다. 그래서 오늘본문은 이렇게 결론을 짓습니다. "우리가 보지 못하는 것을 바라면 참음으로 기다릴지니라."

우리는 오늘도 또 내일도 영광 중에 큰 기쁨으로 기다리며 오늘을 살아가야 할 것입니다. △

이러한 기쁨에 사는 사람

이 후에 예수께서 제자들과 유대 땅으로 가서 거기 함께 유하시며 세례를 주시더라 요한도 살렘 가까운 애논에서 세례를 주니 거기 물들이 많음이라 사람들이 와서 세례를 받더라 요한이 아직 옥에 갇히지 아니하였더라 이에 요한의 제자 중에서 한 유대인으로 더불어 결례에 대하여 변론이 되었더니 저희가 요한에게 와서 가로되 랍비여 선생님과 함께 요단강 저편에 있던 자 곧 선생님이 증거하시던 자가 세례를 주매 사람이 다 그에게로 가더이다 요한이 대답하여 가로되 만일 하늘에서 주신 바 아니면 사람이 아무것도 받을 수 없느니라 나의 말한 바 나는 그리스도가 아니요 그의 앞에 보내심을 받은 자라고 한 것을 증거할 자는 너희니라 신부를 취하는 자는 신랑이나 서서 신랑의 음성을 듣는 친구가 크게 기뻐하나니 나는 이러한 기쁨이 충만하였노라 그는 흥하여야 하겠고 나는 쇠하여야 하리라 하니라

(요한복음 3 : 22 - 30)

이러한 기쁨에 사는 사람

　어떤 지혜로운 현자가 어느 산간마을에 동리사람들과 함께 살아가고 있었는데 온 마을사람들이 이 현자를 높이 존경하고 또 사랑하고 그의 말씀 듣기를 좋아했습니다. 그런 마을이 있었습니다. 이 현자가 어느날 산길을 산책하다가 우연하게 커다란 보석 하나를 발견했습니다. 대단히 큰 보석이었습니다. '아 이 정도면 아주 한평생 먹고살고 넉넉하겠다'할 만큼 큰 보석을 발견하여 집에 가지고 와서 그 언젠가 쓸모가 있을 때 사용해야지 하고 한쪽에다 놓아두었습니다. 어느날 거지 하나가 찾아와서 배고프다고 밥 좀 달라 합니다. 이 현자는 몸소 부엌에 나가 정성껏 음식을 차려 거지를 대접했습니다. 거지는 오랜만에 맛있게 포식을 하고 고마워합니다. 그리고 한바퀴 휙 집안을 돌아보더니 "저기 있는 저 보석 나 줄 수 없겠습니까? 저 보석이면 내가 거지신세 면하고 한평생 잘살 수 있을 것같은데요" 합니다. 현자는 그러시라고, 임자 만난 것같다고 하면서 이 보석을 거지에게 내주었습니다. 거지는 이걸 가지고 고맙다 인사하고 갔습니다. 물론 현자는 아무 생각 없이 하루를 지냈습니다. 그런데 다음날 아침에 헐레벌떡 이 거지가 달려왔습니다. 그러더니 보석을 내놓고 하는 말이 "아 내가 다른 건 몰라도 잠 하나만은 눈만 감으면 어디서든지 잘 지는 아주 행복한 사람이었는데, 배는 고파도 잠은 잘 잤는데, 이 보석을 갖다놓고보니까 이거 잃어버릴까봐, 도둑이 올까봐, 어느 놈이 저걸 보고 뺏으려고 나를 죽이면 어떡하나 걱정이 되어가지고 한잠도 못잤어요. 아 나 이 보석 안가질래요" 하고는 도로 내놓고 하는 말이 "당신이 이 보석을 내게 선뜻 내주는 바로 그 마음을 내게 주십시오" 하는 것이었습니다. 뜻깊은 이 말을 하고 거지는 떠나버렸습니다. 여기서 우리 한번 생각해봅시다. 어떻게 생각됩니까? 저는 우리소망교회 교인 가운데도 이런 일이 있었다는 얘기를 듣고 자다가도 웃습니다. 그 집에 예쁜 딸이 있었습니다. 그 딸이 공부를 많이 하여 유학도 하고 또 마침 신랑감도 잘 만나 결혼을 했습니다. 그리고 이 딸이 돈이 많습니다. 친정부모가 돈이 많아서 사위에게 집을 사주고 자동차도 사주고… 그랬는데 문제는 저 시골에 사는 사돈, 딸의 시어머니에게 딸과는 의논도 없이 덜컥 밍크 코트를 사준 것입니다. 그런데 그 집이 거제도에 있고 거긴 더워서 밍크를 못입거든요. 딸의 시어머니되는 이 할머니가 그 밍크를 갖다 걸어놓고 그것 때문에 마을나들이도 못하고 가도오도 못하고 잠도 못자고 누가 와서 저걸 훔쳐가면 어떡하나, 저것 뺏느라고 나 죽이면 어떡하나 걱정하느라고 비쩍 말랐다고 합니다. 이거 사실입니다. 요 근자의 일입니다. 시어머니가 이 밍크 코트 때문에 그 모양이 되었는지라 딸이 친정어머니 보고 "아니, 어머니 지금 정신이 있습니까? 제 시어머니에게 밍크가 왜 필요합니까. 그 더운 지방에, 눈도 안오는 곳인데…" "얘, 그래도 나는 밍크 코트가 몇 개냐. 그걸 사돈 하나 드린 건데, 원." 여러분, 밍크 코트라는 게 그런 것입니다.

에피쿠로스라고 하는 고대 그리스철학자가 한 말 가운데 인간의 욕구는 세 가지로 요약할 수 있다 한 것이 있습니다. '첫째, 먹고 입고 생활하고자 하는 의식주의 욕구, 이것은 기본적인 것이다. 이것이 충족되지 않으면 고생이 많다. 고통을 느끼게 된다. 두 번째는 성욕이다. 이것은 자연스러운 것이기는 하나 이걸 잘 다스리지 못하면 불행해지고 또 어떤 의미에서는 참을 수도 있는 욕망이다. 세 번째는 부와 명예에 대한 욕망이다. 이 욕구는 채울 수 없는 욕구다.' 바로 이 세 번째 욕구에 초점이 있습니다. '소유욕은 절대분량에가 아니라 상대분량에 기준하기 때문에, 다른 사람과 비교하는 것이기 때문에 이건 절대 충족할 수 없는 욕망이다. 바로 이 때문에 인간은 불행해지는 것이다.' 우리도 생각해봅시다. 욕망 중의 가장 무서운 욕망이 바로 이런 것입니다. 그런데 오늘성경말씀에 보면 "이러한 기쁨이 충만하였노라" 한 말씀이 나옵니다. 이러한 기쁨, 이게 뭡니까. 세례 요한이 예수님께 세례를 행했습니다. 세례 요한이 예수님보다 6개월 선배입니다. 그런데 오늘 예수님께서 세례를 주셨다 했더니 세례 요한에게 오던 사람들이 우 몰려서 예수님께로 가더란말입니다. 이 소식이 세례 요한에게 전해집니다. '아, 우리에게 오던 사람들이 저리로 갑니다.' 요한으로서는 질투가 날 수 있는 시간입니다. 시기 질투가 발동할 수 있는 시간인데 오늘 세례 요한은 그것을 잘 극복했습니다. mind control, 아주 어려운 것입니다. 여러분의 마음 속에 평안이 없습니까? 깊은 곳의 심리상태를 자기진단 해보십시오. 마음이 평안치 않은 것은 모두가 질투 때문입니다. 사실로 시기 질투만 쏙 빼버리고 살면 세상에 그렇게 편할 수가 없는 것입니다. 오늘 세례 요한은 아주 평안합니다. 인간의 인격을 가장 비참하게 만들고 병들게 만들고 처참하게 만드는 것은 질투하는 마음입니다. 이것을 제어하지 못할 때, 어느 순간에 over control이 되면 걷잡을 수 없게 됩니다. 인간 망가집니다. 아주 추해집니다. 불행해집니다. 여러분이 늘 성경을 읽으면서도 여기에 초점을 맞추고 생각하지 못했을 것입니다. 저도 간간이 이 성경본문에 와서 한참씩 생각을 해봅니다. 예수님을 십자가에 못박은 가야바가 누구입니까. 대제사장입니다. 종교지도자입니다. 대제사장, 바리새인, 서기관… 당대의 유명한 종교인들입니다. 하나님 섬기는 것을 업으로 하는 사람들입니다. 이 사람들이 예수님을 십자가에 못박습니다. 왜요? 성경은 분명하게 명시하고 있습니다. '시기하여…' 시기 질투가 작용을 하고보니 예수님을 십자가에 못박더라고요. 메시야를 죽였다, 이 말입니다. 얼마나 무서운 것입니까. 그런데 이런 무서운 죄가 우리 마음속에 도사리고 앉았는데, 꿈틀거리는데 이것은 너무 깊이 있는 거라서 죄인 줄도 모르고 악의 뿌리가 된다는 것도 미처 생각하지 못하고 하는 것입니다. 예수님을 십자가에 못박은 이유, 질투입니다. 아, 놀라운 얘기가 아닐 수 없습니다. 「예수심리학」이라는 책이 있습니다. 조그마한 책인데 제가 오래전에 이거 읽으면서 큰 감동을 받았습니다. 읽고나서 맨끝에 제가 얻은 결론은 뭐냐 — 예수님의 마음속에는 시기 질투가 없었다 하는 것입니다. 예수님의 마음속에는 시기 질투가 없었습니다.

　노만 커즌이라고 하는 분이 「Analysis of Disease(병의 분석)」이라는 책을 썼습니다. 그 책도 긴 얘기 하지만 한마디로 얘기하자면 병을 치료할 수 있는 길은 '웃어라'입니다. 위장병환자? 천하없는 약으로도 못고친다 했어도 위장병환자가 나을 수 있는 길은 호탕하게 웃어라 하는 것입니다. 그래야 병이 낫지 약가지고 절대 못고친다는 것이 그 책의 결론입니다. 그러면 자, 어떻게 하면 웃을까요? 여러분, 어떻게 하면 웃을까요? 요새 많은 사람들이 저한테 질문을 합니다. 젊은 목사님들이 나한테 질문을 합니다. "목사님 보니까 설교할 때 유머도 있고 웃기기도 하고 그러는데 제가 좀 그렇게 해보려니까 잘 안됩니다. 어떻게 하면 남을 웃길 수 있을까요?" 그래서 내가 간단히 대답합니다. "웃어라." 그렇습니다. 남이 웃길 때 웃어야 됩니다. 그런데 남이 웃길 때 시무룩하고 웃는 남까지 비웃습니다. '뭐가 우습다고…' 이 사람은 영영 구제불능입니다. 위장병으로 죽습니다. 그 두고보십시오. 안되는 것입니다. 웃으라 합니다. 웃으려면 어찌 해야 됩니까. 자기생각을 버려야 됩니다. 자기고집을 버려야 웃을 수 있습니다. 자기생각에 집착해 있으면 웃을 일은 하나도 없습니다. 왜? 인생무상인데 웃을 일이 뭐 있습니까. 이 세상이 이 모양인데 웃긴 뭘 웃어요. 안그렇습니까? 자기집착에 빠지면 절대로 웃을 수 없는 것입니다. 그냥 우스운 얘기가 있거든 그리로 끌려가십시오. 그래서 많은 얘기 있습니다마는 제가 몇가지만 말씀을 드립니다. 첫째는 이 책에서 하는 말이 뭐냐하면 칭찬을 받아들이라는 것입니다. 그런데 남이 나를 칭찬할 때 아, 대듭니다. 아첨한다고, 비웃는다고. "날 우습게 보는 거야?" 이러고. 이런 사람은 구제불능이라니까요. 누가 무슨 칭찬을 하든지 그냥 받아들일 것입니다. 받아들이면 될 걸 뭘 그렇게 대듭니까. 칭찬을 못받아들이는 사람, 이건 정신병자입니다. 이거 못고치는 병이거든요. 우스운 얘기입니다. 또 하나는 남을 칭찬하라 한 것입니다. 남 칭찬하는데 좀 동참하면 안 됩니까. 정 칭찬하고 싶지 않거든 남이 칭찬할 때 "나도"라고 말하십시오. 고거라도 하십시오. 꼭 깎아내리려고 드는데, 이건 망조입니다. 칭찬하라, 칭찬에 동참하리, 동의하라, 칭찬에—이게 중요한 것입니다. 그 순간 내 마음이 시원해지거든요. 착해지고 선해지는 시간입니다, 그건. 치료가 되는 시간입니다. 그리고 자기자신을 소중히 여기라 했습니다. 특별히 자기마음을 소중히 여기라 했습니다. 마음에 어두운 그림자가 깃들지 않도록 시기 질투, 이런 못된 것 생기지 않도록 마음을 늘 소중하게 간직하라 합니다. 그리고 또하나는 조금 철학적입니다. 나의 지금처지에 집착하지 말고 내가 어떤 사람이 되고 싶은가를 묻고 그 자기이상에다 초점을 맞추라 합니다. 그래서 지금의 내가 아니고 내가 하고 있는 일이 이루어진 다음을 생각하는 것입니다. 지금 내가 길을 가고 있습니다. 그러면 여기가 아니고 내가 가고 있는 저 행선지를 생각하는 것입니다. 거기 가서 어떻게 지낼 것인가? 이런 마음으로 살아갈 때 비로소 정신병을 극복할 수 있다 하는 얘기입니다.

사실로 자기자신을 이긴다는 것은 바로 여기에 있습니다. 오늘 성경말씀 자세히 읽어보면 세례 요한은 이렇게 해결합니다. '하늘에서 주신 바 아니면 받는 자가 없다.' 아! 멋있는 말씀입니다. 다른 사람 잘되었습니다. 그러면 "아, 하나님께서 주셨구만!" 하나님께서 주신 것입니다. 깎아내릴 것 없네요. 하나님께서 알아서 하신 일입니다. 그에게 얼마를 주었든지 하나님께서 주신 것입니다. '하늘로부터 주신 바가 아니면 아무도 받을 자가 없다.' 명언입니다. 하늘이 내신 것입니다. 누구 원망하지 맙시다. 하나님의 섭리 중에 있는 것입니다. 누구 탓하지 맙시다. 질투할 것 없습니다. 하나님께서 주신 바입니다. 악인의 형통함도 하나님께서 주신 바입니다. 큰 멸망과 심판을 위해서 말입니다. 지금 이 순간 왜 불공평하냐고 원망하지 마십시오. 왜 저 사람에게 주고 내게는 안주느냐고 하지 마십시오. 저 먼날 두고봅시다. 하늘이 주신 것이다, 하나님께서 주신 것이다, 하는 신앙적 관점에서 세상을 보면 이해 못할 일이 하나도 없습니다. 그뿐만 아니라 오늘본문에 보니 불변의 마음이 있었습니다. 사람이 너무 변덕을 부리면 안됩니다. 꾸준해야 됩니다. 세례 요한이 본래 예수님을 위하여 세상에 온 사람이 아닙니까. 그를 위해서 봉사자로 왔습니다. 아무리 인기가 높아도 자기는 자기입니다. 오늘본문대로 말하여 신랑이 있고 신랑의 친구가 있다고 합시다. 신랑의 친구가 아무리 잘났어도 친구는 친구지 신랑은 아니지 않습니까. 며칠전에도 제가 결혼주례 하나 했습니다. 미국에서 온 청년을 결혼주례 했는데 미국사람들은 지금도 들러리를 세웁니다. 미국사람 두 사람, 한국사람 두 사람, 이렇게 네 사람을 들러리로 데리고 왔더라고요. 들러리를 떡 세워놓고 결혼식을 하는데 들러리의 특징이 하나 있습니다. 둘 다 못났습니다. 신부만도 못하고 신랑만도 못합니다. 그런 걸 세워야지 아 들러리가 너무 예쁘면 되겠습니까. 좋다고 들러리를 서서 앞에 먼저 옵디다마는 속으로 '이 사람들아 속았네. 여기 왜 끌려왔는지 아나? 못나서 끌려온 거야' 했습니다. 신부보다 예쁘면 절대 들러리 안세웁니다. 그럴 줄 알아야지요. 결혼식에는 신랑만 제일입니다. 신부만이 제일 아닙니까. 다른 누구도 제일이 아닙니다. 마찬가지로 시종여일하게 자기신분이 있지 않습니까. 내 위치가 있는 것입니다. 이 깊이 생각할 문제입니다. 행복의 비결이란 한계설정에 있다 합니다. 한계설정이 뭡니까. 분수를 아는 것입니다. 나는 요기까지다, 내가 가질 수 있는 건 요기까지다, 내가 지배할 수 있는 것도 요기까지다, 내 나이가 지금 얼마다—한계입니다. 부에도 한계, 명에에도 한계, 건강에도 한계, limitation, 한계를 스스로 정해야 됩니다. 그것이 지혜입니다. 그런고로 분수에 만족하는 것입니다. 그리고 이걸 넘어서려고 하는 욕망으로부터 자유해야 됩니다. 욕망은 자꾸 over하려고 합니다. 더 할 수 있는 것처럼, 더 가실 수 있는 것처럼. 그러나 아닙니다.

우스운 얘깁니다마는 제가 교회 은퇴한다고 하니까 참 어이없게도 여기저기서 대학총장을 해달라고 합니다. 몇곳에서 그런 얘기 하는 것을 듣고 "아니오, 아니오" 하다가 말했습니다. "아, 대학총장 하다가 죽는 것을 보았는데 내가 총장 하겠소? 그 얼마나 힘든 일인데… 내가 훨훨 자유로워야겠는데 내가 왜 그런 걸 하겠소." 가끔 저에게 물어봅니다. "목사님 요새 어떻게 지내십니까?" "간단하지. 철학이 분명하지. 무책임한 거, 오로지 무책임한 일만 한다. 책임은 안 진다, 이제는. 둘째, 불규칙적으로 바쁘다. 규칙적인 일은 안한다. 왜? 언제 죽을지 모르니까 안한다." 이게 원로목사 비결입니다. 불규칙적으로 바쁘고 책임지는 일은 안한다—어떻습니까? 여러분, 절대로 잊지 마십시오. 욕망으로부터 자유해야 합니다. 더 하고 싶긴 하지요. 더 할 것처럼 생각이 되지요. 그러나 그로부터 자유해야 합니다. 그래야 질투 안할 수 있는 것입니다. 안할 걸 할 것처럼, 할 수 없는 걸 할 수 있는 것처럼 생각하니까 이 욕망이 병들 때 질투로 바뀌지는 것입니다.

특별히 오늘말씀에는 함께 기뻐한다는 말씀이 있습니다. '신랑의 친구가 신랑 장가는 걸 보면서 함께 기뻐한다.' 내가 장가가는 거 아니지 않습니까. 신랑이 좋아하는 거지. 신랑 좋은 날이지. 그러나 내 친구가 좋아하니까 나도 좋은 것입니다. 그 기쁨 간단한 것같으나 굉장히 중요합니다. 신랑 행복한 거 내가 행복하고 그가 출세하는 거 내가 출세하는 거고 그가 기뻐하는 순간 더불어 기뻐하는, 이 더불어 기뻐하는 마음이 얼마나 소중합니까. 그렇지 않읍디까? 다른 사람 잘됐다 할 때 '아 잘됐구먼, 그 사람 그동안 어려웠는데 참 잘 됐네.' 그런 마음 가져보았습니까? 누가 성공했다고 그럴 때 "아 잘

됐구먼." 그래봤습니까? 대체로 그렇질 못합니다. 배가 아파진다고 합니다. 이건 못고치는 병입니다. 사촌이 땅을 사면 배가 아파진다면서요. 우리나라사람은 이 병 때문에 다 죽습니다. 왜 그렇게 남 잘되는 걸 못봐주는지. 그냥 깎아내리고 헐뜯고 속이 뒤틀려가지고 말입니다. 자기 가까운 사람이 뭐 잘된다면 잠을 못잔다나요. 속이 상해서요. 이따위가지고 어떻게 살아가겠습니까. 훌훌 털어버리세요. 오늘성경은 '이러한 기쁨'이라 했습니다. 예수님 높아지는 걸 보며 세례 요한이 기뻐하고 신랑이 장가갈 때 그 친구가 기뻐하고… 바로 그런 마음, 더불어 하는 기쁨에다 하나 더 있습니다. 더 놀라운 종말론적 의미가 있습니다. 물러가는 기쁨입니다. '그는 흥하여야겠고 나는 쇠하여야 할 것이다. 나는 내 할일을 다하고 물러가노라.' 안그렇습니까? 부모가 자식에게 물려주고 물러갑니다. 선배가 후배에게 물려주고 물러갑니다. 물러가는 기쁨. 김동길씨가 원래 말을 잘하시지요. 언젠가 우리교회 와서 강연을 할 때, 마침 정치적으로 좀 좋지 않은 사건이 하나 있을 때였습니다. 그분이 빙글빙글 웃으면서 이렇게 말하는 걸 지금도 잊지 않습니다. "감투란 머리에 딱 맞아야 감툽니다. 머리에 안맞으면 이게 푹 눌러쓰면 눈도 안보이고 코도 안보이고 이게 망가집니다" 하더니 "감투란 내가 쓰기보다도 남에게 씌워놓고 쳐다보는 재미도 좋은데 그걸 제가 쓰고 죽었으니 되겠습니까." 누군지 알겠죠? 이거 중요한 얘기입니다. 징밀 감투란 남에게 씌워놓고 쳐다보면서 즐거워하는 것도 괜찮을 것같습니다. 꼭 내가 써야 되는 거 아닌데 이 마음을 못가졌거든요. 그래서 성경은 말씀합니다. '이 마음을 품으라. 곧 예수 그리스도의 마음이니 그는 낮아지고, 낮아시고 겸손하였다.' 성 프란체스코가 임종을 맞았습니다.

임종맞게 되어 죽어갈 때 많은 성도들이 문밖에 모여가지고 마지막으로 가는 성자가 어떻게 죽나 보자, 기다리고 있었습니다. 이 성 프란체스코가 임종 직전에 큰 소리로 찬송을 부릅니다. 그러니까 옆에 있던 수도사가 "선생님, 밖에서 성도들이 기다리고 있는데 주책없이 찬송을 부르면 어떡합니까? 이 엄숙한 시간에…" 하고 귀띔하니까 프란체스코, 껄껄 웃으면서 "미안하이. 내가 주책을 떤 거같구먼. 그러나 내 마음에 벅찬 기쁨을 누를 수가 없구먼. 내가 이제 주님을 뵙네. 평생을 그리워하던 주님을 내 두눈으로 보게 되었으니 내 어찌 안기쁘겠는가." 그러면서 찬송을 부르면서 세상을 떠나갔습니다. 주님만을 바라보면, 주님께만 초점을 맞추고 살면 아무것도 부러울 것도 없고 시기 질투할 것도 없는 법입니다.

왜 나에게 기쁨이 없을까? 뭔가 지금 내 생각의 깊은 곳에 아직도 해결하지 못한 것이 있더라고요. 요새와서 심리학에서도 'Paradigm Switch'라는 말을 합니다. 패러다임 스위치, 생각의 틀을 바꿔야 됩니다. 정말 자기자신을 극복하고 욕망을 다스리고 이제는 시기 질투 하지 맙시다. "그는 흥하여야 하겠고 나는 쇠하여야 하리라." 깨끗한 마음으로 아주 호탕하게 웃으면서 그렇게, 그렇게 살아갑시다. 축구시합이나 권투시합같은 운동경기를 보시지요? 그 보는 비결 가운데 하나가 누가 이겨야겠다 생각하지 않는 것이라고 합니다. 무조건 이긴 편이 내 편입니다. 그런 마음으로 보아야 세상이 편합니다. 꼭 저 사람이 이겨야 된다 하고 보면 심장마비로 죽습니다. 그러지 맙시다. 이긴 사람이 내 편입니다. 이 얼마나 좋은 철학입니까. 이 세상 잘되는 일이 있거든 다 축하합니다. 그게 다 내 기쁨입니다. 이런 호방한 마음, 여기에 참승리가 있는 것입니다. △

성령 충만함의 증거

주여 이제도 저희의 위협함을 하감하옵시고 또 종들로 하여금 담대히 하나님의 말씀을 전하게 하여 주옵시며 손을 내밀어 병을 낫게 하옵시고 표적과 기사가 거룩한 종 예수의 이름으로 이루어지게 하옵소서 하더라 빌기를 다하매 모인 곳이 진동하더니 무리가 다 성령이 충만하여 담대히 하나님의 말씀을 전하니라 믿는 무리가 한마음과 한뜻이 되어 모든 물건을 서로 통용하고 제 재물을 조금이라도 제 것이라 하는 이가 하나도 없더라 사도들이 큰 권능으로 주 예수의 부활을 증거하니 무리가 큰 은혜를 얻어 그 중에 핍절한 사람이 없으니 이는 밭과 집 있는 자는 팔아 그 판 것의 값을 가져다가 사도들의 발 앞에 두매 저희가 각 사람의 필요를 따라 나눠 줌이러라

(사도행전 4 : 29 - 35)

성령 충만함의 증거

　브라우튼이라고 하는 목사님에게 있었던 재미있는 일화가 있습니다. 어느 주일날 예배를 마치고나자 한 여자교인이 목사님 사무실에 들어섰습니다. 그리고 말하기를 "목사님, 오늘 저는 목사님의 설교를 듣는 순간에 성령을 아주 강렬하게 체험했습니다" 합니다. 목사님이 "어떻게 체험했습니까?" 하니 이 교인 대답하기를 "성령이 말씀하시기를 네게 필요한 50달러는 목사님에게 가서 달라고 하면 곧 주실 것이다 하는 것입니다. 그런 강렬한 체험을 했습니다." 목사님, 듣고보니 기가막힙니다. 이걸 어떻게 대답하나 생각하다가 응수하는데 이랬다고 합니다. "그래요? 거 참 이상하군요. 내게 50달러가 없다는 것을 누구보다도 성령님께서 잘 아실 텐데 어떻게 그렇게 말씀하셨을까요? 그분이 확실하게 성령이라고 말씀하시던가요?" 하고 물었습니다. 지나가는 말처럼 들리지마는 지금 내게 감동하고 내 생각을 인도하고 있는 분이 정말 성령이냐, 이것입니다. 아니면 그게 도깨비냐, 아니면 내 욕망이냐, 혹은 내 꿈이냐, 한번쯤 생각해봐야 합니다. 내 마음에 어떤 충격이 있다 해도, 굉장한 사건이 있다 해도 정말 한 번 더 물어봐야 하겠습니다. 유명한 얘기가 있지요. 사도 바울이 다메섹으로 가다가 하늘로서 돌연 환한 빛이 내려오면서 딱 길을 멈춥니다. 말씀이 들립니다. "사울아 어찌하여 네가 나를 핍박하느냐." 이런 엄청난, 생생한 경험을 하는 순간에 저는 그 성경을 볼 때마다 깜짝깜짝 놀랍니다. 사도 바울이 딱 한마디 합니다. "주여, 뉘십니까?"—"당신 누구요?" 묻는 것입니다. 사람이 아닌 것입니다. 이것은 신의 역사요 성령의 역사입니다. 그 신비로운 역사 속에서도 정체감을 분명히합니다. "당신 누구요?" 이제 예수님 말씀하십니다. "네가 핍박하는 예수다." 이 한마디에, 그 한순간으로 인해서 사도 바울이 완전히 바뀝니다. 아니, 세계역사가 바뀝니다. 생각해보십시오. 나를 감동하시는 분이 성령인가? 내게 말씀하시는 분이 성령인가? 내게 꿈에 나타난 분이 성령인가? 정말 주님이신가? 확인해야 하겠습니다.

　인간을 세 종류로 구분할 수 있습니다. 하나는 생리학적 인간입니다. biological being입니다. 생리학적으로 혹은 본능에 끌려서 삽니다. 이 강렬한 본능적 욕구충족이 그 생활의 전부입니다. 먹고 싶으니 먹고 자고 싶으니 자고 놀아야겠으니 돈벌어야 됩니다. 이게 다 생리학적 욕구에 끌려가는 것입니다. 생리적 본능 그 강한 욕구에 끌려서 그 충족을 위해서 허우적거리며 한평생을 사는 그런 생리학적 인간이 있습니다. 또하나는 철학적 인간입니다. 그는 이성과 양심을 중요하게 여깁니다. 모든것을 합리적으로 처리합니다. 깊이 생각을 합니다. 이를테면 여기 음식이 있습니다. 속에서는 '먹어라' 하고 충동질합니다. 그러나 이성은 말합니다. '먹지 마라. 저거 누가 주는 거냐? 독이 있을는지도 모른다.' 또 '이건 네 몸에 이롭지 않다.' 아무리 먹고 싶지마는 이게 내 몸에 좋으냐 나쁘냐, 내 몸에 이로울까 해로울까 생각합니다. 요샛말로 weight도 좀 생각하고 다이어트도 생각을 하고 먹어야지. 또 있지요. 한걸음 더 나가서 생각합니다. '자, 내가 이렇게 지나친 음식을 먹어도 되나? 굶는 사람이 많은데… 이 세상에는 배고파서 쓰러져가는 사람도 많은데 내가 이렇게 잘 먹어도 될까?' 지금도 가끔가끔 제 마음을 괴롭게 하는 부분이 하나 있습니다. 북쪽 나진에 고아원을 세웠습니다마는 그전에 세우려고 갔을 때 그 고아들이 모인 곳을 제가 가봤습니다. 참 비참합디다. 이곳저곳 보아나가다가 '저기에 있는 것도 가보자' 하고 산기슭에 있는 움막을 가보자고 했을 때 당 간부가 제게 한 말을 잊을 수가 없습니다. 가슴이 아픕니다. "목사님, 거기는 가지 마세요. 거기 가서 그 비참한 모습을 보면 목사님 한 달 동안 식사 못할 겁니다." "알았어요. 안갈께요." 저분들하고 지내면서 제가 퍽 신임을 얻었는데 그 중의 하나가 뭔지 아십니까? 저는 비참한 것은 절대로 사진을 안찍습니다. 카메라 가지고 다니지만 경치나 찍지 고아들 불쌍한 거, 여기저기 널려 있는 시체같은 거 안찍습니다. 내가 무슨 기자도 아니니 그런 거 찍지 않습니다. 저들이 내 그런 걸 알고 그렇게 고마워하더라고요. "목사님 참 맘에 들어요." 왜? 카메라를 들고도 사진을 안찍는다, 이것입니다. 생각해보십시오. 그 비참한 거 찍어서 뭐하겠습니까. 참으로 비참합디다. 여러분, 이런 사려를 할 줄 아는 인간이 철학적 인간입니다. 여기 음식이 있지만 사랑하는 사람이 굶고 있으면 이게 목에 안넘어가는 것입니다. 적어도 이 정도가 되어야 인간이지 음식 있다고 먹고 맛있다고 먹고⋯ 이건 아니지 않습니까. 적어도 생각을 할 줄 아는 것입니다. 도덕적 성향으로 생각하면서 살아가는 이게 바로 철학적 인간이요 인간다운 인간입니다. 세 번째는 성령주도적 인간입니다. 내게 욕망도 있고 내게 철학적 욕구도 있습니다. 이성적 욕구도 있지마는 그 위에 성령이 함께합니다. 성령이 주도하는 이성, 이성이 주도하는 인간, 이성이 주도하는 본능⋯ 이렇게 살아가는 것이 정상적 인간입니다. 성령이 주도하는대로, 말씀하시는대로. 때로 이성의 생각을 굽히고 내 욕망도 억제하고 그리고 성령이 인도하는대로 살아가는 것입니다. 오늘본문 보면

'성령 충만'이라는 말씀이 나옵니다. 제가 언젠가 한번 이 성령 충만이라는 말 하나를 가지고 성령론을 강의하였습니다. 여러 해 강의했는데 그때 집중적으로 연구해봤습니다. 여기 성령 충만이란 헬라말로 '플레로마'입니다. 이 말은 누가의 전용어에 속합니다. 누가복음과 사도행전에 주로 이 용어를 많이 씁니다. 성령으로 그리스도인은 중생합니다. 중생은 겐네테 아노텐, 태어난다는 뜻입니다. 위로부터 태어난다, be born from above, 위로부터 태어나는, 출생하는 것입니다. 내 의식보다도 더 높은 차원에서 성령 안에서 내가 태어납니다. 이 출발, 출생이 중생이고 그 다음에는 거듭거듭 태어납니다. 이것이 바로 성화, purification입니다. 그래서 전에 좋아하던 것도 버리게 됩니다. 전에 좋아하던 술 담배도 버리게 되고 전에 좋아하던 고스톱도 버리게 되고 심지어 그렇게 미쳐서 돌아다니던 골프도 좀 그만두게 되고… 전에 그렇게 좋아하던 거 어느 사이에 하나씩하나씩 재미가 없어집니다. 다 버립니다. 그리고 선한 일에, 아름다운 일에 봉사하는 이런 것을 좋아합니다. 이게 바로 성령 안에서 성화되는 인격입니다. 그래서 중생할 때는 목적이 변하고 생명력에 의해서 살고 동기가 변하고 삶의 의미가 바꾸어집니다. 이것이 중생이고 성화하면서 가치관이 변합니다. 인격이 변하고 성품이 변합니다. 생활양식이 변합니다. 점점 그리스도화해갑니다. 이, 성령의 역사입니다.

그런데 오늘 사도행진에 나타난, 특별히 본문에 나타난 '충만'이라는 말은 좀더 특별한 말입니다. 좀더 특별한 의미를 가졌습니다. 이것에 대해서는 소위 '은혜적이기보다 은사적이다' 라고 신학적으로 설명합니다. 역사적으로 한번 생각해봅시다. 베드로와 요한, 그 제자들이 예수님과 함께했습니다. 3년 동안 같이했습니다. 그리고 베드로가 신앙고백한 일 있지요. "주는 그리스도시요 살아계신 하나님의 아들이시니이다." 그럴 때 예수님 말씀하시기를 '하나님께서 네게 알게 한 것이다' 하십니다. 다시말하면 성령의 감화로 그런 신앙고백을 하게 됐다, 예수가 누군지 알게 됐다, 그런 말씀입니다. 성령 받았습니다. 그러나 아시는대로 예수님 부활하신 다음에 부활하신 예수님을 만나고도 베드로는 물고기잡으러 갔습니다. 여기 문제가 있는 것입니다. 성령의 역사로 예수가 메시야이신 것을 압니다. 신앙을 고백했으나 충만함이 없었습니다. 그래서 그는 옛직업으로 돌아갔습니다. 오순절 성령 임할 때, 충만하게 될 때 모든것을 버리고 담대하게 복음을 증거하는 사람으로 나서게 됩니다. 이게 바로 충만함입니다. 그런데 충만한 역사를 자세히 연구해보면 충만함의 증거에 몇가지가 있습니다. 먼저 강하게입니다. 강하게 증거하는 것이 뭐냐하면 담대히 복음을 전하는 것입니다. 입이 열렸습니다. 여러분, 죄송하지만 예수믿고 누구에게 예수믿으라는 말 한마디도 못해봤습니까? 그렇다면 그거 문제입니다. 저는 어느 권사님이 병원에 입원하고 있는 것을 방문해봤습니다. 예수믿는 지가 40년이나 된 분입니다. 그런데 본인이 병원에서 죽을 뻔하고 살았습니다. 얼마나 고생했는고하니 마지막에 목구멍까지 뚫어가지고 바람을 넣어서 겨우 살렸습니다. 죽었다가 살아난 것입니다. 이때와서 그분이 고백합니다. 제 손을 붙들고 하는 말이 "제가 이렇게 죽음을 앞에 놓고 생각해보니까, 가만히 생각해봤더니 누구보고 예수믿으라는 말을 한마디도 안했어요." "그럼 뭐라고 했는데요?" "교회나갑시다." 그랬다는 것입니다. 거기까진 했어도 예수믿으라는 말은 한 번도 못해봤다는 것입니다. 아, 이거 문제 있다—그러더라고요. 여러분 아시는대로 한국교회 초창기에 열심히들 복음을 전할 때 그때의 구호가 있습니다. 그때는 뭐라고 전도했는지 아십니까? "예수천당, 불신지옥"이었습니다. 간단해요. "예수천당, 불신지옥." 예수믿으면 천당가고 안 믿으면 지옥간다, 그것입니다. 그래 유명한 얘기가 있습니다. 신학교 교수인 채필근 목사님이 버스를 탔는데 산정현교회 전도목사인 최권능 목사님이 떡 올라타더니 채목사님 앞에 다가와 "예수천당!" 하고 소리치는 것입니다. 두 분은 서로 잘 아는 터수인지라 채목사님이 당황하여 최목사님 보고 말합니다. "최목사, 나야 나. 채목사야. 나 채목사라고. 나 몰라?" 했더니 최목사는 "흥, 벙어리구만" 하고는 아는 체도 않고 지나갔다 합니다. 그렇지요. 벙어리 교인이지요. 전도 한 번도 못하는 목사가 목사면 뭘 합니까.

　　미국초창기의 Puritan들에게는 좀더 철학적인 전도구호가 있었습니다. '인간이 두 번 태어나면 한 번 죽고, 한 번만 태어나면 두 번 죽는다.' 아리송한 말입니다. 그러나 간단한 것입니다. 한 번 태어난 것은 산부인과에서 태어난 것이고 예수믿어 중생하는 것은 두 번째이거든요. 두 번 태어나면 '육체는 죽어도 영은 산다. 한 번 죽는다' 하는 얘기이고, 한 번 태어나면 두 번 죽는다는 것은 중생하지 못한 사람은 영도 죽고 육도 죽는다 하는 뜻입니다. 그렇게 전도했다 합니다. 어쨌든 중요한 것은 성령받은 사람은 담대히 말씀을 전한다는 것입니다. 기회가 있든지 없든지 복음을 전합니다. 이게 바로 충만함의 극치요 충만함의 대표적인 현상입니다. 두 번째는, 부활하신 예수님을 체험합니다. 예수님은 부활하셨지요? 부활하신 예수님이 나와 함께 계십니다. 부활하신 예수님이 내 안에 계십니다. 나와 함께하시고 나는 또 주님의 재림을 기다립니다. in Christ, with Christ, waiting Christ, expecting Christ — 이게 바로 충만함의 사람들입니다. 주님의 다시오심을 기다립니다. 간절히 기다립니다. 초대교회사람들에게 그것이 교회생활의 전부였습니다. 로마 교외에 가보면 카타쿰이라는 게 있지요. 그 땅속에 있는 교회가 바로 그 뜻을 말하는 것입니다. 주님께서 함께하시고 부활하신 예수님께서 내 안에 계시고 그리고 주님의 오심을 기다리는 사람들이 모였던 공동체, 그게 교회였습니다. 그리고 가장 큰 특징은 핍박을 무서워하지 않았다는 것입니다. 담대히 복음을 전했다 합니다. 핍박이 무서워서 도망간 게 아닙니다. 이제는 핍박이 무섭지 않습니다. 왜? 부활을 믿으니까요. 부활을 믿는다는 거, 엄청난 의미가 있는 것입니다. 현실적 의미가 있는 것입니다. 부활을 믿고보니 두려운 것이 없습니다. 거칠 것이 없습니다. 무서운 게 없습니다. 이래서 복음을 전한 것입니다. 핍박이 무섭지 않고 죽음이 두렵지 않습니다. 예수님 이름으로 욕당하는 것을 오히려 기쁨으로 알았습니다. "기뻐하며 감옥을 나가니라." 아주 기가막힌 말씀입니다. 여러분은 예수님 이름으로 얼마만큼 핍박을 당해봤습니까? 얼마나 손해를 봐봤습니까? 예수님 이름으로 당하는 고난은 우리에게 엄청난 기쁨을 줍니다. 또한 저들은 말씀의 능력에 도취되어 있었습니다. 이 귀한 말씀을 전할 때 성령으로 말씀을 받아들입니다. 그렇게 한 사람 구원받는 것을 보며 깜짝놀란 것입니다. 내가 뭔데? 별것도 아닌 사람이 한마디 복음을 전했는데 큰 역사가 나타나다니… 베드로? 고넬료의 집, 말도 안통하는 집에 가서 복음을 전했는데 아, 이 사람들이 다 방언을 하고 복음을 받아들이고 세례를 받고 기뻐하는 것입니다. 그것을 볼 때 베드로가 크게 감동을 합니다. 말씀의 능력, 예수 그리스도 사건을 전할 때 말씀을 전하는 자와 듣는 자의 관계 속에서 하나님의 나라가 이루어지는 것을 보는 그런 기쁨과 영광이 있었다 하는 얘기입니다. 놀라운 얘기 아닙니까. 그리고 오늘본문에 나타난 중요한 또하나의 말씀을 보십시오. "제 재물을 조금이라도 제 것이라 하는 이가 하나도 없더라." 이 무엇입니까. 욕망이 사라졌습니다. 그 끝없는 욕심이 싹 사라졌습니다. 내것을 내것이라 하는 자가 없더라—그 누구 것입니까? 우리것이지요. 그 돈 내가 벌었지만 당신도 쓰고 나도 쓰고, 당신을 위해서도 쓰고 나를 위해서도 쓰고… 이게 이런 물건이야. 이건 나만을 위해 쓸 수 있는 게 아닙니다. 여러분 아시지 않습니까. 자기가 벌어서 자기만 먹은 사람 어디 있습니까. 먹을래야 먹을 수도 없습니다. 얼마나 먹고 가겠습니까. 얼마나 쓰고 가겠습니까. 그게 아니거든요. 그래서 오늘본문이 '내것을 내것이라 하는 자가 없더라' 하는 것입니다. 아, 놀라운 얘기입니다. 그래서 유무상통하게 됐다—이것이 초대교회의 특징이었습니다. 너무나도 유명한 얘기를 아시지 않습니까. 어떤 기독교 가정주부가 남편의 수입이 적어서 자기집 문앞에다가 조그마한 구멍가게를 냈습니다. 살림에 보태려고요. 그런데 이 사람이 정직하게 물건을 받아다가 정직하게 파니까 그 집의 물건이 좋고 물건값이 싸다고 소문이 나서 장사가 잘되는 것입니다. 자꾸만 잘돼가지고 나중에는 물건을 트럭으로 들여오게 되었습니다. 그래 바빠졌습니다. 정신없게 비뻐졌습니다. 그린데 어느날 남변이 퇴근하다 보니까 또 트럭이 들어오고 있는 것입니다. 남편이 아내 보고 말했습니다. "여보, 너무 고생을 많이 하는구먼요. 그러나 내가 오면서 보니까 구멍가게가 여기저기 많은데 그 집들이 전부 다 문닫게 됐나고 그럽디다. 이래서 되겠습니까?" 이 여자는 생각했습니다.

"그렇지." 그 다음에는 물건품목을 줄였습니다. 몇가지만 놓고, 그리고는 사람들이 사러 오면 "그 물건은 여기 없습니다. 저 집에 가세요. 그 물건은 저 집에 있습니다" 하고 손님들을 나눠줬습니다. 이러다보니까 가게는 좀 작아졌지만 시간여유가 생겼습니다. 그래 책을 많이 읽었습니다. 읽을 뿐만 아니라 글을 썼습니다. 그래서 나온 것이「빙점」이라고 하는 유명한 소설입니다. 보십시오. 버니까 더 벌어야 되고… 그런 것이 아닙니다. 이 아름다운 사람은 다른 가게들로 손님을 나누어주었습니다. "그 물건은 저 집에 가서 사면 됩니다." 이 간단한 마음 같지요? 아주 거룩한 마음입니다. 마침내 하나님께서 보너스를 주셨습니다.「빙점」을 쓰게 해서 이 여자 미우라 아야꼬를 세계적으로 유명한 작가로 만들어주셨습니다. 여러분 생각해봅시다. 소유욕이 사라지는 것, 바로 이게 성령의 역사입니다. 그뿐만이 아닙니다. 성령 충만한 사람으로 저는 대표적으로 스데반을 생각합니다. 그는 돌에 맞아 죽습니다. 그러나 그 얼굴은 천사의 얼굴과 같았다 합니다. 충만하더라 합니다. 천사의 얼굴을 하고 죽습니다. 왜요? 하늘이 열렸기 때문입니다. 그 앞에 하늘이 열리고 주님께서 서 계시고 그 주님께서 환영을 하십니다. 그런고로 그 앞에는 원수가 없습니다. 자기를 향해 돌을 던지는 사람들을 위해서 기도하고 있습니다. 그래서 저는 스데반을 크리스천 최고의 모델이라고 생각합니다. 그는 천사의 얼굴을 하고 그렇게 순교하게 됩니다.

여러분, 성령 충만해서, 우리 다시한번 성령 충만하여 그 끝없는 욕심도 다 사라지고 그 많은 근심과 두려움도 사라지고 오늘도 하늘을 우러러보며 주님의 음성을 가까이 들으며 감사 찬양하는 그런 생활이 되어지기를 바랍니다. △

가만히 서서 구원을 보라

바로가 가까와 올 때에 이스라엘 자손이 눈을 들어 본즉 애굽 사람들이 자기 뒤에 미친지라 이스라엘 자손이 심히 두려워하여 여호와께 부르짖고 그들이 또 모세에게 이르되 애굽에 매장지가 없으므로 당신이 우리를 이끌어 내어 이 광야에서 죽게 하느뇨 어찌하여 당신이 우리를 애굽에서 이끌어 내어 이같이 우리에게 하느뇨 우리가 애굽에서 당신에게 고한 말이 이것이 아니냐 이르기를 우리를 버려 두라 우리가 애굽 사람을 섬길 것이라 하지 아니하더뇨 애굽 사람을 섬기는 것이 광야에서 죽는 것보다 낫겠노라 모세가 백성에게 이르되 너희는 두려워 말고 가만히 서서 여호와께서 오늘날 너희를 위하여 행하시는 구원을 보라 너희가 오늘 본 애굽 사람을 또 다시는 영원히 보지 못하리라 여호와께서 너희를 위하여 싸우시리니 너희는 가만히 있을지니라
(출애굽기 14 : 10 - 14)

가만히 서서 구원을 보라

　아프리카 선교사를 지망한 한 청년이 있었습니다. 그가 많은 공부와 수련기간을 끝내고 아프리카 선교사로 가기로 결단하고 배를 타고 출발을 했는데 이 배가 풍랑을 이기지 못하고 파선이 됩니다. 그는 배가 깨지는 순간 '아, 이제 나는 죽었구나'라고 생각했습니다. 죽은 줄 알았는데 다행히 널쪽 하나를 붙들고 생명을 부지하게 됐습니다. 널쪽 하나에 의지하면서 '아, 이제는 살았다' 생각했습니다. 며칠을 굶고 표류하다가 아프리카 해안 한 곳 아주 조그마한 섬에 도착하게 됩니다. 기진맥진한 상태에서 정신을 차려보았습니다. 했더니 흉측하고 잔인한 식인종들이 자기를 둘러싸고 있는 것입니다. 그는 또 '아, 이젠 정말 죽었구나' 했습니다. 하나님께 좀 원망조의 기도를 했습니다. '하나님, 내가 돈벌자는 것도 아니고 출세하자는 것도 아니지 않습니까. 선교하러 왔는데 어째서 운명이 이렇게 고만 꽉 막히는 것입니까? 하나님, 나는 이제 꼼짝못하고 죽었습니다' 하고 탄식을 했습니다. 그때 하늘로부터 음성이 들려옵니다. "너는 아직 죽지 않았다. 그러니까 네가 말하고 있지 않느냐." "그러면 어찌할까요?" "네 앞에 반짝반짝 빛나는 파란 돌 하나가 있지 않느냐? 그 돌을 저 추장을 향해서 한번 힘껏 던져보아라." 청년은 그 돌을 집어서 추장의 이마를 향해 던졌습니다. 이 돌이 이마에 가서 딱 꽂히면서 추장이 벌렁 자빠져 죽었습니다. 그래 이 청년은 '아, 이젠 살았다' 했는데 하늘로부터 다시 음성이 들려왔습니다. "넌 이제 진짜 죽었다." 우리사람들은 늘 죽었다살았다 합니다. 이젠 죽었다 하다가 이젠 살았다 합니다. 사실 죽은 사람은 말이 없습니다. 아직도 뭘 살았느니 죽었느니 하는데 그게 다 살았기 때문에 하는 소리지요. "넌 이제 진짜 죽었다." 우리의 삶이 이렇게 참 하나의 드라마처럼 계속 반복되어갑니다. 죽었다 했다가 살았다 했다가 이제는 정말 죽는가보다 하고… 그렇게 오늘까지 살아오지 않았습니까.

오늘본문을 봅시다. 이스라엘백성이 430년 동안 애굽에서 종살이를 합니다. 이것은 3300년 전에 있었던 사건입니다. 이 430년이란 숫자는 굉장히 중요한 의미를 가졌습니다. 본래 이 사람들은 흉년을 피해서 애굽으로 내려갔던 귀족이었습니다. 요셉이 총리대신으로 있었을 때 되어졌던 일입니다. 귀한 손님이요 귀족 대접을 받았습니다마는 430년이란 세월이 흐르는 동안 저들은 애굽사람의 노예가 되었고 지금 이 자리에 있는 많은 사람들, 60만의 군중이 전부 다 노예로 태어난 사람들입니다. 노예된 사람이기 전에 노예로 태어나 노예화한 그런 사람들입니다. 전혀 아무 생각도 없습니다. 오늘본문의 말씀같이 애굽사람을 섬기며 사는 것이 좋다, 차라리 자유의 몸으로 광야에서 죽기보다 애굽사람을 섬기며 거기에 사는 것이 낫다 할 정도의 사람들입니다. 어떻습니까? 제대로 된 사람들이라면 노예로 한평생을 사느니 자유의 몸으로 여기서 죽는 것이 좋다… 뭐 그래야 되는 거 아닙니까. 그래야 사람다운 거 아닙니까. 그러나 이 사람들은 몸만이 아니라 신분만이 아니라 의식까지 노예화하였습니다. 이렇듯 문화화라는 것이 참으로 무서운 것입니다. 의식까지 완전히 노예문화화 해서 아주 자연스럽게 불편 없이 애굽사람을 섬기며 살아왔고 앞으로 그렇게 살기 바라는 그런 사람들이었습니다마는 하나님께서 큰 은총을 베풀어주셔서 모세라는 지도자를 준비해놓으시고 그를 부르시고 그를 보내시고 그와 함께하시고 그를 통하여 이 이스라엘백성을 구원하시게 됩니다. 노예생활에서 구원하십니다. 그것은 전적으로 하나님의 주권적인 역사입니다. 인간으로는 상상할 수 없는 위대한 역사입니다. 모든 역사가들이 말합니다. 60만 명의 노예가 애굽에서 나올 수 있었다는 것은 인간역사로서는 상상할 수가 없습니다. 여러분, 민족은 영원하다, 나라가 어떻다 하지마는 사실은 없어진 민족이 얼마나 많습니까. 알고보면 우리도 8·15 해방같은 거 놀랍지 않을 수가 없습니다. 만일에 해방이 없이 — 그저 또 몇십 년 지나갔다면 아마도 뿌리째 망가지고 말았을 것입니다. 저는 어렸을 때 그런 것을 보았습니다. 일본사람들이 만들어놓은 가미다나(神棚)라는, 자기네 신들 모셨다고 하는 조그마한 나무상자를 흔하게 보았습니다. 심지어 일본사람들한테 아첨하는 친일파 사람들은 그런 것까지 자기집에 갖다놓고 일본사람 흉내를 내고 살았습니다. 엄연히 한국사람인데 일본사람들의 하오리라는 커다란 옷을 입고 게다짝을 끌고 다니는 걸 자랑삼는 못된 것들이 있었습니다. 해방 뒤에사 다들 두들겨맞았지만 말입니다. 집에서도 한국말을 못하게 했습니다. 일본말만 쓰는 것을 자랑스러워했습니다. 전부 일본화, 일본화, 일본화하여갔습니다. 정말입니다. 그러니 노예화하였다 할 때 여기 어떻게 구원이 있겠습니까. 구원될 수가 없습니다. 상상도 못합니다. 그러나 하나님의 위대한 역사로 확실히 이스라엘은 출애굽했습니다. 애굽에서 벗어나게 됩니다. 그러기 위해서 열 가지 재앙이 있었습니다.

자, 한번 생각해봅시다. 하나님께서 이 구원의 역사를 이루시려 할 때 그건 이루어지게 되어 있습니다. 여기에 상당한 경륜이 있습니다. 깊은 의미를 부여합니다. 그래서 바로 왕을 향해서는 회개의 기회를 준 것입니다. 10번이나… 열 가지 재앙을 내리지 않습니까. 여러 번 여러 번 하나님의 능력 앞에 무릎을 꿇도록 계속 역사하십니다. 나는 그 바로 왕을 생각할 때마다 천하에 미련한 사람이구나 합니다. 재앙을 두어 번 받아보고 손들었어도 될 것을 열 가지 재앙을 다 받고 맙니다. 참으로 미련한 사람입니다. 그리고 쫓아왔다가 홍해에서 죽어버렸단말입니다. 참으로 완악함이 무엇이며 강퍅함이 무엇인가를 말해주는 극적인 장면이라고 생각합니다. 그런가하면 이스라엘을 위해서는 이스라엘사람들이 돌연 구원을 받게 되지만 구원이 뭔가, 하나님의 능력이 어떻게 역사하는가를 생생하게 경험하도록 열 가지 재앙 내리시는 것을 다 보았습니다. 애굽사람에게 내리는 그 사건들을 역력하게 체험하도록 했습니다. 한마디로 말해서 구원을 체험하게 한 것입니다. 이러고 이스라엘백성을 인도하십니다. 그들은 감격했습니다. 열 가지 재앙을 통해서 하나님의 능력을 경험했고 또 하나님께서 약속해주신 약속의 땅 가나안을 바라보게 됩니다. 그런 약속을 믿고 그 다음에는 뭐니뭐니해도 모세입니다. 모세라고 하는 능력의 사람, 하나님의 사람이 저들과 함께하고 있습니다. 모세를 믿고 모세가 인도하는대로 저들은 광야로 나오게 되었습니다. 그런데 그 길을 오늘 성경은 자세하게 말씀합니다. 홍해의 광야길로 인도합니다. 홍해의 광야길―원래 그 노정을 가만히 보면 북쪽으로 올라갔다기 동쪽으로 가아 합니다. 수에스 운하가 있는 곳이 아닙니까. 그렇게 해야만 됩니다. 그 길밖에 없습니다. 그런데 이스라엘백성을 그냥 동쪽으로 인도하십니다. 동쪽으로 가면 홍해를 만나게 됩니다. 홍해에 직면하게 됩니다. 이것이 홍해의 광야길입니다. 하나님께서 인도하시는 길인데 왜 이쪽으로 가는 것입니까. 아니, 상식으로 보아도 북쪽으로 갔다가 동쪽으로 가야 됩니다. 그런데 동쪽으로 가서 앞에 홍해를 직면하게 됩니다. 이제 이 백성이 어디로 갈 것입니까. 하나님께서 인도하시는 길이 왜 이렇게 막히느냐, 이것입니다. 그러나 성경은 이 14장 1절부터 보면 자세하게 설명해줍니다. 이렇게 한 이유는 이스라엘백성에게 한 번 더 확실하게 하나님의 능력을 체험하게 하려는 것이었습니다. 하나님의 능력을 결정적으로 경험하게 하려는 것입니다. 그래서 홍해를 건너가게 하고 홍해를 건너서는 다시 돌아오지 못하게 하신 것입니다. 이 백성이 전쟁을 보면 무서워서 애굽으로 가자 할 것이다, 그러므로 다시 애굽으로 못가게, no return, 귀로를 차단하신 것입니다.

여러분, 하나님의 귀한 뜻을 잊지 말아야 합니다. 하나님의 백성들, 하나님께서 구원하실 때 귀로를 차단하십니다. 다시 세상으로 못돌아가게 하십니다. 다시 세상사람으로 살지 못하게 차단한다는 것을 잊지 말아야 합니다. 자, 그런데 홍해 앞에 섰을 때를 상상해봅시다. 60만 군중이 홍해 앞에 왔습니다. 앞에는 홍해라고 하는 바다가 넘실거립니다. 그런데 뒤에는 애굽군대가 쫓아옵니다. 문자그대로 독 안에 든 쥐입니다. 앞에는 홍해, 뒤에는 애굽군대, 좌우는 절벽입니다. 꼼짝못하고 갇혀서 애굽군대의 그 보복전에 살육당할 수밖에 없는 처지였습니다. 바로 그 시간입니다. 저들은 원망했습니다. 저들은 아우성쳤습니다. 오늘본문을 보니 원망하면서도 위트가 있더라고요. '애굽에 매장지가 없어서 우리를 이리로 데려다가 여기서 죽게 하느냐. 참 나! 애굽에 공동묘지가 없어서 여기까지 끌어다가 우리를 죽일 거냐. 아, 애굽에 있을 때 그냥 놔둬라 그러지 않았느냐. 우리 이 바로를 섬길 테니 건드리지 마라 했는데 왜 우리를 끌어다가 여기서 죽게 하느냐.' 그렇게 원망하는 것입니다. 아주 논리적입니다. 위트도 있습니다. 하나님을 원망하고 동시에 모세를 원망합니다. 그리고 더욱더 참담한 것은 '차라리 애굽사람을 섬기는 것이 낫지 않느냐? 그게 더 좋았는데 왜 우리에게 자유를 주었느냐' 하는 것입니다. 원 세상에, 출애굽을 원망하는 것입니다. 오늘 이렇게 자유롭게 된 것조차도 원망하고 있습니다. 이런 가운데서 하나님께 욕돌렸습니다. 자유 자체를 부인합니다. 어째서 하나님을 원망하게 되는 것입니까. 그 이유는 간단합니다. 애굽에서 역력하게 경험했지요. 열 가지 재앙을 통해서 본 하나님께 대한 체험, 은혜로운 체험을 망각했기 때문입니다.

사람이란 과거의 은혜를 잊어버리면 미래도 없습니다. 이걸 잊지 말아야 합니다. 과거에 대한 바른 은혜의 해석을 가진 사람만이 미래를 가질 권한이 있습니다. 하나님의 은혜로 오늘 우리가 있습니다. 이걸 잊어서는 안됩니다. 열 가지 재앙을 통해서 역력히 본 엄청난 사건을 어떻게 오늘 잊어버리고 하나님을 원망한다는 말입니까. 또한 하나님의 약속의 땅을 잊어버렸습니다. 현실이 좀 어렵다고해서 미래를 부정합니다. 현실이 고달프다고해서 앞에 있는 세계를 망각했습니다. 영원한 하나님의 나라 가나안땅을 잊어버렸습니다. 그리고 원망을 하는 것입니다.

무릇, 현재에 집착하는 사람, 현재만 생각하면서 과거의 은혜도 모르고 미래의 약속도 잊어버리는 사람은 원망을 하게 됩니다. 이때 하나님께서 주시는 메시지가 오늘본문의 주제입니다. '가만히 서서 여호와의 구원을 보라. 가만히 서서 구원을 보라.' 가만히—왜요? 생각 좀 하여라, 과거의 은혜가 우리와 함께하고 있지 않느냐, 조용하여 내가 하나님됨을 알라 하시는 것입니다. 시편 46편에 말씀합니다. "Be still, and know that I am God(너희는 가만히 있어 내가 하나님됨을 알지어다)." 저는 이 본문을 읽을 때마다 생각나는, 그저 아무 관계없는 얘기 같지마는 재미있는 추억거리가 하나 있습니다. 제가 '63년도에 미국에 처음 가서 유학을 할 때 여름방학동안 시간도 보내고 또 아이들하고도 사귀고 뭐 좀 용돈도 좀 벌고 하려고 YMCA에서 행하는 캠프에 회목으로 갔던 일이 있습니다. 초등학생들 중학생들 고등학생들을 3주간 동안 한 주간씩 데리고 있어봤습니다. 거 아이들이 얼마나 떠듭니까, 미국아이들이. 파인 채플이라는 게 있습니다. 들판이 있고 소나무숲이 있는데 소나무숲 가운데 나무를 다 베어내고 동그랗게 터를 잡고 노천예배당을 만들어놨습니다. 잘 만들어놨습니다. 거기다가 오르간도 준비해놓고 강대상도 잘 만들어놨습니다. 그런 파인 채플이 있었는데 그 채플로 향해서 가는 길에는 아이들이 신나는대로 떠들다가도 그 채플 안에 들어서는 순간이면 일시에 조용합니다. 그 문간에 크게 써붙인 말씀이 이것입니다. 'Be still, know that I am God.' 조용하여 내가 하나님됨을 알라— 뒤집어 말하면 조용해야 하나님을 알 수 있습니다. 조용해야 하나님을 만날 수 있습니다. 시끌시끌 떠들고 불평 원망하면 하나님의 음성을 들을 수도 없고 하나님을 뵐 수도 없습니다. '조용하여 내가 하나님됨을 알라.' 이 무슨 말씀입니까? 비판하지 말라, 원망하지 말라, 생각 굴리지 말라, 잔재주 부리지 말라, 조용하라, 마음을 고요하게 하라는 것입니다.

여러분, 아 우리는 지금 할말이 많습니다. 대통령이 망언을 해서 걱정거리가 많습니다. 보통 무식한 사람이 아닙니다, 이건. 어데다 대고 그런 망언을 하는 것입니까. 우리신앙인으로 볼 때는 한심해서 세계에 부끄럽습니다. 할말이 많습니다. 생각이 많습니다. 그러나 여러분, 조용할 것입니다. 뭐 미군이 간다온다, 생각이 많습니다. 경제가 어떻게 되느냐? 세계가 어떻게 되느냐? 유가가… 뭐 이거 다 생각하다간 미칠 지경입니다. 이제 주님의 음성을 들어봅시다. '조용하여 내가 하나님됨을 알지어다.' 귀한 말씀입니다. 판단중지령을 내려야 합니다. 아우구스티누스의 유명한 말입니다. epoche, 판단중지. 옳으냐 그르냐 이럴까 저럴까 잠깐 멈추세요. 조용합시다. 그리고 하나님께서 하시는 일을 지켜봅시다. 한 청년이 산에 올라가 깊은 산속을 다니다가 그만 밤에 실종되었습니다. 길을 잃어서 도대체 어디로 가야 할지 알 수가 없었어요. 오직 의지하고 있던 조그마한 전등마저 떨어뜨려서 깨지고 말았습니다. 칠흑같이 깜깜한 밤에 어느 방향으로 가야 할지 알 수 없는 난감한 처지가 됐습니다. 또 비바람이 치면서 그냥 벼락이 칩니다. 꽝꽝합니다. 그래서 그는 번개가 무서웠습니다. 번개가 칠 때마다 그것이 머리위에 떨어지는 것같기도 하고 온몸이 녹아지는 것도 같습니다. 발발발발 떨고 있었습니다. 번개가 번쩍할 때마다 "에구 죽었다, 에구 죽었다" 했습니다. 그런데 점점 번개에 대해서 익숙해갔습니다. 번개가 번쩍할 때마다 세상이 환하게 보이니까 길을 찾을 수 있었습니다. 그는 번개와 친해졌습니다. 번개가 어간 고맙지 않았습니다. 번갯불을 보면서 그는 밤중에 산을 내려올 수가 있었습니다. 때때로 우리 앞에 원치 않는 사건들이 있습니다. 변론을 벌이지 맙시다. '하나님, 어찌하여 이런 일이 있습니까?' 원망하지 맙시다. 하나님께는 뜻이 있으니까, 하나님께는 계획도 있으니까, 하나님께는 지혜가 있으니까, 그에게는 커리큘럼이 있으니까 우리는 조용히 여호와의 구원하심을 보아야 하겠습니다. 원망할 이유 있습니다. 그러나 원망은 불신앙입니다. 애시당초 하나님의 능력 하나님의 지혜 하나님의 사랑으로 있어진 일들이 아닙니까. 그렇다면 오늘도 내일도 마찬가지입니다. 이성적 비판을 멈춥시다. 이성의 비판을 제한합시다. 그리고 말을 줄입시다. 마음을 고요하게 하고 하나님의 뜻을 생각하며 여호와의 구원을 다시 확인하는 우리가 되어야 할 것입니다. △

오직 나뿐입니다

아합이 엘리야의 무릇 행한 일과 그가 어떻게 모든 선지자를 칼로 죽인 것을 이세벨에게 고하니 이세벨이 사자를 엘리야에게 보내어 이르되 내가 내일 이맘때에는 정녕 네 생명으로 저 사람들 중 한 사람의 생명 같게 하리라 아니하면 신들이 내게 벌 위에 벌을 내림이 마땅하니라 한지라 저가 이 형편을 보고 일어나 그 생명을 위하여 도망하여 유다에 속한 브엘세바에 이르러 자기의 사환을 그곳에 머물게 하고 스스로 광야로 들어가 하룻길쯤 행하고 한 로뎀나무 아래 앉아서 죽기를 구하여 가로되 여호와여 넉넉하오니 지금 내 생명을 취하옵소서 나는 내 열조보다 낫지 못하니이다 하고 로뎀나무 아래 누워 자더니 천사가 어루만지며 이르되 일어나서 먹으라 하는지라 본즉 머리맡에 숯불에 구운 떡과 한 병 물이 있더라 이에 먹고 마시고 다시 누웠더니 여호와의 사자가 또다시 와서 어루만지며 이르되 일어나서 먹으라 네가 길을 이기지 못할까 하노라 하는지라 이에 일어나 먹고 마시고 그 식물의 힘을 의지하여 사십 주 사십 야를 행하여 하나님의 산 호렙에 이르니라 엘리야가 그곳 굴에 들어가 거기서 유하더니 여호와의 말씀이 저에게 임하여 이르시되 엘리야야 네가 어찌하여 여기 있느냐 저가 대답하되 내가 만군의 하나님 여호와를 위하여 열심이 특심하오니 이는 이스라엘 자손이 주의 언약을 버리고 주의 단을 헐며 칼로 주의 선지자들을 죽였음이오며 오직 나만 남았거늘 저희가 내 생명을 찾아 취하려 하나이다

(열왕기상 19 : 1 - 10)

오직 나쁨입니다

　1952년 7월 4일 아침에 있었던 사건입니다. 미국 캘리포니아 해안은 앞을 분간할 수 없을 만큼 짙은 안개가 덮여 있었습니다. 캘리포니아 해안에서 21마일 떨어진 곳에 카타리나라고 하는 작은 섬이 있습니다. 작은 휴양지입니다. 이 섬에서 한 34세된 여인이 힘차게 물속으로 뛰어들어 수영을 시작했습니다. 21마일 떨어진 해안을 향해서 헤엄치는 것입니다. 플로렌스 채드윅이라고 하는 이 여자는 수영선수로서 세계적인 기록을 하나 내고 싶었습니다. 그래서 21마일 앞에 있는 육지를 향해서 수영을 시작한 것입니다. 수백만 명이 같은 시간에 텔레비전으로 이 장면을 흥분된 모습으로 지켜보았습니다. 가끔가끔 총소리가 들려왔습니다. 모여드는 상어떼를 쫓기 위해서 쏘는 것이었습니다. 이 모험을 위해서 그는 전심전력 했습니다마는 가장 어려웠던 것은 뼛속까지 스며드는 차디찬 바닷물이었습니다. 15시간이 지났습니다. 추위로 인해서 다리가 마비되고 가끔 경련이 일어나곤 했습니다. 너무 힘들어서 결국 포기하겠다는 신호를 뒤따라오는 배에 보냈습니다. 그러나 배에 타고 있는 어머니와 그를 가르치는 코치는 힘을 내라 육지가 앞에 있다, 힘을 내라 힘을 내라 그렇게 포기하지 말라 하고 말렸습니다. 그러나 이 여인은 도저히 감당할 수 없다고 15시간 55분만에 수영을 포기했습니다. 포기하고 나서 보았더니 바로 앞에 육지가 있는 것이었습니다. 20마일 반을 헤엄치고 단지 반 마일을 앞에 놓고 포기한 결과가 되었습니다. 너무나도 애석했습니다. 그 원인은 간단했습니다. 앞이 보이지 않았기 때문입니다. 반 마일 앞에 있는 육지가 그 눈에 보였더라면 그는 넉넉하게 수영할 수 있었던 것입니다. 넉넉히 돌파할 수 있었던 것입니다. 안개로 인해서 앞이 보이지 않자 그는 힘이 빠진 것입니다.

우리가 이 세상을 살면서 많은 사건을 겪는데 언제나 사건 그 자체가 어려운 것이 아닙니다. 앞에 있는 사건을 내가 볼 수가 없는 것입니다. 불확실성입니다. 보장이 없습니다. 그래서 우리는 포기할 때가 많고 뒤늦게야 깨닫고 '포기하지 않을 수도 있었는데, 포기하지 말았어야 하는데' 하는, 그런 아쉬워하는 생을 한평생 사는 것이 아닌가, 그렇게도 생각을 해봅니다.

의사요 심리학자인 폴 투르니에가 쓴 유명한 책이 있습니다. 「Escape from Loneliness(고독으로부터의 도피, 고독으로부터의 자유)」입니다. 현대인의 공통된 시대적인 병이 고독입니다. 사람은 발에 채일 만큼 많은데 고독합니다. 고독의 원인이 무엇입니까. 무엇보다도 중요한 것은 자기자신이 자기자신에 대해서 실망한다는 것입니다. 자기가 자기자신에 대해서 실망하고 있습니다. 또 자기자신을 누군가에게 주면서 살아야 되는데 내가 나를 줄만한 사람이 아무도 없다는 것입니다. 내 이야기를 할 수도 없고 내 사정을 말할만한 사람도 없고 아니, 내가 만날 사람도, 내가 마음대로 전화를 걸만한 그런 대상도 없을 때 이것을 고독이라고 합니다. 폴 투르니에는 현대인의 이 고독의 원인은 지나친 경쟁과 비교의식에서 자기존재를 잃어버렸기 때문이라고 말합니다. 니는 나입니다. 어디까지나 그렇습니다. 남하고 나하고 비교할 것 없습니다. 특별히 남자와 여자 비교할 것이 못됩니다. 또 젊은이와 나이든 사람 비교할 것이 못됩니다. 전혀 비교할 수 없는 대상인데도 불구하고 아니, 비교할 필요도 없는네 우리는 비교하면서 자기존재를 잃어버리고 있다 하는 것이고,

또 하나는 삶이 혼자만의 것이라고 착각하는 데 있습니다. 이는 극단적 개인주의입니다. 저는 여러분이 아시는대로 결혼주례를 많이 합니다. 아마도 최고로 많이 하는 것같습니다. 1년에 한 200번 하니까요. 그래 결혼주례 할 때마다 제가 꼭 강조하는 말 한마디가 있습니다. "세상은 너희 둘만 사는 게 아니다. 이걸 잊지 마라." 어떻게 나 혼자입니까. 아니, 우리 둘뿐입니까. 우리 둘이 행복하면 부모님에게 효도되고 또 더 중요한 것이 있습니다. "지금은 신랑 신부지만 머지않아 아빠 엄마가 된다. 그 다음엔 할머니 할아버지가 된다. 이제 나로 인해서 수많은 사람이 불행할 수도 있고 나로 인해서 저들이 행복할 수도 있는 것이다." 나? 나라고 하는 존재가 어디 나 혼자입니까. "결혼과 함께 나의 의미가 얼마나 크게 평가되어야 하는지 잊지 말라." 나 혼자라고 생각하는 데 문제가 있는 것입니다. 혼자서 존재하는 내가 아니라는 것을 알아야 합니다. 또한 지나친 탐욕이 문제입니다. 지배욕, 탐욕, 편협, 소유욕… 이런 것들이 지나쳐서 문제가 됩니다. 그래 가장 행복한 사람은 가진 것에 만족하는 사람입니다. 그런데 가진 것에 대해서 영 만족하지를 못합니다. 현재처지에 만족하지 못할 때 고독해지는 것입니다. 또하나는 반항과 비판과 질투입니다. 이런 것에 자기자신을 빼앗기면서 인생은 고생하고 있다는 것이 투르니에의 말입니다.

오늘본문에 고독한 사람이 나옵니다. 이 고독이 아주 현대판 고독입니다. 특별한 고독입니다. 먼저 배가 고팠습니다. 여러분은 배고파봤습니까? 인생이 특별한 것입니다. 배고프면 배만 고픈 게 아닙니다. 슬퍼집니다. 배고프면 배가 아픈 게 아니라 눈물이 납니다. 배 안고파본 사람은 이걸 모를 것입니다. 정말로 배고프면 아무 생각도 없습니다. 인생이 슬퍼집니다. 오늘 엘리야가 몹시 배고픈 시간에 있습니다. 주리고 목말랐습니다. 아, 이대로 죽는가보다 할 정도로 어려웠던 것같습니다. 그것이 고독으로 이어집니다. 또하나는 무기력입니다. 세상이 아무리 어렵고 어떻다 하더라도 내가 극복할 만한 능력만 있다면 무슨 문제가 되겠습니까. 그런데 내가 아무래도 쓸모없는 존재다, 아무 의미가 없다 합니다. 무기력을 느낍니다. 스스로 느낍니다. 내가 쓸모없다는 걸 내가 알고 있습니다. 아니, 많은 사람에게까지도 나는 귀찮은 존재다, 그럴 거다 합니다. 심지어는 자식에게 전화를 걸고 싶어도 '아이고, 귀찮다고 할 텐데' 싶습니다. 아침이면 아침이니까 안되고 저녁은 잠자리니까 안되고 낮에는 바쁠 것같아서 안되고… 24시간 중에 전화 한 통 걸 시간이 없더라고요. 왜요? 귀찮아할까봐입니다. 쓸모가 없는 것입니다. 반갑게 여기는 것같지가 않습니다. 그리고 오늘말씀대로 나 혼자뿐입니다. 다 죽었습니다. 다 끌려가서 사형을 당했습니다. 선지자 중에 나 하나만 남았습니다. 홀로 있다는 것입니다. 오로지 홀로, 나 혼자뿐입니다. 엘리야는 이런 고독을 느끼고 있습니다.

더욱더 오늘본문에 보는 특별한 점은 뭐냐하면 허탈감입니다. 그가 가난하고 어렵고 병들고 해서 고독해진 게 아닙니다. 사실은 큰 승리, 큰 이벤트, 큰 사건 뒤에 고독해진 것입니다. 그가 갈멜 산에서 바알 신과 대결합니다. 홀로 니가시 마일 신의 선지사들과 아세라목상의 선지자 450명, 그들과 대항을 해서 이겼습니다. 예루살렘을 방문할 때, 성지 방문할 때 갈멜 산을 올라가보면 그 광야 평지에, 높은 데 거기 옛날에 엘리야가 제단을 쌓았던 곳이 있거든요. 거기서 대결을 해서 이겼습니다. 마침내 450명의 바알 신과 아세라목상 선지자들을 끌어내다가 다 죽여버렸습니다. 대승리입니다. 엄청난 승리를 이루어놓았습니다. 그러나 이 사건으로 인해서 아합왕의 처 이세벨이 이를 갑니다. '내일 이때쯤은 네 시체가 저들과 같이 될 것이다.' 맹세를 합니다. '반드시 너를 죽이고야 말겠다.' 이래서 엘리야가 도망을 한 것입니다. 광야로 들어가서 지금 이렇게 고독해하고 있습니다. '나 혼자 남았습니다. 하나님 나 죽여주세요. 더 살고 싶지 않습니다.' 큰 승리 다음에 온 것입니다. 우리가 생각할 때 사람이란 실패할 때 고독할 것같지만 실은 성공할 때 더 고독합니다. 실패할 때는 친구가 있답니다. 성공할 때는 친구가 없습니다. 고독합니다. 성공할 때 더 불안합니다. 견딜 수 없이 불안합니다. 왜? 우리가 들었던 얘기 다 잊어버렸지요? 우리 현 대통령이 대통령되기 위해서 애 많이 썼지요. 되고나서 며칠 안되어 못해먹겠다고 그랬지 않습니까. 그거 힘든 것입니다. 청와대 갇혀 있으면 정신없는 것입니다. 고독한 것입니다. 주위사람들이 다 도독놈같고 사기꾼같고 그렇지 않습니까? 성공이 사람을 고독하게 만드는 것입니다. 엘리야는 허탈감에 빠졌습니다. 그리고 그는 조상을 생각해봤는데 아브라함, 이삭, 야곱, 요셉, 그리고 모세, 이런 사람과 같지 못함을 알았습니다. 조상만 못합니다. 아무리 생각해도 나는 우리의 훌륭한 조상만 못합니다. 비교하면서 고독해하고 있습니다. 그리고 그의 마음은 들떠 있습니다. 갈멜 산의 승리, 갈멜 산의 대결, 그 흥분된 시간에 아직도 머물러 있습니다. 허탈해하고 고독해하고 죽기를 원했습니다. '나 죽여주세요. 하나님 나 죽여주세요. 더 살고 싶지 않습니다.' 여기까지 왔습니다.

빅터 프랭클린이라고 하는 의사선생님이 「죽음의 수용소에서」

라고 하는 책에서 인간의 가치를 말하고 있는데 저는 가끔 이 글을 생각해봅니다. 사람은 살아가면서 가치결정을 하고 살아야 합니다. 첫째, 창조적 가치. 뭔가 새로운 것을 생각할 수 있어야 하고 새로운 것을 위해서 살아갑니다. 구태의연하게 살아가는 것은 죽은 것이다, 그런고로 계속해서 창조하는 바로 거기에 삶의 의미가 있다 했습니다. 두 번째, 경험적 가치. 우리는 경험을 넓혀가는 것이다, 이런 경험도 하고 저런 경험도 하고 이런 사람도 만나고 저런 사람을 만날 때마다 이것을 통해서 나는 성숙해가고 공부하고 배워가는 것이다, 합니다. 경험, 아주 중요합니다. 젊었을 때부터 우리는 계속해서 새로운 도전을 받으며 경험하고 있습니다. 세 번째가 태도적 가치입니다. 여기서 프랭클린은 이 셋 중에 가장 중요한 것은 태도적 가치라고 말합니다. '어떤 사건을 만나느냐가 중요한 것이 아니고 어떤 태도로 임하느냐가 중요한 것이다.' 어떤 결과가 오느냐가 중요하지 않습니다. 어떤 마음가짐으로 이것을 소화하느냐가 문제더라고요. 태도적 가치, 이걸 생각해야 합니다. 「Tiny Story」라고 하는 책에 재미있는 말이 있습니다. '세상에 고민 없는 사람은 없다. 만일에 고민 없는 사람이 있다면 두 종류다. 하나는 이미 죽은 사람이고 하나는 아직도 태어나지 않은 사람이다.' 사람은 고민이 있고 또 있어야 하는 것입니다. 문제는 그 고민과의 대결에서 어떤 attitude로, 어떤 자세로 임하느냐, 얼마나 적극적으로 얼마나 긍정직으로 얼마나 신앙적으로 사느냐에 있는 것이다 하는 것입니다. 앤드루 마티스의 명언이 있습니다. '사람이 행복해질 수 있는 길은 두 가지가 있다.' 잘 들어보십시오. 제가 좋아하는 명구입니다. '첫째, 좋아하는 일만 하는 것이나. 먹고 싶은 것만 먹고 즐기는 일만 하는 것이다. 하고 싶지 않은 일은 하지 마라. 만나고 싶은 사람만 만나라. 언제나 하고 싶은 일만 해라.' 그게 첫째입니다. '두 번째는, 네가 하고 있는 일을 하고 싶다고 생각해라. 오늘 만나는 사람이 제일 중요한 사람이라고 생각해라.' 그래서 제가 결혼주례 하면서 바로 이 이야기를 인용했었습니다. "사람은 하고 싶은 일만 하면 좋고 둘째는 하고 있는 일을 하고 싶은 일이라고 생각하는 것이 중요하다. 결혼은 이제부터 두 번째 단계다. 지금까지는 결혼하고 싶은 사람하고 결혼하는 모양인데 항상 이 마음은 아니다. 이제부터는 이 사람이, 지금 내 옆에 있는 이 사람이 가장 내가 만나고 싶은 사람이다 라고 생각하는 두 단계의 문제가 있는 것이다." 확실히 그렇습니다. 여러분은 깊이 생각해야 합니다. 그런고로 오늘 내가 이 시점에서, 엘리야가 바로 이 시점에서 어떻게 생각하느냐가 중요한 것입니다. 하나님께서 대답하십니다. 엘리야는 스스로 쓸모없다고 죽여달라고 하는 판에 하나님께서는 말씀하십니다. '아니다. 너는 할일이 있다. 아람 왕에게 기름을 부으라. 엘리후에게 기름을 부어라. 엘리사에게 기름을 부어라.' 너는 할일이 있다 — 할일을 설명하십니다. 엘리야는 할일이 없다고 하는데 하나님께서는 '네가 해야 할 소중한 일이 앞에 있다' 말씀하십니다. 또한 엘리야는 '나 홀로 남았습니다. 나 혼자뿐입니다'라고 고독해하는데 하나님께서는 오묘한 말씀을 하십니다. '바알에게 무릎 꿇지 아니한 7000명이 있다.' 이는 완전숫자입니다. 7000명이 있다 — 깜짝놀랐습니다. '나 혼자뿐입니다.' 아닙니다. 다 잘못되고 나만, 다 악하고 나만, 다 거짓되고 나만 진실하고… 천만에 말씀입니다. 내가 모르는 곳에 7000명이 있다 하십니다. 가끔 우리는 북한에 대해서 생각을 합니다. 북한에 교인이 있을까? 있고말고요. 하나님께서 예비하신 하나님의 사람들이 도처에 있습니다. 나 혼자만이라고 생각하면 안됩니다. 하나님의 사람들이 도처에, 여기저기 많이 있습니다. 저는 중국에 가면(벌써 오래전 얘기입니다. 지금은 훨씬 낫습니다마는 한 10년 전만 해도 어려울 때입니다) 거기서 공산당간부들하고 회의를 합니다. 또 강연도 합니다. 밤중에 호텔에 전화가 옵니다. 영어로, 서툰 영어로. 신분을 확인하고나서 "I am baptized. Christian." "나는 비밀로 세례받은 사람입니다. 기독교인입니다. 공산당원이지만 저는 기독교인입니다." "아, 그렇습니까. 반갑습니다" 하면 "교회는 못나가지마는 성경을 읽고 기도하는 사람입니다" 하는 것입니다. 그 다음날 아침에 조반을 먹습니다. 조반을 먹는데 그분이 가까이 와서 손을 잡으면서 귀띔합니다. "내가 어젯밤에 전화건 사람입니다." 아, 그때가 참 행복합니다. 세상에 이런, 이런 일이 있단말입니다. 너무너무 좋은 것 아닙니까, 이거. 그 손을 흔들고 악수하고… 너무너무 좋은 것입니다. 비밀한 기독교인, 어디나 있습니다. 이걸 깊이 생각해야 합니다.

또한 후계자가 있습니다. 엘리야는 여기서 끝나는 줄 알았지만 아닙니다. 더 위대한 사람 엘리사가 있습니다. 그의 후계자 엘리사가 있습니다. 하나님의 일은 계속됩니다. 사람의 일은 중단되지마는 하나님의 일은 절대로 중단이 없습니다. 합동하여 선을 이룹니다. 사람의 일은 망가진 줄 알았지만 하나님의 일은 이세부터입니다. 그걸 잊지 말아야 합니다. 여러분, 요새 신문을 보면서 마음이 아플 것입니다. 자살자가 많습니다. 저는 그 타이틀에 놀랐습니다. '자살증가율 세계 제일'—자살증가율 세계 제일, OECD나라 가운데 말입니다. 물론 자살하는 사람이 우리나라보다 많은 나라가 있습니다. 최고로 많은 나라 헝가리가 10만 명당 24.3명, 일본이 20명, 핀란드가 20명, 그리고 한국이 18명입니다. 그러나 자살증가율, 증가율로 볼 때는 세계 제일입니다. 이대로 나가면 머지않아 정말 세계 제일의 자살국가가 될 것같습니다. 왜 이래지는 것입니까. 문제는 들뜬 마음을 낮추어야 한다는 것입니다. 고요한 가운데서 주의 음성을 들어야 합니다. 오늘본문 19장을 다시한번 읽으십시오. 좀 끝까지 읽어보십시오. 그러면 여기에 중요한 말씀들이 있습니다. 시끄러운 가운데 하나님의 음성은 들리지 않았습니다. 조용하게, cool down, 조용하게 마음을 낮추십시오. 욕심도 버리고 증오도 버리고 시기 질투도 버리고 패배감도 버리고 열등의식도 버리고 이제는 조용하게 하나님과 만나십시오. 그러할 때 내가 할 일이 있습니다. 내 삶의 의미가 있습니다. 아니, 나를 도와주는 많은 동역자가 있습니다. 절대로 혼자가 아닙니다. 하나님께서는 오늘도 나를 통해서 위대한 역사를 이루고 계십니다. 나는 절대로 버려진 존재가 아닙니다. 아니, 내 실패한 얼룩진 과거도 버려진 과거가 아닙니다. 그걸 잊지 말아야 합니다. 모세가 홀로 호렙 산에서 하나님을 만납니다. 만나는 순간 지난 날의 80년이 새로운 의미를 가지게 됩니다. 이걸 잊지 말아야 합니다. 버려진 80년이 아닙니다. 오늘 하나님을 만날 때 그 과거가 있음으로 오늘이 있음을 압니다.

여러분, 과거와 현재 얼룩지고 패배한 많은 사건들이 있습니다. 그러나 하나님께서는 이 모든것을 통해서 오늘이 있게 하셨고 또한 내일을 창조하고 계신 것입니다. △

일어나 머리를 들라

너희가 예루살렘이 군대들에게 에워싸이는 것을 보거든 그 멸망이 가까운 줄을 알라 그 때에 유대에 있는 자들은 산으로 도망할지며 성내에 있는 자들은 나갈지며 촌에 있는 자들은 그리로 들어가지 말지어다 이 날들은 기록된 모든 것을 이루는 형벌의 날이니라 그 날에는 아이 밴 자들과 젖먹이는 자들에게 화가 있으리니 이는 땅에 큰 환난과 이 백성에게 진노가 있겠음이로다 저희가 칼날에 죽임을 당하며 모든 이방에 사로잡혀 가겠고 예루살렘은 이방인의 때가 차기까지 이방인들에게 밟히리라 일월 성신에는 징조가 있겠고 땅에서는 민족들이 바다와 파도의 우는 소리를 인하여 혼란한 중에 곤고하리라 사람들이 세상에 임할 일을 생각하고 무서워하므로 기절하리니 이는 하늘의 권능들이 흔들리겠음이라 그 때에 사람들이 인자가 구름을 타고 능력과 큰 영광으로 오는 것을 보리라 이런 일이 되기를 시작하거든 일어나 머리를 들라 너희 구속이 가까웠느니라 하시더라

(누가복음 21 : 20 - 28)

일어나 머리를 들라

　제임스 짐 스톡데일이라고 하는 사람은 월남전쟁당시 미해군준장으로서 베트콩에 포로로 잡히고 수용소에서 무려 8년 동안 모진 고생을 치렀으나 살아남아서 조국의 품으로 돌아간 사람입니다. 그래서 한때 아주 유명한 사람이 되었었습니다. 기자들이 그에게 물어보았습니다. "How survival?" 그 어려운 고통 속에서 어떻게 살아남을 수 있었느냐고. 그는 이렇게 대답합니다. 처음 고문당할 때 사흘 밤낮으로 운동장 한가운데 세워두는데 손을 뒤로 묶어서 무릎을 꿇게 하고 밥도 주지 않고 잠도 자지 못하게 하였다, 조금만 눈을 감으면 감시자가 모진 구타를 하였다, 온몸이 피투성이가 된 채 삼일 밤낮 이렇게 운동장 한가운데서 꿇어엎드리고 지낸 일이 있노라, 차라리 죽는 것이 낫다고 어떻게 죽을 수 없을까 하나 죽을 수도 없는 그런 참담한 시간들이 있었다… 그때 점심시간이 되자 다른 포로들이 역시 줄을 지어 지나가면서 암호를 보내더라는 것입니다. 암호는 뭐냐하면 툭툭 투두둑, 발소리를 내는 것이었습니다. 툭툭 투두둑… 그건 무슨 소리냐하면 'May God bless you. May God bless you ─ 하나님은 당신을 축복하십니다' 하는 축복기도였습니다. 'May God bless you.' 그 리듬으로 툭툭 투두둑… 이렇게 하는 것입니다. 그것을 듣고 보는 순간 용기를 얻었으며, 때로는 감방에 갇혀 있을 때 벽을 두드리는 소리가 들립니다. 툭툭 투두둑… 비로 마당을 쓸면서도 빗자루를 가지고 툭툭 투두둑… 서로 만나면 잠깐이지만 얼굴이 비칠 때 서로 윙크하기도 하고 엄지손가락을 곧게 세우고 당신은 훌륭합니다, 이길 수 있습니다, 하는 뜻을 말없이 신호로 보내주더라는 것입니다. 그의 정리된 결론은 이렇습니다. '사람이란 누군가와 통하고 있다는 느낌만 있으면 살아남을 수 있다.' 나는 혼자가 아니다, 누군가와 내가 통하고 있다, 하는 것을 확인할 때 잦아들던 삶의 용기가 다시 솟아오르고 그래서 살아남을 수 있었다는 것입니다. 나는 혼자가 아니다, 하나님이 나와 함께 계시다, 여기 많은 전우들이 나를 지켜보고 있다―누군가와 통할 수 있다는 것 그것이 삶의 용기였다고 신중한 고백을 하고 있습니다.

우리가 자기가치관 내지 자기존재의 의미를 지켜가기 위해서는 몇가지의 조건이 필요합니다. 첫째가 사실에 대한 바른 이해입니다. 내가 당한 현실에 대하여 감상이나 느낌이 아니라 어디까지가 사실이냐 하는 사실적 이해가 정직하게 성립되어야 합니다. 공연히 떠들 것이 아닙니다. 무엇이 사실이냐? 어디까지가 사실이냐? 그것을 바로 알아야 합니다. 두 번째는 자기능력의 한계성에 대한 이해입니다. 자, 이걸 내가 어떻게 극복할 수 있겠나, 이것이 주는 의미가 무엇인가―내 능력, 경제, 정치, 문화, 건강, 지식, 내가 가지고 있는 것 전부에 한계가 있는 것입니다. 이 한계를 바로 이해해야 한다는 것입니다. 세 번째로 가장 중요한 것 하나가 뭐냐하면 타이밍입니다. 시간에 대한 이해입니다. 시간이라 하면 크로노스라고 하는 시간이 있고 카이로스라고 하는 시간이 있습니다. 크로노스는 하나님의 시간입니다. 내가 알거나모르거나 하나님의 시간은 엄연히 존재합니다. 카이로스라는 것은 내가 아는 시간이요 내게 주어진 시간입니다. 어떻게 생각하면 조그마한 것입니다. 내게 주어진 시간입니다. 지금 여러분의 나이가 얼마입니까? 이제 내게 주어진 시간이 얼마입니까? 오늘에 내게 주어진 시간의 의미를 내가 알아야 합니다.

그 시점에서만 시간이 가치가 있기 때문입니다. 내가 돈이 많다고 다 쓰는 것입니까. 아무 소용 없습니다. 내 시간이 요것뿐인데… 음식이 많다고 내가 다 먹을 수 있습니까. 내가 먹을 수 있는 거라는 게 알고보면 도대체 얼마 안되는 것입니다. 한계가 있는 것입니다. 그리고 네 번째로 중요한 것은 예언에 대한 이해입니다. 이것에 대한 하나님의 뜻이 어디 있는가, 하나님께서는 무엇을 말씀하고 계신가—그것을 이해하고야 비로소 내 삶의 의미를 정리할 수가 있는 것입니다.

오늘본문에 나타난 말씀은 세상끝에 있을 일을 말씀하시면서 앞에 있는 예루살렘멸망을 하나의 스크린으로, 프리즘으로 해가지고 저 세상종말을 동시에 말씀하신 것입니다. 이것은 종말론에 있어서 중요한 본문입니다. 예루살렘멸망은 눈앞에 있는 것입니다. 앞에, 40년 후에 있을 사건입니다. 이것을 하나의 예표로 해서, 그걸 하나의 프리즘으로 해서 저 앞에, 역사끝에 있는 멸망을 전망하고 바라보면서 주시는 교훈의 말씀입니다. 오늘본문을 잘 이해하면 첫째가 뭐냐하면 징조에 대한 이해입니다. 언제나 징조가 있습니다. 예고가 있다는 것입니다. 그렇지 않습니까? 가끔 여러분의 건강에 대해서도 그렇지요. 자기건강이 나빠질 때 미리 예고가 있습니다. 그런 걸 무리했습니다. 제 아는 친구 한 사람도 그러더라고요. 벌써 몇번 징조가 왔었습니다. 그런데 외국여행 하겠다고 해서 제가 아주 극구 말렸습니다. 그건 아니라고, 이번은 안가는 게 좋겠다고 했는데 아, 굳이 가겠다고 했습니다. 약속을 했기 때문에 가야 한다고… 아, 죽는데… 별소릴 다해도 안듣더라고요. 갔다와서 죽었습니다. 징조가 있는 것입니다. 예수님 논조대로 말하면 임산부에게 징조가 있듯이 항상 예고가 있습니다. 하나님께서는 미리 말씀하시지 않고 심판하시는 법이 없습니다. 알 만큼 가르쳐주십니다. 일러주십니다. 사람들이 교만해서 그 예언을 받아들이지 않습니다. 그 경계하시는 말씀을 받아들이지 않는 것입니다. 마땅히 징조에 대한 이해가 있어야 합니다. 특별히 사건 속에 의미가 있습니다. 조그마한 사건도 그 속에는 미래적 의미가 있습니다. 반드시 있습니다. 그걸 우리가 알아야 합니다.

　헨리 나우언이 쓴「희망의 씨앗」이라는 책에 보면 이런 말이 있습니다. 'memoria Dei(하나님을 기억하라).' 어떤 징조에서든지 하나님의 뜻을 읽어야 됩니다. 지진이 났다, 이것은 하나님께서 무엇을 말씀하시는 것인가? 태풍이 불어온다, 이 태풍을 통해서 하나님께서는 무슨 말씀을 하고 계신가? 나우언의 유명한 말이 있습니다. '이 모든 사건을 통해서 존재의 중심을 자기자신에게서 하나님께로 이동시키는 것이다.' 중심이동입니다. 그동안에는 내 뜻대로 되는 줄 알았는데 이 큰 사건 앞에서 보니 내 뜻이 아닌 것입니다. 내가 할 수 있는 줄 알았는데 어림도 없습니다. 내가 목적인 줄 알았는데 아닙니다. 목적은 달리 있습니다. 그런고로 이 많은 사건을 통해서 중심이동을 성취하고 계시는 것입니다. 내 생각을 버리고 하나님의 엄연하신 뜻 앞에 무릎을 꿇도록 하시는 것입니다. 그런고로 징조를 읽을 줄 알아야 됩니다. 저는 이렇게 생각합니다. 쉬운 말로 하면, 항간에 쓰는 말로 하면 '눈치를 채야' 됩니다. 그렇지 않습니까? 아이들도 똑똑한 아이는 아버지 어머니가 아무리 엄해도 매를 안맞습니다. 벌써 눈치 딱 채고 기민하게 행동하거든요. 미련한 놈은 끝까시 미련합니다. 맞으면서도 징징 울기만 하다가 더 맞습니다. 눈치가 없거든요. 지금 아버지가 뭘 바라는지, 어머니가 뭘 향해서 초점을 맞추고 있는지를 빨리 읽어야지요. 안그래요? 이걸 읽을 줄 모르면 그저 맞아 싸지요. 이거 도리가 없지 않습니까. 이것이 인간입니다. 징조를 잘 읽어야 되는 것입니다. 또한 이 사건이 사람의 사건이 아닙니다. 바람이 불어도 그 뒤에 하나님이 계시고 태풍이 밀려와도 그 뒤에 하나님의 손길이 있습니다. 오늘 성경은 강하게 말씀하십니다. '이건 하나님의 진노다, Wrath of God, 하나님의 심판이다.' 하나님의 심판, 의와 불의 갈라놓는 시간입니다. 이 세상에는 보면 아, 그저 의인지 불의인지 알 수가 없습니다. 의도 불의처럼, 불의도 의처럼, 선한 사람도 그저 악한 사람처럼, 악한 사람도 선한 것처럼… 그래 혼란합니다마는 늘 그런 것은 아닙니다. 하나님께서 사건을 통해서, 큰 사건을 통해서 짝 갈라놓으십니다. 심판하시는 것입니다. 마치 재판장이 모든 거짓을 벗기고 바르게 재판하는 것처럼 말입니다. 하나님께서 징계기간을 통해서 심판하신다, 그 말씀입니다.

　　오늘본문에 나타난 더욱더 중요한 말씀은 이것입니다. "너희 구속이 가까웠느니라." 놀라운 것은 이 모든 사건의 중심은 하나님의 백성이라는 사실입니다. 땅이 아니고 세상이 아니고 우주가 아닙니다. 하나님의 백성, 거기에 초점을 맞추고 있습니다. 하나님의 백성을 구속하는 것이다, 그런고로 구속이 가까웠다, 이 큰 사건을 볼 때 구속이 가까운 줄 알아라, 예루살렘이 망하는 것을 보거든 그리스도의 나라가 세워지는 것을 보라, 세상끝이 오거든 인자가 가까이 왔음을 알아라, 구름을 타고 오는 것을 보리라—참 위대한 말씀입니다. 엄청난 말씀입니다. 이런 모든 사건을 통해서 하나님의 말씀을 듣고 하나님의 손길을 보고 하나님께서 어디로 행하시는지, 그 끝은 어디 있는지를 우리가 볼 수 있어야 하겠다 하는 말씀입니다. 그런 고로 "머리를 들라" 하십니다. 참 귀한 말씀입니다. 저는 이 성경을 읽으면서 깜짝놀랐습니다. "머리를 들라." 울지도 말고 탄식하지도 말고 슬퍼하지도 말고 도망가지도 말라, 머리를 들라—왜? 주님을 만나기 위해서입니다. 주님을 더 가까이 만나기 위해서입니다. 주님을 더 확실히 만나기 위해서 머리를 들라는 것입니다. 우리는 많은 사건 앞에서 새로운 신앙적 의식을 가져야 할 것입니다. 2차세계대전 때, 연세가 높으신 분들은 기억하실 겁니다마는 독일의 무인비행기가 영국의 런던을 폭격했습니다. 이건 중요한 사건입니다. 그게 로케트의 시작입니다. 어쨌든 사람도 타지 않은 비행기가 그냥 날아와서 런던의 한 시가지를 그냥 때려부숩니다. 영국은 쑥밭이 됩니다. 그 많은 역사적인 유물이 다 잿더미가 되어갑니다. 바로 이때 기자들이 모였습니다. 기자들이 모여가지고 서로 토론을 해봐도 영국에 소망이 없습니다. 이대로 망하는가보다, 도대체 정치가들은 뭘 했나, 뭐는 뭐했나, 뭐는 뭐했나… 할말도 많습니다. 비방도 많습니다. 바로 그런 때에 저널리스트 한 사람이 딱 서서 기자들 보고 말했습니다. "여러분, 지금 우리는 비상시를 맞았습니다. 영국언론은 예리한 비판으로 유명합니다마는 이제는 전시입니다. 잠시동안만이라도 이제 우리 비판을 멈춥시다. 지금와서 누구를 탓하면 무슨 소용이 있습니까. 다 멈추고 희망을 주는 그런 기사를 쓰도록 합시다. '영국은 이길 수 있다. 영국에 소망이 있다. 우리는 절대로 망하지 않는다.' 긍정적으로 세상을 보고 긍정적으로 기사를 씁시다, 당분간만이라도." 모든 기자들이 "아, 그 말이 옳다. 이제 시비를 벌여서 뭘 하겠나?" 다 멈추고 그때부터 자그마한 일부터 시작했습니다. 신문에는 성경책을 들고 교회로 모여드는 사람들의 사진이 납니다. 하나님 앞에 가서 기도하는 모습들을 사진으로 제1면에 보여주었습니다. 그러면서 '영국은 소망 있다. 이런 사람들이 있기에 소망 있다.' 밝은 기사들을 써서 영국사람들의 마음을 높이높이 띄웠습니다. 결국 영국은 이겼습니다.

우리, 생각을 해봐야 됩니다. 이제 더 뭘 비판하겠다는 것입니까. 누구를 탓하겠다는 것입니까. 그만합시다. 요새 어떤 때는 신문 보기 싫어서 큰 글자 두 개만 보고 맙니다. 도대체 이게 무슨… 하나에서 열까지 뭐… 그것도 한 2, 3년 전까지라면 모르겠습니다. 한 수십 년전까지 들춰가면서 이 난리를 치는데 도대체 언제까지? 뭐 죽일 놈 잡으려 한다나요. 다 죽일 놈인데 뭘. 누가 누구를 살리고 죽이고 해요? 다 망가지는 것입니다. 이걸 우리가 알아야 합니다. 6·25전쟁 날 때 바로 그때도 그러했습니다. 그때 북한에서는 쳐내려올 준비 하고 있는데, 쳐내려오는데도 불구하고 우리는 앉아가지고 우리끼리 서로 싸웠습니다. 그러다가 망가진 것입니다. 장 클로드 피게의 명언이 있습니다. '고통 없이는 사람의 마음은 비워지지 않는다. 비워지지 않는 마음에는 삶의 울림도 없다. 존재의 의미도 존재하지 않는다.' 한 사나이가 죽게 되는데 죽으면서도 걱정을 했습니다. "나는 천당 지옥을 안믿지만 죄가 워낙 많으므로 나는 죽으면 반드시 지옥갈 거다. 아, 지옥이 얼마나 무서울까?" 그러고 죽었습니다. 죽어 갈 데 갔더니 고요합니다. '아, 여기가 천당인가보다. 어떻게 내가 천당에 왔지?' 아무도 없고 무슨 간섭도 없고 그리고 맛있는 음식이 있고… '아, 이리 좋을 수가!' 했습니다. '도대체 지옥갈 내가 어떻게 천당에 왔지? 거 참 신기하네.' 그리고 며칠을 지내고보니 사람이 없더란말입니다. 사건도 없고 좋은 일도 없고 나쁜 일도 없고… 따분해지기 시작하더니 나중에는 무서워지기 시작합니다. 너무 너무 괴로워서 하나님께 호소했습니다. "하나님, 나는 천당에 올 사람이 못됩니다. 나는 지옥체질이니 지옥으로 보내주십시오. 지옥으로 보내주십시오" 울부짖었더니 천사가 대답하기를 "네가 있는 바로 그곳이 지옥이니라" 하는 것입니다. 아시겠습니까? 아무도 만날 수 없고 아무 사건도 없는 텅빈 진공상태가, 바로 거기가 지옥입니다.

여러분, 우리는 격동하는 세대에 삽니다. 많은 고난을 치르며 여기까지 왔습니다. 이 이상 더는 고난을 기피할 것 없습니다. 어차피 우리는 고난과 함께 성장했고 고난과 함께 발전한 민족입니다. 이제 우리는 이 고난에 대해서 좀 통달한 의식을 가져야 하겠습니다. 고통에 대한 바른 이해, 역사에 대한 바른 신앙적 이해가 있어야 되겠습니다. 그리고 오늘도 우리 앞에 나타나는 징조를 하나하나 잘 읽을 줄 알아야 하겠습니다. 국가적으로 민족적으로 사회적으로 그리고 또 나 개인적으로 징조가 옵니다. 미래에 대한 현재적 경고가 옵니다. 그것을 바로 읽고 바로 대처하고 신앙적으로 수용해서 마지막 경고가 우리에게서 효력을 낼 수 있도록, 그리고 밝은 미래를 지향하면서 '너희 머리를 들라. 너희 구속이 가까웠음이니라' 하시는 말씀을 따라 구속하시는 은혜를 다함께 환영할 수 있기를 바랍니다. △

자기구원의 비결

그런즉 거짓을 버리고 각각 그 이웃으로 더불어 참된 것을 말하라 이는 우리가 서로 지체가 됨이니라 분을 내어도 죄를 짓지 말며 해가 지도록 분을 품지 말고 마귀로 틈을 타지 못하게 하라 도적질하는 자는 다시 도적질하지 말고 돌이켜 빈궁한 자에게 구제할 것이 있기 위하여 제 손으로 수고하여 선한 일을 하라 무릇 더러운 말은 너희 입밖에도 내지 말고 오직 덕을 세우는 데 소용되는 대로 선한 말을 하여 듣는 자들에게 은혜를 끼치게 하라 하나님의 성령을 근심하게 하지 말라 그 안에서 너희가 구속의 날까지 인치심을 받았느니라 너희는 모든 악독과 노함과 분냄과 떠드는 것과 훼방하는 것을 모든 악의와 함께 버리고 서로 인자하게 하며 불쌍히 여기며 서로 용서하기를 하나님이 그리스도 안에서 너희를 용서하심과 같이 하라

(에베소서 4 : 25 - 32)

자기구원의 비결

　어떤 성도가 한 목사님을 찾아가서 "목사님, 저는 참으로 변화하고 싶습니다. 새로운 사람이 되고 싶습니다. 그러나 웬일인지 마음뿐이지 새로워지지 않습니다. 새로운 삶을 내가 느끼며 살아갈 수가 없습니다. 어떻게 하면 참된 변화를 일으켜서 새사람으로 살 수 있겠습니까?" 하고 물었습니다. 목사님은 자세하게 일러주었습니다. "먼저는 회심이라는 것이 있는데 회심에는 세 가지가 있습니다. 첫째는 가슴의 회심, 둘째는 정신의 회심, 셋째는 지갑의 회심입니다. 가슴의 회심이란 사랑과 정열을 말하는 것입니다. 그 가슴에 큰 변화가 있어서 이제 뜨거운 마음으로 이웃을 사랑할 수 있는 그런 사람이 되어야 비로소 변화가 오는 것입니다. 정신의 회심이란 세계관과 가치관의 변화를 말합니다. 내 판단기준이 바뀌고 삶의 목적이 바뀌고 가치기준에 변화가 와야 합니다. 지갑의 변화란 이웃과의 관계의 변화를 의미합니다." 이렇게 대답한 이 사람은 바로 종교개혁자 마르틴 루터였습니다.
　야고보서 2장 14절에 보면 우리가 잘 아는 귀한 말씀, 우리마음에 큰 충격을 주는 말씀이 있습니다. "네 형제들아 만일 사람이 믿음이 있노라 하고 행함이 없으면 무슨 이익이 있으리요. 그 믿음이 능히 자기를 구원하겠느냐." 그 믿음이 자기를 구원하겠느냐—심각한 질문입니다. 구원에는 차원적으로 세 가지가 있습니다. 첫째는 옛사람으로부터의 구원입니다. 어지러운 과거로부터 예수 그리스도로 말미암아 구원받는 그 구원이 있습니다. 또, 종말론적 구원이 있습니다. 이 세상을 떠나 하나님 앞에 가는, 영원한 세계로 지향하는 종말론적 구원이 있습니다. 그리고 오늘 현재를 거룩하게 진실하게 발전적으로, 또 더 선하게 살아가는, 나아가 신령한 행복 속에 감사하며 사는 그런 생으로 살아가는 생활, 그 현재적 구원이 있습니다. 이렇게 비유해서 말할 수 있습니다. 이스라엘백성이 애굽의 노예생활에서 구원을 받습니다. 홍해를 건너서 광야로 나옵니다. 이것이 1차구원입니다. 그러나 광야에 나왔다고 구원받은 게 아닙니다. 문제는 요단강을 건너가는 것입니다. 요단강을 건너 가나안땅에 들어감으로 완전한 구원은 이루어집니다. 그러기 위해서는 현재 매일매일 당하는 시험으로부터 구원을 받아야 합니다. 어렵고 괴로울 때 하나님을 원망하면 그것은 벌써 시험에 빠진 것입니다. 과거에 주신 은혜, 앞으로 주실 은혜의 약속을 생각하면서 이 고통을 잘 견뎌야 합니다. 이거 다 필요한 것일 거라고, 이거 다 유익한 것일 거라고 생각하여 범사에 감사하며 하나님을 찬양해야 됩니다. 이런 현재적인 반복적인 현실적 구원이 있습니다. 이것을 자기구원이라고 말합니다.

　　유대사람들의 인격평가기준이 세 가지 있습니다. 히브리말로 키스, 코스, 카스라고 하는 것입니다. 키스라는 것은 돈주머니를 말합니다. 영어로 bag입니다. 코스라는 것은 cup, 술잔을 말하는 것입니다. 카스라는 것은 anger, 분노를 말하는 것입니다. 키스, 코스, 카스—인간을, 인격을 평가하는 바로미터로 이렇듯 명료하게 요약하고 있습니다. 돈을 놓고 인격을 평가해봅시다. 먼저는 돈의 노예가 되지 말아야 됩니다. 돈이 생의 목적이 되지 말아야 합니다. 그리고 돈으로부터 자유하여야 됩니다. 돈을 어떻게 버느냐, 어떻게 간직하느냐, 어떻게 쓰느냐—이 돈과 나와의 관계에서 내 인격이 평가되는 것입니다. 대단히 중요한 것입니다. 청주에 사는 막 20세된 한 청년이 장터에 나갔다가 많은 사람들이 붐비는 속에서 땅에 떨어져 있는 돈주머니를 발견했습니다. 그것을 집어 손에 들고 보니 무려 300냥이나 되는 많은 돈이 들어 있습니다. 그는 걱정이 되었습니다. '자, 어떻게 해야 이 돈 임자를 찾을까?' 그래 소리를 질렀습니다. 그러나 아무리 소리질러도 뭐 어느 사람 대답도 안하고 각각 자기길로만 가는 것입니다. 여기다 놓고 갔다가는 딴 사람이 가져갈 수도 있을 텐데… 많이 생각하다가 이 청년은 '이 사람이 분명히 돈을 찾으러 올 거다. 잃어버린 것을 알고 찾으러 올 거다' 생각하고 아예 그 자리에 서 있었습니다. 장은 파하고 장터는 비고 해는 졌습니다. 그는 어두워질 때까지 그 자리에 서 있었습니다. 이윽고 한 사람이 나귀를 끌고 오면서 이 구석 저 구석 살피고 두리번거리는 게 보입니다. 청년은 그 사람 보고 물어보았습니다. "아저씨, 뭘 찾고 있습니까?" "아, 내가 돈주머니를 잃어버렸거든. 혹 이 근방에 떨어지지 않았나 해서 지금 이렇게 찾고 있다네." "여기에 있습니다" 하고 청년은 돈주머니를 그 사람 앞에 내밀었습니다. 했더니 그 사람 하도 고마운지라 300냥 중에서 절반인 150냥을 뚝 떼어서 청년에게 주었습니다. 그러자 청년은 "아니올시다. 나는 찾아 돌려드리자고 서 있었던 겁니다. 내 돈 아닌 돈을 내가 왜 갖겠습니까" 하고는 훌쩍 떠나버리는 것입니다. 바로 이 청년이 누구냐하면 3·1운동 때의 민족대표 33인의 하나인 손병희 선생입니다. 그는 젊었을 때부터 돈으로부터 자유했습니다. 여러분, 누구와 돈거래 해보면 그 사람을 알 수 있지 않습니까. 돈과 내 인격의 관계, 신앙적 관계가 바로되어야 하는 것입니다. 그런가하면 또 술잔이 문제입니다. 술을 마시되 취하지 않도록 마시고 특별히 실수하지 않이야 됩니다. 술취하고 많은 실수를 하고 후회를 하고 뉘우치고, 그리고 또 마시고… 이런 사람 불쌍한 사람입니다. 제가 어렸을 때 자라던 집이 얼마전에 가봤습니다만 조금 언덕 위에 있습니다. 그 바로밑에 사는 집은 사실 우리집보다 더 잘살았습니다. 그 집 주인은 참 착한 사람이었습니다. 도대체 말도 없고 부지런하여 열심히 일했습니다. 그러나 몇달에 한 번씩 술을 마셨다 하면 아주 못돼져서 대문을 때려부수고 온집안을 망가뜨립니다. 아침에 술깨면 또 그걸 수리하느라고 뚝딱뚝딱입니다. 우리아버지는 바로 그런 장면을 제게 보여주면서 "봐라. 저 사람 엊저녁에는 때려부수고 아침에는 저렇게 수리하고 있잖느냐? 저 사람은 한평생 저 짓을 반복한다. 그런고로 술은 나쁘다" 하고 교훈하셨습니다. 그렇습니다. 술먹는 거 보면 술과의 관계로 그 사람을 알 수 있습니다. 또하나 분노—세상을 살다보면 화나는 일이 있지요. 불같이 화가 날 수도 있습니다. 울분도 분이지요. 그러나 분이 끓어오를 때 그걸 어떻게 다스리느냐, 어떻게 마인드 컨트롤을 하느냐가 문제입니다. 화났다하면 정신 뒤집히는 사람 있습니다. 아무것도 가리지 못합니다. 나 살고 너 죽자 하는 정도가 아니라 너 죽고 나 죽자 합니다. 이것이 문제입니다. 여러분 아시는대로 중동에 많은 문제가 있는데 이 분들이 원한이 맺혀서, 이유야 어쨌든간에 그 마음에 분한 마음을 다스리지 못해서 아주 그냥 자살폭탄을… 이게 무슨 짓입니까. 여기까지 가는 이유가 분노에 노예가 된 탓입니다. 그래서 그런 일들이 생기고 있는 것입니다.

오늘본문은 그리스도의 인격을 형성함에 있어서 자기관리의 비법을 말씀해줍니다. 나 자신을 내가 다스려야 되겠는데 어찌해야 될까요? 근본적으로 성령을 근심하게 하지 마라 하였습니다. 성령의 은혜에 따라가야, 성령의 지시에 따라가야, 성령이 감동해주는대로 살아야 합니다. 그런가하면 은혜를 끼치게 하라 하였습니다. 무슨 말을 하든 무슨 행동을 하든 남에게 은혜를 끼치게 하라, 내가 은혜롭게 살 뿐만 아니라 남에게 은혜를 베푸는, 나와 만나는 사람에게 기쁨을 주고 행복을 주고 윤택함을 주는, 은혜를 끼치는 그런 생활로 살아라 하고 원칙적인 말씀을 하면서 몇가지를 가르쳐줍니다. 먼저는 분노를 다스리라 합니다. 아주 구체적으로 말씀합니다. 의분도 분입니다. 분을 다스려야 합니다. 여러분이 오늘도 교회 올 때 차를 가지고 왔습니까? 저도 강남에서 여기까지 차를 몰고 왔습니다마는 차를 모는 사람에게 기본자세가 있습니다. 적어도 차를 모는 사람은 분기에 마음을 빼앗겨서는 안됩니다. 내 옆으로 지나가는 사람, 앞질러 가는 사람, 교통법규를 안지키는 사람, 일방도로를 거꾸로 오는 사람… 별사람 다 있습니다. 어떤 때는 오토바이가 쎙 지나가면서 사람을 아찔하게 만들고 하지마는 그 모든 경우에 절대로 분을 내어서는 안됩니다. 운전하는 사람은 최소한도 천하에 못된 사람까지 다 수용할 수 있는 덕인이 되어야 합니다. 적어도 운전하는 순간만은 아무도 미워하면 안됩니다. '저놈을 내가 가만둘 수 없다' 그러면 '너 죽고 나 죽는' 것입니다. 인생 사는 것이 그렇습니다. 세상에 분을 유발하는 사건들이 많습니다. 그래도 나는 분을 다스려야 됩니다. 오늘말씀대로 죄를 짓지 않아야 됩니다. 분이 끓어올라도 죄를 지을 정도가 되어서는 안됩니다. 또하나, 해지도록 분을 품지 마라 했습니다. 중요한 말씀입니다. 이스라엘사람들은 해가 지면 다음날입니다. 아침을 기준으로 하지 않고 밤 12시를 기준으로 하는 게 아니라 해가 지면 다음날로 칩니다. 저녁이 되고 아침이 되니 이는 몇

째날이니라, 하고 창세기에 말씀합니다. 이 말씀에 준해서 해가 지면 다음날이 됩니다. 아무리 화가 나고 분이 있어도 해가 지도록 즉 다음날까지 끌고가지 마라, 하였습니다. 그날의 일은 그날로 접어두라는 것입니다. 오늘 섭섭했던 것은 오늘로, 분한 것은 오늘로 끝낼 것이지 다음날까지 가지고 가서는 안된다는 것입니다. 그래야 될 이유가 우리가 분에 노예가 되는 것은 마귀한테 틈을 주는 것이기 때문입니다. 내 속에서 마귀가 작동을 합니다. 때려부숴라, 가만두지 마라… 속에서 마귀가 충동질을 시작하거든요. 그 마귀의 유혹에 빠지지 않도록, 내마음 속에 작동 역사하는 마귀한테 기회를 주지 않도록 하라는 것입니다. 잠언 16장 32절 말씀 잘 아시지요? "노하기를 더디하는 자는 용사보다 낫고 자기의 마음을 다스리는 자는 성을 빼앗는 자보다 나으니라." 자기마음을 잘 컨트롤할 수 있는 사람은 용장보다도 위대한 사람이다, 그런 말씀입니다. 자기관리의 또하나의 비법은 적극적 자세를 가지는 것입니다. 오늘본문에 이렇게 말씀합니다. 도적질하는 자는 도적질 그치고 남 구제할 것을 위하여 일을 하라 했습니다. 도적질은 땀흘리지 않고 남의 것 빼앗는 짓 아닙니까. 수고 없이 남의 것 가지려는 사람 아닙니까. 이제는 수고하라 했습니다. 구제할 것이 있기 위해서 일하라—여기까지 말씀합니다. 여러분, 이기심이 문제입니까? 그렇거든 구제를 하십시오. 이기심은 나의 모든 삶의 능력을 고갈시킵니다. 이기심은 사람을 가장 비참하게 만듭니다. 이것을 알았거든 이기심을 극복하십시오. 이기심을 극복하는 길은 구제하는 것입니다. 오늘성경은 너무나도 구체적으로 가르쳐줍니다. 도적질하는 자가 있느냐, 도적질 그만하고 이제는 구제할 것이 있기 위하여 일하라—구제하라, 그 말씀입니다. 이기심을 극복하는 길은 구제하는 데 있고 도적질 안하는 비결은 구제하는 데 있다. 선행을 하라—그렇게 말씀합니다.

여러분, 원수를 갚는 길이 있습니까? 예수님말씀대로 원수가 주리거든 먹이고 목마르거든 마시울 것입니다. 원수갚는 길은 원수를 사랑해버리는 데 있습니다. 어떤 일로든지 원수를 도와주고마는 데 있습니다. 그리고 돌아설 때라야 그는 원수를 이길 수가 있는 것입니다. 적극적으로 적극적으로 행하라고 말씀합니다. 남가주대학의 심리학과 연구팀이 깊이 연구를 해서 논문을 낸 바가 있습니다. '성공한 사람들의 삶의 특징'이라는 논문입니다. 잘 들어둘 필요가 있습니다. 아주 심도있게 연구한 결과입니다. 성공한 사람들에게는 특징이 몇가지 있는데 첫째는 걸음걸이가 빠르다 합니다. 일이야 있건없건 바쁘든 바쁘지 않든 빨리 걷습니다. 느릿느릿 걷는 사람은 성공하지 못합니다. 빨리 걷습니다. 왜? 의욕이 있고 성실성이 있는 사람은 걸음이 빠릅니다. 둘째, 앞자리에 앉든가 앞자리에 섭니다. 교회 와서도 앞에 앉는 사람이 성공하는 사람입니다. 왔다하면 항상 뒷자리에, 저 뒤에 가 앉는 사람은 보나마나입니다. 제가 40년 동안 목회하면서 보니까 신앙생활이 별거 아니더라고요. 앞에 앉는 사람은 믿음이 자라는 사람입니다. 아니, 교회까지 와가지고 뒷자리 갈 것이 뭡니까. 그리고 생각해보십시오. 기왕 왔으니 앞자리에 앉을 것이지요. 그 마음자세가 적극적인 것입니다. 아주 중요한 일입니다. 그런데 그것도 버릇이 되어서 뒷자리앉는 사람은 항상 뒷자리입니다. 항상 뒷자리에 앉다가 안나옵니다. 그리 빠져나갑니다. 그런데 가만 보니까 믿음이 자라면 뒷자리에 앉던 사람이 자꾸 앞으로 와 앉습니다. 섬섬섬점… 그래 내가 물어봤습니다. "늘 뒷자리에 앉더니 요새

와서 앞에 앉누만. 무슨 이유가 있느냐?" "아, 목사님은 앞에서 설교만 하시니까 모르시죠? 우리는 앉아서 들어보면 앞자리와 뒷자리가 전혀 틀립니다." 앞에는 은혜가 뜨겁게 오고 뒷자리는 졸음마귀가 작용을 합니다. 아시겠습니까? 공부할 때도 학교가서 맨앞에 앉는 아이가 우등생이지요. 그러니까 모든 일을 기왕에 할 바에는 적극적으로 앞자리인간이 되어야지 뒤에 질질 따라가는 그런 사람이 되어서는 안되는 것입니다. 이게 성공의 비결입니다. 또하나는, 언제나 시선을 집중합니다. 똑바로 쳐다보는 것입니다. 똑바로 쳐다보지 않으면 졸리거든요. 딴생각을 하게 됩니다. 똑바로 시선을 집중하는 것, 모든 일에서 concentrating, 그게 성공인의 특징입니다. 일하는 동안은 딴생각을 하지 않는 것입니다. 또하나는, 항상 웃습니다. 웃음이 있습니다. 이래도 저래도 웃음이 있습니다. 식당에 가보면 일하는 아가씨들 가운데 특별히 잘 웃는 사람이 있습니다. "아, 목사님 오셨습니까?" 인사하면 내가 이렇게 말합니다. "아가씨웃음이 예뻐서 다시 왔구만. 나는 음식보단 분위기를 더 중요하게 여기거든." 되게 좋아하더라고요. 웃는 얼굴 얼마나 좋습니까. 식당에 들어설 때 보는 것이 웃는 얼굴이 아니라 무슨 벌레라도 씹었는지 잔뜩 찌푸리고 있는 것이면 영 밥맛없습니다. 아무리 좋은 음식이 나와도 그렇습니다. 웃는 얼굴, 이게 성공의 비결입니다. 또하나는 긍정적인 자세입니다. 모든 일을 긍정적으로 해석하는 이런 사람들이 성공한다—연구팀은 이렇게 말하고 있습니다.

자기관리의 또하나의 비법은 제 손으로 일하는 것입니다. "제 손으로 수고하여 선한 일을 하라" 그냥 돈보내고 수표보내고 전화걸고 말만 하고가 아니라 손으로 일하라는 것입니다. 몸으로입니다.

봉사는 몸으로 하는 것입니다. 우리는 때때로 몸을 아낍니다. 몸은 안하려고듭니다. 아닙니다. 몸을 움직여야 됩니다. 마인드 컨트롤의 제1비결이 몸을 움직이는 것입니다. 그래야 몸을 움직일 때 단순하게 됩니다. 저는 이런 일을 목회를 통해서 보고 자랑합니다. 이런 말씀을 설교에서 듣고 어떻게 하면 아이들과 함께 경건하게 살까 하다가 주일날 그 초등학교다니는 아이들을 데리고 양로원을 방문했다고 합니다. 뭘 좀 사가지고 가서 음식도 대접하고 의복도 가져가고… 무의탁양로원을 방문했는데 아이들이 돌아오면서 하는 말이 "엄마, 엄마, 그 할머니방이 너무 더럽더라. 그 방이 너무 어지러운데 다음에 갈 때는 종이를 사가지고 가서 도배를 하자." "그래. 그러자." 종이와 풀을 가지고 가서 한나절 도배를 했습니다. 온방안을 전부 하얗게 새로운 종이로다가 도배를 하고 됐다, 깨끗하게 하고 저녁을 같이 먹고 돌아왔습니다. 놀라운 것은 그날밤 잘 때 이 초등학교아이들, 조그마한 것들이 기도하면서 훌찌럭훌찌럭 울더랍니다. 눈물을 닦으면서 울기에 "너 왜 우니? 그 할머니들이 불쌍해서 우니?" 물었더니 어린아이 하는 말이 "아니에요. 우리가 너무 행복해서 울어요" 하더라는 것입니다. 여러분, 나의 행복이 복권당첨에 있는 게 아닙니다. 돈을 많이 벌고 좋은 집에 산다고 거기 행복이 있는 게 아닙니다. 내가 내 손으로 선한 일을 할 때 행복감이 넘치는 것입니다. 그때 내 인격이 활짝 피는 것입니다. 「탈무드」에는 이런 말이 있습니다. '모든 사람은 허락받은 모든 즐거움 가운데 자신이 즐기지 못한 즐거움에 대하여 그 이유를 하나님 앞에서 설명해야 한다.' 여러분, 하늘나라에 갔을 때 우리는 설명을 해야 됩니다. 행복할 수 있었는데 행복하지 않았습니다. 웃을 수 있었는데 나는 울었습니다. 그걸 설명해야 됩니다. 하나님께서는 충분히 주셨습니다. 내가 웃을 만큼, 행복할 만큼 주셨습니다. 행복하지 못한 죄가 있는 것입니다. 즐기지 못한 죄가 내게 있는 것입니다. 우리는 환경을 탓하지만 하나님께서는 이미 넉넉하게 주었노라 말씀하십니다. 중생(重生)은 성령으로 말미암아 이루어집니다. 그러나 우리의 성화는, 거룩하게 됨이라고 하는 것은 명상으로 이루어지는 게 아니라 봉사로 이루어집니다. 섬김으로 이루어집니다. 마태복음 20장에 예수님 말씀하십니다. '나는 섬기러 왔노라.' 애시당초 섬기러 왔노라 하십니다. 어제 오후에도 제가 결혼주례 하면서 그런 얘기를 신부에게 했습니다. "신부 지금 보니까 아주 예쁜데 그러나 한 가지 잊지 말라고. 오늘까지는 아가씨지만 하룻밤 자고나면 아줌마다. 알았나? 이제 사랑받고 예뻐보이고 귀염받고… 잊어버려. 이제는 시아버지도 섬겨야 하고 남편도 섬겨야 하고 아이를 낳으면 아이도 섬겨야 되고 오로지 봉사다. 섬기는 일을 통해서 행복을 얻지 못한다면 그 누구도 영영 행복할 수 없다." 주례사에 이 말을 해달라는 주문이 많이 들어온답니다. 고 말은 꼭 빼놓지 말고 하라고 그러더라고요. 그래 늘 반복하지요. 똑같은 말로. 다시 말합니다. 섬김이 없이는 self-control이 안됩니다. 명상을 통해서는 불가능하다는 것을 알아야 합니다. 구제와 봉사, 이것이 기독교의 특징입니다. 마음을 다스리는 것은 성령이지만 나를 다스리는 것은 봉사입니다. 섬길 때 비로소 온전한 그리스도인으로 자기구원을 성취하게 되는 것입니다. △

자기 사명을 아는 사람

요셉이 시종하는 자들 앞에서 그 정을 억제하지 못하여 소리 질러 모든 사람을 자기에게서 물러가라 하고 그 형제에게 자기를 알리니 때에 그와 함께 한 자가 없었더라 요셉이 방성 대곡하니 애굽 사람에게 들리며 바로의 궁중에 들리더라 요셉이 그 형들에게 이르되 나는 요셉이라 내 아버지께서 아직 살아 계시니이까 형들이 그 앞에서 놀라서 능히 대답하지 못하는지라 요셉이 형들에게 이르되 내게로 가까이 오소서 그들이 가까이 가니 가로되 나는 당신들의 아우 요셉이니 당신들이 애굽에 판 자라 당신들이 나를 이곳에 팔았으므로 근심하지 마소서 한탄하지 마소서 하나님이 생명을 구원하시려고 나를 당신들 앞서 보내셨나이다 이 땅에 이 년 동안 흉년이 들었으나 아직 오년은 기경도 못하고 추수도 못할지라 하나님이 큰 구원으로 당신들의 생명을 보존하고 당신들의 후손을 세상에 두시려고 나를 당신들 앞서 보내셨나니 그런즉 나를 이리로 보낸 자는 당신들이 아니요 하나님이시라 하나님이 나로 바로의 아비를 삼으시며 그 온 집의 주를 삼으시며 애굽 온 땅의 치리자를 삼으셨나이다

(창세기 45 : 1 - 8)

자기 사명을 아는 사람

사람은 생일이 둘이 있다고 합니다. 하나는 호적에 기록된 생일입니다. 내 육체가 세상에 태어나면서 내 출생의 시간을 알리는 바로 그 생일 말입니다. 또하나의 생일은 왜 내가 세상에 존재하는가를 깨닫는 바로 그 시간입니다. 그때부터 인간은 인간으로 존재하는 것입니다. 요새와서 많은 병이 있습니다마는 병 중에서 가장 무섭고 근본적이고 어쩌면 난치병이어서 고칠 수 없다고까지 하는 무서운 병이 있습니다. 이것이 바로 우울증이라고 하는 병입니다. 우울증이 심각해지면 자살을 하든가 남을 죽이든가 하는 데까지 갑니다. 우울증에 관한 연구가 많습니다. 책도 많고 이론도 각각입니다마는 한 가지 공통된 점은 우울증이라는 것은 내가 왜 세상에 존재하는가를 모르는 데서부터 생긴다는 것입니다. 나는 필요없는 사람이다, 아무리 봐도 쓸모가 없다, 남들이 나를 무시해서이기 전에 내가 나를 볼 때도 필요없는, 살아야 할 이유가 없는 존재다 하는 데서 문제가 됩니다. 남들이 나를 무시한다고해서 내가 무시당할 것 없습니다. 얼마든지 강하게 역설적으로 살 수가 있습니다마는 문제는 내가 나를 무시하는 것입니다. 내가 나의 존재를 부정하는 것입니다. 바로 그 순간이 우울증의 시작입니다. 그렇고보면 주변의 모든 사람들에게 내가 필요없는 존재가 되고 있는 것을 압니다. 점점더 살아야 할 이유가 없다는 것을 압니다. 그래서 우울증이란 정신적 자살입니다. 이미 정신은 죽었습니다. 거기서부터 출발하는 것이 우울증이다, 하는 것입니다.

자기자신을 안다, 자기존재의 의미를 안다, 자기가치를 자기가 평가한다—아주 어려운 일입니다. 우리는 보통으로 자기능력, 자기지식, 자기기술 혹은 자기의 소유, 얼마간에 가진 재산, 이런 걸 가지고 자기를 평가하려고, 자기존재의 가치를 평가하려고 합니다. 그래서 어떤 분들 보면 그저 귀걸이다 목걸이다 팔찌다 주렁주렁 매달고 다닙니다. 저는 생각해봅니다. '저걸 많이 매달고 다니면 값이 올라가나?' 자기가치를 이런 걸로 높여보려고 하는 것, 생각해보면 처절한 일이지요. 흔히 말하지 않습니까. "옷걸이가 시원치 않은데 옷은 좋아서 뭘 하나." 이것이 다 문제인 것입니다. 내가 이런 것으로 평가받을 수는 없습니다. 우스운 얘기입니다마는 생활이 참 어려운 분, 판잣집에 사는 그런 남자인데도 아주 커다란 다이아반지를 끼고 다니더라고요. 그렇게 어려운데 그건 왜 끼고 다니느냐 그랬더니 "목사님은 세상을 모르시는구만요. 이걸 끼고 다녀야 누가 단 10만 원이라도 빌려줍니다. 이것마저 없으면 사람들이 나를 사람취급 안 합니다" 하는 대답입니다. 여러분들 손가락에 반지 있습니까? 어쨌든 자기평가를, 자기가치를 다른 그 무엇으로부터 찾는다는 것처럼 비참한 일이 없습니다.

　심리학자 웅겔스마의 명언이 있습니다. 'To know self is to be known by another.' 한 40년 전에 외운 말인데 두고두고 늘 생각해봅니다.—'자기자신을, true self를 아는 것은 자기자신에 의해서가 아니고 다른 사람에 의해서, 다른 사람이 평가해주는 마에 따라서나.' 내가 얼마나 소중한 존재냐 하는 것은 다른 사람이 평가해줘야 하는 것입니다. 내가 나를 칭찬한다고 칭찬이 아닙니다. 남이 칭찬을 해줘야 됩니다. 남이 인정을 해줘야 됩니다. 아니, 남이 인정한다는 것을 내가 인성을 해야 됩니다. 거기서부터 내 존재가 살아나는 것입니다. 성경에 보면 대단히 중요한, 두고두고 생각할 말씀이 누가복음 15장에 있습니다. 탕자가 돌아옵니다. 아버지의 품을 떠나서 방황, 허랑방탕하다가 거지되어 지금 집으로 돌아옵니다. 목숨만 붙어가지고 그저 얻어먹기 위해서 집으로 돌아옵니다. 자기가 자신을 생각해봅니다. '나는 하늘과 아버지께 죄를 지었습니다. 아무 쓸모없는 존재입니다. 버려진 존재입니다.' 스스로를 그렇게 생각합니다. 하나님 앞에 죄짓고 사람 앞에 죄짓고 타락하고 부모를 거역했고… 무엇에 쓰겠습니까. 전혀 가치없는 존재라는 걸 스스로 인정합니다. 그리고 '머슴의 하나로 나를 대해주십시오' 라고 하지만 저는 이 말도 인정하고 싶지 않습니다. 머슴은 아무나 하나요. 그것도 해본 자나 하는 거지. 어쨌든 얻어먹기 위해서 기어들어왔습니다. 그런데 아버지는 그게 아닙니다. 전혀 과거를 묻지 않습니다. 아무 책망도 없습니다. '죽었다 살았고 잃었다 얻었노라, 너는 내 아들이다.' 이것은 아버지가 인정하는 존재가치입니다. 자기가 생각하는 존재가치와 아버지가 생각하는 존재가치는 다릅니다. 그렇다면 믿음이라는 게 뭡니까. 아버지가 인정해주는 내 존재의 가치를 내가 인정하는 것입니다. 그게 믿음입니다. 그것이 자기평가의 원리입니다. 반드시 이것은 알아야 합니다. 나대로 평가해서는 안됩니다. 하나님께서 나를 어떻게 사랑하셨느냐고요? 우리가 예수를 믿는다는 것은 십자가에서, 그 거룩한 십자가의 희생 안에서 내 존재의 가치를 찾는 것입니다. 그것이 바로 예수를 믿는다는 뜻입니다.

오늘본문에 나타난 이 이야기는 눈물 없이 읽을 수 없는 감격스러운 장면입니다. 요셉이라는 사람은 17살 때 형제들이 그를 애굽으로 팔아먹습니다. 노예로 팔아먹었습니다. 형제들이, 형이 동생을 팔아먹어서 그가 노예로 팔려갑니다. 무려 13년 동안 많은 고생을 합니다. 노예로 일하다가 감옥에 들어갔다가, 하나님의 특별한 은혜로 애굽의 총리대신, 천하를 호령하는 권력자가 되었습니다. 그런데 그 요셉이 옛날 자기를 팔아먹은 바로 형들을 만나는 시간입니다. 그 요셉이 지금 높은 권좌에 앉아서 형님들을 만나는 바로 그 시간 그 이야기가 오늘본문에 있습니다. 왕년에 형제간입니다. 그러나 지금까지 원수지간이었습니다. 원수관계에서 다시 돌이켜서 요셉은 말합니다. 사랑의 대상으로 형들을 맞이합니다. 다시 형제로 맞이합니다. 내가 섬겨야 할 대상으로 형들을 영접합니다. 놀라운 일입니다. 문자그대로 원수를 사랑했습니다. 원수사랑 하고 하나되고 화목하는 이 엄청난 사건이 오늘본문에서 볼 수 있는 장면입니다. 폴란드출신의 신앙인 코리텐 붐은 유대사람이 아닙니다. 독일사람들이 유대사람들을 많이 죽일 때 폴란드사람으로서 유대사람을 숨겨준 죄로 그도 붙들려가서 죽을 뻔했습니다. 많은 고생을 했습니다. 유대사람과 같은 취급을 받으면서 엄청난 고생을 한 사람입니다. 이 사람이 뒤에 자유를 얻고 독일의 뮈니히교회에서 설교하는데 역시 특별한 설교입니다. '원수를 사랑하라' 라는 제목의 설교입니다. 독일사람 미워하지 맙시다… 설교를 했는데 설교 끝나자 그 앞에 다가와서 인사하는 사람이 있었습니다. 코리텐 붐이 라덴스부르크 수용소에서 고생하고 있을 때 간수로 있던 독일사람이었습니다. 그때 자기를 학대하고 괴롭히던 간수가 자기 앞에 와서 "오늘 당신의 설교를 통해서 은혜 많이 받았습니다. 원수를 사랑하라는 제목을 통해서…" 하고 말하면서 손을 내밉니다. 코리텐 붐 목사님이 손을 내밀면서 악수하려고 하는데 손이 뻣뻣해지더랍니다. 옆구리가 막 뭘로 찌르는 것처럼 저리고 아파오더랍니다. '어떻게 저 사람을 내가 사랑할 수 있는가?' 그 순간 그는 손을 잡으면서 기도했습니다. 그리고 하나님의 은혜로 자기를 그렇게 괴롭히던 간수와 악수를 할 때 그 마음이 뜨거워지는 것을 경험했노라 하는 기록을 남겼습니다.

　오늘본문을 봅시다. 요셉은 지금 하나님의 큰 은혜의 섭리를 깨닫습니다. 하나님의 큰 경륜을 깨닫고, 그 경륜 속에 내가 있다는 것을 깨닫고 하나님의 그 큰 은혜의 시나리오 속에서 사건이 전개되었다는 것을 믿고 인정합니다. 본문을 자세히 보면 그는 과거를 묻지 않습니다. 여러분, 이걸 잊지 말아야 합니다. 과거를 깨끗이 청산하지 못하는 자에게는 미래가 없습니다. 분명히 과거에는 원수입니다. 그러나 지금은 아닙니다. 어느 순간이라도 그가 조금이라도 과거에 매였다면 오늘 그 형들을 사랑할 수 없습니다. 가끔 "북한을 돕기 위해서 애쏩시다" 할 때 이런 말을 듣습니다. "안됩니다. 북한사람은 절대로 안됩니다. 공산당은 안됩니다." 이렇게 나에게 충고하고 항의하는 분들이 좀 있습니다. 그럴 때마다 제가 얘기합니다. "죄송합니다만 장로님, 공산당으로부터 얼마나 피해를 입었는지는 모릅니다만 저는 제 아버지가 제 목전에서 총살당하는 걸 본 사람입니다. 그 총살당한 시체를 붙들고 울다가 나온 사람입니다." 그러면 이런 말 합니다. "목사님은 그래도 공산당을 돕자는 것입니까?" 우리 잊지 말아야 합니다. 간혹 북한에 있는 고관들이 저를 보고 말합니다. "그렇게 어려운 아픔이 있는데도 우리를 돕기 위해서 오셨으니 감사합니다." 그런 인사를 할 때 저는 대답합니다. "우리아버지를 죽인 그 공산당원이 지금 여기 있는 것도 아니고 그것은 수십 년전에 있었던 역사적인 실수요. 어찌 우리가 그 사건과 오늘을 연계할 수 있겠습니까." 여러분은 얼마나 과거를 잊었습니까? 얼마나 과거를 깨끗이 청산했습니까? 이것은 은혜로만 가능합니다. 요셉은 하나님의 은혜를 받았습니다. 큰 은혜를 받고 살기에 그 어두운 과거를 깨끗이 청산합니다. 그리고 놀라운 철학, 놀라운 인생관을 피력합니다. '당신들이 나를 팔아서 내가 여기 팔려온 것이 아니고 하나님께서 나를 보내시어 내가 이리로 온 것입니다.' sold가 아니고 sent라고 말합니다. 여러분 팔려왔습니까? 아니면 보내심을 받고 왔습니까? 좀 죄송하지만 부부생활도 그렇습니다. 한평생을 같이 살면서도 '어쩌다가 이 사람한테 걸려들어서 내가 이 고생을 하나?' 하는 노예생활, 한평생 팔려가는 생활을 합니다. 그럴 것이 아닙니다. 하나님의 뜻이 계셔서 나를 이리로 보내셨다, 이 집으로 보내셨다 하는 것입니다. 현 시점으로 나를 보내셨다, sent, 사명을 띠어 보냄받은 사람이다—사역자가 바로 그런 의식으로 오늘을 살아가야 합니다.

또한 하나님의 주도적 역사입니다. 역사의 주인이 되시는 하나님께서 모든것을 경륜하셨습니다. 사람의 일같으나 하나님의 일이요 사람의 실수같으나 그 속에는 하나님의 뜻이 있습니다. 이 높은 차원의 하나님의 뜻을 요셉은 잘 알고 있었습니다. 그리고 50장 19절에 이렇게 말씀합니다. "내가 하나님을 대신하리이까." 내가 누구를 미워할 권리가 없습니다. "내가 하나님을 대신하리이까." 내가 원수 갚을 권리가 없습니다. 그건 하나님께서 알아 하실 일입니다. '내가 하나님을 대신하리이까. 나는 손대지 않을 것입니다.' 뿐만아니라 50장 20절에 보면 "하나님은 그것을 선으로 바꾸사" 라고 말씀합니다. 악을 선으로 바꾸사, 불의한 일을 의로운 일로 바꾸사 이같은 놀라운 역사를 이루셨다—합동하여 선을 이루시는 하나님의 역사를 그는 믿고 있습니다. '그래서 나를 애굽의 주인으로 삼았습니다.' 하나님의 선교적인 큰 경륜을 알고, 그러기에 오늘 이 시간 감사, 형들을 용서하고 형제로 맞아들이고 있습니다. 여기서 자신에게 주어진 사명을 생각합니다. 많은 사람을 살리기 위하여, 만백성을 구원하기 위하여 아니, 우리가정을 구원하기 위하여 하나님께서 만들어놓으신 주요한 작품이라는 것입니다. 이 사명 안에서 모순된 세상을 합리적으로 이해합니다. 있을 수 없는 악을 선으로 바꿉니다. 이제 원수는 없습니다. 오직 사랑하는 형제만 있을 뿐입니다. 그래서 말씀합니다. '내 아버지를 내가 봉양할 것입니다. 당신들의 자녀까지 내가 기를 것입니다.' 엄청난 말씀입니다.

영국의 정치가에 로이 씨씨언(Roy Sission)이라고 하는 분이 있습니다. 그분의 유명한 말이 있습니다. 성공에 세 가지 비결이 있다 하고 three H's leadership이라는 것을 말합니다. H자로 시작하는 세 가지 말을 명심하라 했습니다. 첫째, Humanity입니다. 따뜻한 인간미가 있어야 됩니다. 어떤 일이든지 인간의 휴머니티가 빠지면 안됩니다. 따뜻한 정이, 인간적인 정이 있어야 합니다. 또하나는 Humility입니다. 겸손함이 있어야 됩니다. 내게 참된 겸손이 없이는 내가 아무도 사랑할 수 없습니다. 셋째는 Humor입니다. 유머가 있어야 합니다. 낙관적인 여유가 있어야만 합니다. 그런 내용입니다. 「유토피아」를 쓴 토머스 모어에 얽힌 애기는 고금에 세계적으로 유명한 에피소드로 남아 있습니다. 그는 사형선고를 받았습니다. 사형선고 하는 재판장이 사형을 언도하고나서 "당신 죽기 전에 마지막으로 남길 말이 없느냐?" 할 때 토머스 모어는 밝은 얼굴로 고개를 들고 재판장을 향해서 말했습니다. "재판장님, 나는 여기서 이렇게 죽겠지마는 천국에 가서 당신과 내가 반가운 친구처럼 대할 수 있게 되기를 바랍니다. 사도 바울이 스데반에게 돌을 던졌습니다마는 그러나 천국에서 바울과 스데반은 아주 가까운 벗이 되었을 것이라고 나는 믿고 있습니다. 스데반과 바울이 하나님 앞에서 반가운 친구가 된 것처럼 언젠가 하늘나라에서 나를 사형에 처한 당신과 내가 반가운 친구가 되어지기를 바랍니다." 그때 재판장은 물었습니다. "내가 부득이 사형선고를 합니다마는 어찌 당신은 그처럼 좋은 마음을 가지는 거요?" 거기에 토머스 모어의 유명한 마지막말이 있습니다. "주님께서 내게 그렇게 하셨기 때문입니다."

여러분, 우리는 여러 가지 어려운 문제에 부딪힙니다. 그러나 초연하고 초월한 역사의식을 가지고 신앙적으로 나를 보고 신앙적으로 이웃을 보고 세상을 봅시다. 이 모든 일이 합동하여 선을 이룰 것이고 모든 일을 통해서 위대한 하나님의 역사가 이루어질 것입니다. 그 안에 내가 있고 여러분이 있습니다. 요셉이 그 형들을 대하면서 베풀었던 그러한 은혜, 그러한 감격, 그러한 역사가 우리 안에서부터 시작이 되고 얼어붙은 이 모든 세상의 어려운 관계를 하나하나 풀어나가게 되어야 할 것입니다. 사명을 아는 사람은 이렇게 사는 것입니다. △

안식일의 주인

그 때에 예수께서 안식일에 밀밭 사이로 가실새 제자들이 시장하여 이삭을 잘라 먹으니 바리새인들이 보고 예수께 고하되 보시오 당신의 제자들이 안식일에 하지 못할 일을 하나이다 예수께서 가라사대 다윗이 자기와 그 함께한 자들이 시장할 때에 한 일을 읽지 못하였느냐 그가 하나님의 전에 들어가서 제사장 외에는 자기나 그 함께한 자들이 먹지 못하는 진설병을 먹지 아니하였느냐 또 안식일에 제사장들이 성전 안에서 안식을 범하여도 죄가 없음을 너희가 율법에서 읽지 못하였느냐 내가 너희에게 이르노니 성전보다 더 큰 이가 여기 있느니라 나는 자비를 원하고 제사를 원치 아니하노라 하신 뜻을 너희가 알았더면 무죄한 자를 죄로 정치 아니하였으리라 인자는 안식일의 주인이니라 하시니라

(마태복음 12 : 1 - 8)

안식일의 주인

　며칠 전 일간신문 칼럼에 소개되었던 내용입니다. 그옛날 다윗왕이 유명한 보석세공사를 불러가지고 "자네 나를 위해서 좋은 보석 반지 하나를 만들어주게나" 하고 부탁을 합니다. "예, 그러지요. 정성을 다해서 만들겠습니다." "그런데 조건이 있어. 그 반지에다가 글귀를 새겨주면 좋겠어." "무엇이라고 새길까요?" "내가 전쟁에서 이기고 돌아올 때는 큰 기쁨에 취해서 정신없이 교만해지거든. 그럴 때 교만해지지 않을 수 있게 할, 그 기쁨을 억제할 수 있게 할 글귀, 동시에 때때로 왕으로서 일이 잘못되어서 절망에 빠질 때, 내 마음이 가눌 수 없이 괴로울 때 위로를 받고 힘을 얻을 수 있게 할 그런 글귀면 돼. 그 두 가지 역할을 다 할 수 있는 좋은 글귀를 그 반지에 새겨주게나." 이런 어려운 주문을 하는 것입니다. 세공사는 반지를 만들 수는 있지만 도대체 뭐라고 써야 이 두 경우에 왕의 마음을 붙잡을 수 있을는지 몰랐습니다. 생각다못해서 지혜가 많다고 하는, 다윗왕의 아들 솔로몬을 찾아갔습니다. 솔로몬에게 이와같은 걱정을 했더니 솔로몬은 미소를 띠고 아주 쉽게 대답합니다. "간단하지요. '이것 역시 곧 지나가리라.' 이렇게 새기시오." 그렇습니다. 성공이든 실패든 다 지나갑니다. 높은 자리에 올라갔으면 이제 내려갈 걸 생각해야 합니다. 산에 올라갔으면 내려올 생각을 해야 합니다. 차에 탔으면 내릴 때를 생각해야 합니다. 젊었으면 늙을 것을 생각해야 합니다. 살았으면 죽을 것을 생각해야 합니다. 그것이 기쁨도 억제할 수 있고 절망도 이길 수 있는 마스터 키입니다. 모든것은 지나갑니다. 그런고로 영원한 안식이 앞에 있다는 걸 잊지 말아야 합니다. 마땅히 안식지향적으로 살아가야 합니다. 순간순간 모든것이 다 지나가고 지나간 뒤에 있을 영원한 안식의 세계를 바라보고 지향하면서 오늘을 살아야 합니다.

현대인은 주말을 위해서 산다고 합니다. 주말은 곧 주일에 근거하고 주일은 유대사람들의 안식일로부터 왔습니다. 그러나 우리가 그 안식일을 주일이라고 부릅니다. 그래서 일반에서 말하는 일요일을 우리는 주일이라 합니다. 우리 믿는 사람은 가능한 한 주일이라는 말을 많이 써야 합니다. 왜? '주님의 날'이기 때문입니다. 주일은 주님의 날입니다. 내 날이 아니고 주님의 날입니다. 또한 주님의 날은 곧 자유의 날입니다. 내가 세상에 매여 교만하고 절망하고 근심하고 싸우고 미워하고 사랑하고… 복잡한 문제 속에 살지마는 주일은 그 모든것으로부터 벗어나는 자유, 온전한 자유, 영원지향적인 자유의 날입니다. 칼릴 지브란이라고 하는 분의 명언이 있습니다. '사람은 위대해지지 않고도 자유로울 수 있다. 그러나 자유롭지 않고는 결코 위대해질 수 없다.' 문제는 내가 누리는 자유입니다. 하나님께서는 창조주되시니 그렇겠습니다마는 인간적으로 생각하면 그분 참 똑똑하십니다. 그리고 아주 세밀하십니다. 우리인간이라는 것이 자꾸 무엇에 빠져드는 버릇이 있거든요. 공부하다보면 공부에 미치고 돈벌다보면 돈에 미치고 일하다보면 일에 미치고… 그래서 미치지 말라 하고 주일을 만드신 것입니다. 안식을 주어서 미치지 않도록, 풍덩 빠지지 않도록 하신 것입니다. 아무리 좋은 일이라 해도 '이건 지나가는 거야, 이건 없어질 거야' 하고, 아무리 괴로워도 '아, 이것도 지나가는 일이야' 하고—그것을 실제적으로 우리가 현장에서 경험하는 날이 바로 안식일입니다. 주일날이 되면 모든것을 쉽니다. 모든것을 멈춥니다. 일상으로부터 벗어나 내 영혼이 내 몸이 온전히 자유합니다. 온전한 자유 그것이 안식입니다.

유대사람은 안식일을 엄격하게 지킵니다. 그래서 많은 학자들이 이렇게 말합니다. '이스라엘이 안식일을 지킨 게 아니라 안식일이 이스라엘을 지켰다'라고. 도대체 Jew가 뭐냐, 유대사람이 누구냐 할 때 여러분 가서 만나보는대로 각나라에 수천 년 동안 흩어져 살았습니다. 도대체 유대사람은 그 순종(純種)이 무엇인지 알 수가 없습니다. 한국사람의 순종표지가 있습니다. 바로 몽고반점입니다. 엉덩이에 시퍼런 거, 그거 없는 건 잡종입니다. 그런데 유대사람은 순종유대사람으로 딱부러지게 판별할 수 있는 아무런 표지가 없습니다. 그래서 오래전에 'What is Jew?'라고 하는 큰 article이 「타임」에 난 적이 있습니다. 결국 결론은 간단한 것입니다. '내가 유대사람이다'라고 생각하는 사람, 그리고 유대사람의 절대적 전통인 안식일을 지키는 사람, 그게 유대사람입니다. 유대말을 하든못하든 어느 나라에 가서 살든 유대사람의 전통대로 안식일을 지키면 그게 바로 유대사람이다―그런 결론에 도달했습니다. 2000년 전에도 안식일문제는 이 사람들에게 심각했습니다. 「토라(Torah)」라고 하는 하나님의 말씀, 이 모세오경에, 십계명에 기본을 두고, 그 다음에 「탈무드」와 「미쉬나(mishna : 구전된 유대인들의 율법)」를 거쳐서 이 법을 해석하고 해석에 대해서 시행부칙을 만들었습니다. 서들이 흔히 말하는 바 '천사가 지시해주었다'라고 하는 전설을 가진 안식일 하나만의 부칙이 613가지나 됩니다. 이렇게 하지 마라 저렇게 하지 마라… 대단히 복잡합니다. 이걸 다 지키려고들면 정신 빠집니다. 이래서 율법의 노예가 된 것입니다. 어느 사이에 그 자체의 노예가 되고 말았습니다. 왜냐고 묻지 않습니다. 그렇게 해야 된다고 하니 그렇게 하는 것입니다. 그래서 지켰다고 교만하고 못지켰다고 절망하고 지킨다고 자랑하고 못지키는 사람 멸시하고 또 심판하고… 이런 사회구도가 되고 말았습니다.

그에 대해서 오늘 예수님께서는 대단히 중요한 말씀을 하십니다. '인자는 안식일의 주인이다. 나는 안식일의 주인이다. 안식일의 핵이다. 안식의 표본이다.' 중요한 말씀입니다. 그래서 예수님, 명언을 말씀하십니다. "안식일은 사람을 위하여 있는 것이요 사람이 안식일을 위하여 있는 것이 아니니(막 2 : 27)…" 안식일은 나를 위해 있는 것이고 사람을 위해 있는 것입니다. 마태복음 5장 17절에서는 '나는 율법을 폐하러 온 것이 아니라 온전케 하러 왔노라' 하십니다. 완성자로, 율법의 완성자로 오셨습니다. '예수는 율법의 마침'이라고 사도 바울은 갈파합니다. 그래서 요한복음 5장 17절에 보면 예수님께서는 "내 아버지께서 이제까지 일하시니 나도 일한다" 하고 말씀하십니다. 참으로 심오한 말씀입니다. 도대체 안식(安息)이라는 게 뭡니까. 쉰다는 뜻입니다. 일단 쉰다―일상으로부터 벗어나야 합니다. 내가 늘 하던 일에서부터 벗어나야 안식일입니다. 집에서 주일지키는 안식일은 안식일이 아닙니다. 내가 살던 집에서 떠나 교회나와야 안식일입니다. 아무리 내가 뭘 한다, 귀한 일을 한다해도 하던 일에서 떠나야 합니다. 일상으로부터 벗어남으로 안식일이 되는 것입니다. 이 의미를 상징적으로 보여주는 것이 휴식입니다. 사실 노동이란 게 얼마나 중요합니까. 시편 127편 2절에 말씀합니다. "여호와께서 그 사랑하시는 자에게 잠을 주시는도다." 정말 그렇습니다. 일한 자에게 보상으로 주어지는 것이 휴식입니다. 열심히 일하고 밤에 쉬면 그 쉼은 꿀잠입니다. 더러 잠이 안온다는 사람을 봅니다. 잠을 못자겠다고 하는 사람이 있습니다. 그건 Something wrong입니다. 일 안한 사람입니다. 또 근심과 걱정에 매였습니다. 여기서 자유하지를 못하는 것입니다. 아무리 복잡한 일에 시달리다가도 자는 시간은 자야 됩니다. 그 자는 시간은 절대적인 것입니다. 아무리 복잡하다가도 눈감으면 자야 합니다. 눈감고 못잔다면 병든 것입니다. 아니, 이제 병들 것입니다. 이게 휴식이라는 것입니다. 또한 이렇게 쉬려면 어찌해야 됩니까. 일을 해야 됩니다. 부지런히 일해야 됩니다. 힘들게 일해야 합니다. 그리고 마음이 자유로워야 합니다. 그러고나면 그 보상으로 단잠을 주십니다. "그 사랑하시는 자에게는 잠을 주시는도다." 잠 못자본 사람은 압니다. 자야 되는데 잠 못자는 것처럼 무서운 고역이 없습니다. 그런데 교회와서까지 자는 사람이 있어서 문제입니다. 아버지집에서 잔다는데야 할말은 없지만… 좌우간 잠이란 하나님께서 주시는 좋은 선물입니다. 나이가 들면요, 졸리긴 하고 잠은 안오고, 맹랑해집니다. 아시겠습니까? 앉으면 졸리고 누우면 말똥말똥해지고… 고통이지요. 그런데 이게 상징입니다. 일하고 쉬는 것입니다. 우리가 일생을 살고 영원한 안식으로 갑니다. 당연히 안식이란 참으로 귀한 것입니다.

안식에 대하여 성경적으로 주시는 교훈을 다시한번 정리해봅시다. 예수님께서 말씀하시는 안식의 개념, 성경에 말씀하는 안식의 concept는 이렇습니다. 첫째, 시간적인 의미가 있습니다. 우리가 일주일동안 일하고 마지막날 쉽니다. 지금대로 보면 일월화수목금… 그러니까 첫날 하루를 쉬는 것입니다. 이 시간적 의미의 안식일이 있습니다. 일주일에 한 번. 또 옛날 유대사람은 7년마다 1년씩 안식년이라 해서 쉬었습니다. 이런 시간적 차원의 안식일, 안식년이 있습니다. 때로 우리는 이것만 생각하기 쉽습니다. 또한 공간적인 의미가 있습니다. 이것은 히브리서에 많이 나타납니다. 히브리서 4장 10절로 보면 상징적으로 중요한 말씀을 합니다. 가나안땅이 안식입니다. 이 광야는 세상이고 요단강을 건너 가나안땅에 들어가는 것이 안식입니다. 그것이 참된 안식입니다. 이 광야에서 지키는 안식일은 중요한 게 아닙니다. 진짜안식은 가나안땅에 들어감으로, 공간적으로 가나안에 들어가는 것입니다. 또 좀더 깊이 말씀합니다. "영원한 안식에 들어가기를 힘쓰라." 우리가 이 세상을 떠나서 하나님 앞으로 갑니다. 공간적으로 생각해도 바로 이 세상이 아닌 하나님의 나라 그게 안식입니다. 그게 참 영원한 안식입니다. 거기에 공간적 의미의 안식이 있습니다. 또한 예수님 오늘본문에도 잠깐잠깐 비칩니다마는 생활양식적인 의미로나 혹은 생활형태적 의미의 안식이 있습니다. 곧 선하게 사는 것이 안식입니다. 내가 나를 위해서만 살았지만 오늘은 남을 위해서 삽니다. 자비를 베풉니다. 그것이 휴식입니다. 여러분, 좋은 일 한번 해볼까요? 그건 휴식입니다. 그래서 유명한 철학자가 이런 말을 합니다. '전혀 어느 때에라도 내게 보답할 수 없는 사람에게 참사랑을 베풀었느냐?' 그때만이 진정한 안식을 느낄 수 있다는 것입니다. 거기에 행복이 있습니다. 보답을 바라지 말고 아주 보답할 수 없는, 전혀 보답할 수 없는 사람에게 사랑을 베풉니다. 그때 진정한 안식이 있습니다. 아시겠습니까? 이게 기가막힌 휴식입니다. 저는 한번 이런 경험을 해봤습니다. 이름은 대지 않겠습니다만 언젠가 한번 우리교회 집사님 한 분이 기독교신문을 보다가 저 지방, 거제도 더 남쪽으로 내려가 조그마한 섬, 교인들이 많이 사는 그 섬에 태풍이 덮쳐 교회지붕이 날아가버렸다 하는 기사를 보고, '교회가 무너졌으니 이걸 다시 지어야겠는데 지을 수 있는 힘이 없습니다. 좀 도와주시면 좋겠습니다' 하는 호소문을 보고 내게 그걸 가지고 왔습니다. "이거 얼마면 될까요?" "여기 보니 한 1억이면 된다누만…" "1억이면 예배당이 지어질까요?" "아 그럼요. 되지요." "그럼 제가 이걸 한번 하고 싶습니다." "단 조건이 있소. 당신의 이름을 내면 안돼요. 절대로 안돼요. 그저 교회로 가져오세요. 그럼 내가 그걸 가지고 예배당을 지을 것이오. 절대 비밀입니다. 그래야 하나님 앞에 합당합니다." "그럽시다." 약속을 했습니다. 예배당을 지었습니다. 지은 다음에 헌당식을 할 때 한 40명 장로님, 집사님들, 권사님들이 갔습니다. 배를 타고 섬까지 갔습니다. 예배당을 잘 지었습니다. 사택까지 지었습니다. 그 동리서 돼지를 잡아가지고 잔치를 합디다. 잘 얻어먹고, 그리고 돌아옵니다. 배를 타고 돌아올 때 뱃전에서 바다를 내다보는데 그 집사님이 가까이 오더니 제 손을 잡으면서 "목사님…" 합니다. 그분이 돈냈다는 걸 아무도 모르거든요. "오늘 저는 행복합니다. 내 일생에 가장 행복한 날입니다." 그리고 내 손을 잡고 웁니다. "이제 정말 주의 일을 한번 해본 것같습니다." 여러분, 이게 안식이라는 것입니다. 아주 깨끗한 봉사 깨끗한 선행 깨끗한 자비—그때에 우리마음 속에 큰 휴식이 옵니다. 요샛말로 하면 '엔도르핀'이 팍팍 나온다고요. 이세 휴식입니다. 힝상 미운 미음을 벗어나지 못하고 섭섭한 마음, 한을 품고 있는 사람에게는 안식이 없습니다. 주일을 아무리 지켜도 그에게는 안식이 없습니다. 이걸 잊지 말아야 합니다.

예수님께서 사역하실 때 제일 어려웠던 것이 이것입니다. 예수님께서 안식일날 선한 일을 행하셨습니다. 귀신을 내쫓고 병고치고 이러셨거든요. 그랬더니 이스라엘사람들은 '왜 하필이면 안식일에 그런 일을 하느냐' 하고 시비했습니다. 어쩌면 이 분쟁과 이 시비 때문에 십자가에 돌아가셨습니다. 이, 보통문제가 아니었습니다. 그러나 예수님께서는 당당하게 '자, 안식일에 이런 어려운 가운데서 풀어주는 것이 마땅치 아니하냐. 18년 동안이나 귀신한테 붙들려 있었는데 안식일에라도 풀어주는 것이 당연한 게 아니냐' 하고 누가복음 13장에서 말씀하십니다. 예수님께서는 이렇게 일하시면서 안식일을 지키셨습니다. 안식일을 일하는 날로, 선한 날로 지켰더라 그 말씀입니다. 공자라고 하면 '역경 속에서 인생을 즐긴 사람이다' 라고 표현할 수가 있습니다. 그는 이렇게 말합니다. '무엇을 아는 사람은 그것을 좋아하는 사람만 못하고 그것을 좋아하는 사람은 그것을 즐기는 사람만 못하다.' 아는 것과 좋아하는 것과 즐기는 것 ― 여러분은 어느 수준입니까? 그는 그렇게 말합니다. '즐거움에는 두 가지가 있는데 유익한 즐거움이 있고 유해한 즐거움이 있다. 유익한 즐거움은 예요 음악이요 장단, 이런 것들이고 유해한 즐거움이란 제멋대로 하는 것이다. 게으른 것이요 술먹고 여색에 빠지는 거다. 자, 참으로 즐거움이 어디 있느냐?' 이 공자선생도 생각합니다. 참으로 즐거운 일이라는 건 아는 것만이 아닙니다. 좋아하는 것만이 아닙니다. 즐기는 것입니다. 좋은 일을 즐기는 것입니다. 이 수준에 도달해야 한다고 말합니다. 죄에 빠지고 노예성에 빠지고 한에 매이고 이기심과 욕심에서 헤어나지 못한다면 그에게는 안식이 없는 것입니다. 이로부터 벗어날 뿐 아니라 선을 베풀 때 내 마음이 시원해지는 것입니다. 이러한 안식, 높은 차원의 안식을 생각해야 하겠습니다.

안식에 대한 성경적 교훈—좀더 나아가 이제 생명의 질적 의미에서 말씀합니다. 그리스도 안에 있으면 안식이요 그 안에 있는 것 자체가 영생입니다. 중생한 사람의 심령은 벌써 안식에 들어간 것입니다. 그리스도와 함께 안식을 누리는 것입니다. 이런 종말론적 환희를 즐기며 살아가는 것입니다. 이것이 안식입니다. 테레사 수녀의 유명한 말이 있습니다. '하나님은 우리가 하는 일 속에서 담아놓은 사랑만 보신다.' 뭘 얼마나 했느냐, 얼마나 주었느냐, 얼마나 받았느냐, 그게 중요하지 않습니다. 그 속에 얼마만큼의 사랑이 있었느냐, 그것만 효력이 있고 그것만 의미가 있는 것입니다. 바로 사랑이 있는 곳에 자유함이 있기 때문입니다. 그런고로 우리는 주일을 지킵니다. 안식일을 지킵니다. 주일을 안식일화해서 지킵니다. 그러나 항상 잊지 말아야 할 것은, 이것은 상징적인 일이요 훈계적인 일이요 교훈적인 일이자 훈련이고, 중요한 의미는 항상 안식이어야 한다는 것입니다. 안식지향적으로 살아야 합니다. 그래서 히브리서 4장 11절에 깊은 뜻이 있는 말씀을 합니다. "저 안식에 들어가기를 힘쓸지니…" 안식에 들어가기를 힘쓰라 합니다. 우리가 안식에 들어가도록 오늘도 힘써서 온전한 안식 온전한 휴식 영원으로 향한 문이 활짝 열린 그러한 안식에 들어가도록, 그러한 행복을 누릴 때 주님께서 말씀하실 것입니다. '네가 안식일의 주인이다.' 안식의 노예가 되지 말고 안식의 주인이 되는 그런 생이 되어야 한나는 말씀입니다. △

하나님의 일의 신비

예수께서 대답하여 가라사대 내가 진실로 진실로 너희에게 이르노니 너희가 나를 찾는 것은 표적을 본 까닭이 아니요 떡을 먹고 배부른 까닭이로다 썩는 양식을 위하여 일하지 말고 영생하도록 있는 양식을 위하여 하라 이 양식은 인자가 너희에게 주리니 인자는 아버지 하나님의 인치신 자니라 저희가 묻되 우리가 어떻게 하여야 하나님의 일을 하오리이까 예수께서 대답하여 가라사대 하나님의 보내신 자를 믿는 것이 하나님의 일이니라 하시니 저희가 묻되 그러면 우리로 보고 당신을 믿게 행하시는 표적이 무엇이니이까 하시는 일이 무엇이니이까 기록된 바 하늘에서 저희에게 떡을 주어 먹게 하였다 함과 같이 우리 조상들은 광야에서 만나를 먹었나이다 예수께서 이르시되 내가 진실로 진실로 너희에게 이르노니 하늘에서 내린 떡은 모세가 준 것이 아니라 오직 내 아버지가 하늘에서 내린 참 떡을 너희에게 주시나니 하나님의 떡은 하늘에서 내려 세상에게 생명을 주는 것이니라 저희가 가로되 주여 이 떡을 항상 우리에게 주소서 예수께서 가라사대 내가 곧 생명의 떡이니 내게 오는 자는 결코 주리지 아니할 터이요 나를 믿는 자는 영원히 목마르지 아니하리라

(요한복음 6 : 26 - 35)

하나님의 일의 신비

아주 오래전에 미국의 유명한 미시건 호수에서 있었던 일입니다. 그 호수를 건너가고 있던 배 한 척이 풍랑을 만나서 막 침몰하게 되었습니다. 물론 배에 탔던 많은 사람들이 배와 함께 희생되는 큰 사건이었습니다. 그 당시 노스웨스트대학에 다니고 있던 수영선수 청년 하나가 사력을 다해 자기의 수영능력을 다 발휘해서 25명이라고 하는 사람들을 구출해냈습니다. 그것은 신문에 크게 보도되었고 많은 사람들의 마음을 감동시켰습니다. 이 청년 하나가 자기도 살기 힘든데 25명을 구원했다—이 일이 있고 오래 지난 뒷날 R. A. 토레이라고 하는 목사님이 LA에서 집회를 인도하면서 설교하는 중에 바로 이 이야기를 했습니다. 한 사람이 자기생명도 위급한데 희생을 해서 25명의 인명을 구하는 아름다운 일이 있었다 하고 그 용기와 그 능력 그 사랑 그 희생정신에 대해서 높이 칭찬을 했습니다. 이 설교가 끝나자 목사님을 찾아온 한 사람이 있었습니다. 머리가 허옇게 센 노인이었습니다. "목사님, 그때 그 청년이 바로 저입니다." 노인은 이렇게 말하는 것이었습니다. 목사님은 감격했습니다. 노인의 손을 잡고 악수를 하면서 말했습니다. "나는 당신이 이 자리에 있는 줄 모르고 너무나도 귀한 사건이었기에 이렇게 예화로 들어 사랑과 희생에 관한 설교를 했습니다." 그리고 토레이 목사는 물었습니다. "그런데 그 사건 뒤에 있었던 가장 인상적이었던 일은 무엇입니까? 있었다면 말씀해주십시오." 그랬더니 노인은 씁쓸하게 미소지으면서 낮은 목소리로 한마디 합니다. "한 사람도 찾아와서 고맙다는 말을 하지 않았다는 사실입니다." 여러분, 의사선생님들이 환자를 위해서 수고 많이 합니다. 피를 묻혀가면서 피냄새를 맡아가면서 수술하는 것, 굉장한 희생입니다. 그거 돈벌기 위해서라면 할일이 못됩니다. 도살장같은 데서 5시간 10시간씩 땀흘리고 수고해서 수술을 해냅니다. 이래서 병을 고칩니다. 그런데 의사선생님들도 하는 말이 뭐냐하면 수술받고 나왔어도 뒤에 찾아와서 "고맙습니다" 하고 인사하는 사람 없다는 것입니다. 건강을 회복하고보면 그저 저 잘나서인 듯이 '수술비 지불했으니까 뭐…' 하고 맙니다. 이 또한 사람을 피곤하게 만드는 일입니다.

여러분, 사람을 피곤하게 만드는 것이 어떤 것입니까. 바로 불필요한 기대를 하는 것입니다. 생명을 구원해줬는데 단 한마디도 고맙다는 인사가 없더라는 것입니다. 여러분, 기대를 하지 마십시오. 심지어는 자식을 키우면서도 쓸데없는 것을 많이 기대하더라고요. 아이들 자랄 때 얼마나 예쁩니까. 예쁜 그것 보는 것만으로도 본전 다 뽑은 것이거든요. 그러니 기대하지 마십시오. 효도고 불효고 까짓거다, 너는 너대로 살아라… 그랬으면 좋으련만 뭘 잔뜩 기대하느라고 '내가 널 어떻게 키웠는데 어쩌고…' 이것 때문에 저도 죽고 남도 죽이는 것입니다. 불필요한 기대 — 스위치 끕시다. 또한 쓸데없는 분노입니다. 이게 사람 피곤하게 만듭니다. 기대에 미치지 못한다고해서 뭐 세상이 어떻다느니 내가 헛수고를 했다느니 합니다. 왜들 이러는 것입니까. 그것이 사람을 피곤하게 만드는 것입니다. 시인 괴테는 이런 말을 합니다. '가장 행복한 사람은 일생을 바칠만한 직업을 가지고 있는 사람이다. 그리고 오늘도 일이 있는 사람이다. 또한 일을 하고나서 아무 보답도 바라지 않는 사람이다. 그 사람이 행복한 사람이다.' 헬라의 철학자 아리스토텔레스는 말합니다. 가장 불행한 사람이 누굴까요, 하고 제자가 물었을 때 그는 대답합니다. '돈없는 사람도 아니고 건강을 잃은 사람도 아니고 부모가 없는 사람도 아니다. 자기가 하고 있는 일에서 보람을 느끼지 못하는 사람이다. 단 하루를 살아도 보람을 느끼지 못한다면 그 사람 가장 불행한 사람이다.'

오늘본문 보면 동문서답같아서 쉽게 이해되지 않으나 귀한 말씀이 있습니다. 신학적으로나 성서적으로 엄청나게 귀하고 중요한 말씀입니다. '어찌하면 하나님의 일을 할 수 있겠습니까?' 여쭙니다마는 예수님께서는 여기서 주의 일의 신비한 의미를 말씀하십니다. 휘돌려서 아주 뜻깊은 말씀을 하십니다. '사람들이 일하는 것은 모두가 양식을 위해서다. 그런데 그것은 썩어질 양식이다. 먹어봐도 그렇고 잘살아봐도 그렇고 돈벌어봐도 그렇다.' 그것을 말씀하십니다. 썩을 양식을 위해서 일한다, 그러나 주의 일 하는 사람은 썩지 아니할 양식을 위해서—전혀 생의 질을 바꾸십니다. 영생토록 있는 양식을 위해서 하라, 영생지향적인 일을 하라, 영원한 의미의 그런 일을 하라, 하고 말씀하십니다. 또다시 '그러면 어떻게 우리가 주의 일을 하오리이까? 어떻게 하면 되겠습니까?' 구체적으로 여쭙는데 예수님께서는 동문서답같으나 구체적으로 대답하십니다. "보내신 자를 믿는 것이 하나님의 일이니라." 일이라고 하면 우선 자기주도적인 일이 있습니다. 내가 목적이 되고 내가 하고 내기 세우고 내가 결과를 얻습니다. 나 주도적인 그런 일이 있습니다. 두 번째는 협력적인 일이 있습니다. 내가 하는 게 아닙니다. 회사에 나가면 사장이 있고 회장이 있습니다. 그건 그분의 일입니다. 나는 그분을 위해서 협력하는 일을 합니다. 그분이 맡겨주는 일만 합니다. 내가 전체를 관장하는 게 아닙니다. 나는 그의 시키는 일을 합니다. 협력하는 일을 합니다. 고 부분 만큼 내게 주어진 기능을 따라서 고 부분에서 일하게 됩니다. 현대인들은 이래서 피곤하다는 것입니다. 자기일을 하는 사람이 별로 없거든요. 내가 뭘 하는지도 모르고 일을 하고 있는 것입니다. 우스운 얘기지만 제가 '63년도에 유학을 갔을 때 여름방학에 고학을 했습니다. 여름방학에 참 더울 때 남들은 놀 때 공장에 가서 일을 했습니다. 아주 힘든 일입니다. 좌우간 온몸이 기름투성이가 됩니다. 전신을 목욕하고야 옷을 입을 만큼 그렇게 기름 속에서 하는 일을 했습니다. 계속해서 쇠를 갈고 깎고 했습니다. 그런데 문제는 내가 뭘 만드는지를 모르는 것입니다. 그저 둥그다란 쇠를 만들고 있는데 하루종일 그것만 만드는 것입니다. 도대체 이게 뭘까? 그 회사 사장이 장로님인데 언젠가 한번 조용한 시간에 물어봤습니다. 내가 뭐 좀 물어봐도 되겠느냐고—양해를 구하고나서 내가 지금 무슨 일을 하고 있는 거냐고 물었더니 미사일 만든다고 그러더라고요. 미사일부품을 만들고 있었던 것입니다. 내가요. 뭘 하는 건지 내가 모르니 피곤할 수밖에요. 현대인들이 스스로가 지금 무슨 일을 하고 있는지, 궁극적으로 누구를 위해서 일하고 있는지 대부분 모르고 삽니다. 일이란 게 이런 것입니다. 현대라는 것은 이 큰 사회라는 구조 속에서 그렇게 살아갈 수밖에 없게 되어 있습니다. 어떤 일에 내가 편승해서 협력하는 일을 하고, 그뿐이 아닙니다. 동참하는 일을 합니다. 좀더 좋은 마음으로 뜻을 알아서 그런 일이라면 나도 하자, 저런 일은 함께 할만하다, 동참할만하다—이래서 일을 하는 것이어야 합니다.

하나 더 있습니다. 이게 어려운 것입니다. 큰일을 위해서 희생의 제물이 되는 일을 해야 됩니다. 이 큰일을 이루기 위해서 너는 죽어라, 너는 희생의 제물이 되라, 썩어지는 밀알이 되라 하는, 그런 일도 해야 되는 것입니다. 군인정신이 그런 것입니다. 나가서 싸울 때 바로 그런 마음으로 전장에 나가는 것입니다. 나 하나가 희생해서 많은 사람을 살리자 하는 목적으로 일하게 됩니다. 자, 이런 차원에서 믿음이 아주 중요합니다. 왜입니까. 하나님의 일 그것은 믿음에 뿌리를 두고 있습니다. 보내신 자를 믿는 것, 예수께서는 하나님의 보내심을 받은 분이다 하는 믿음 말입니다. 하나님께서 세상을 이처럼 사랑하사 독생자를 주셨다―이 엄청난 의미를 내가 받아들이는, 수용하는 것입니다. 그것이 믿음입니다. "영접하는 자 곧 그 이름을 믿는 자들에게는…(요 1 : 12)" 하나님의 그 깊은 뜻을 믿어야 됩니다. 예수의 오심 예수의 사역 예수의 십자가 예수의 부활 그 사건 속에 나의 구원이 있고 세상을 구원하시는 역사가 있다―이것을 믿어야 됩니다. 때때로 이에 불만하는 사람들이 있습니다. 하나님께서 나를 사랑하신다면 아, 내게다가 돈을 주시든지 아니면 내가 산 복권이 당첨이 되든지, 뭐 이런 게 되어야 할 게 아니냐, 내가 병걸렸으니 병 좀 낫든지… 그러나 하나님께서는 말씀하십니다. '십자가를 보라. 내가 너를 이처럼 사랑하노라.' 십자가에 있는 사랑의 계시를 내가 믿는 것입니다. 그것이 하나님의 뜻을 내가 수용하는 것이고 받아들이는 것이고 이해하는 것입니다. 이것부터 시작을 해야 됩니다. 여러분 어떻습니까? 부모와 자녀 간에도 무엇을 하라고 하든지 무엇을 하든지 부모님의 뜻을 자녀가, 내 뜻을 부모님이 이해해주기를 바랍니다. 이해하면서부터 이해해야 됩니다. 그밖의 다른 이야기는 필요가 없습니다. 그래서 성경은 말씀합니다. 그의 하시는 일을 내가 알아야 됩니다. 내가 믿어야 됩니다. 목적도 그에게 있고 방법도 그에게 있고 결과도 그에게 있습니다. 그리고 나는 그 믿음을 따라 행하는 것입니다. 이게 하나님의 일입니다.

특별히 오늘본문말씀은 요한복음 6장입니다. 6장을 1절서부터 죽 보면 예수님께서 5천 명 먹이시는 역사, 바로 그 역사적 장면에서 하나님의 일이 무엇인가 보면 되겠습니다. 이게 아주 드라마틱한 장면입니다. 신학적으로 매우 중요한 의미가 있습니다. 우주적 의미가 여기 있습니다. 보십시오. 배고픈 사람 5천 명이 있습니다. 이 사람들이 배고파하고 있습니다. 뭔가 먹어야 되겠습니다. 그런데 예수님께서는 그들을 위하여 떡을 만들어주십니다. 이적으로 떡을 만들어주십니다. 5천 명이 먹고 배불렀다고 합니다. 그런데 문제는 여기에 있습니다. 예수님께서 지금 무엇을 하고 계시느냐? 오늘본문말씀대로 썩을 양식을 위하여 일하신 것이 아닙니다. 한 끼 먹고 또 배고플 그런 양식을 주자고 하시는 게 아닙니다. '썩을 양식을 위해서 일하지 마라. 떡 얻어먹기 위해서 줄레줄레 따라다니지 마라.' 이 무슨 말입니까. 떡을 먹으면서 떡 아닌 영원한 양식을 생각하라, 한 끼의 양식을 먹으면서 그 속에 있는 하나님의 사랑과 계시를 생각하라, 영원한 생명을 생각하라 하심입니다. 그러는 것이 믿음입니다. 그런가 하면 떡은 누가 만들었습니까. 예수님께서 이적으로, 이적으로 만드셔서 5천 명에게 나눠주십니다. 그야말로 샘의 근원이십니다. 그야말로 능력의 본산이십니다. 여기서 떡을 만들어 모두에게 나눠주십니다. 떡을 만드신 분은 예수 그리스도십니다. 그러나 떡을 분배하는 것, delivery, 요샛말로 택배, 나누어주는 것 갖다주는 건 제자들이 했습니다. 아, 제자들 신바람났을 것입니다. 예수님께서 만들어놓으신 떡을 갖다가 사람들에게, 5천 명에게 나누어주는 것이니 그럴 때 또 떡 얻어먹는 사람들이 예수님의 제자들을 얼마나 부러워했을까요. '저 사람들 출세했네. 아, 저 사람 베드로 저거 물고기잡으러 다니던 사람이 요새 출세했구먼. 어쩌다가 예수님의 제자가 됐나?' 생각해보십시오. 그 신령한 양식을 만드시고 제자들의 손에 주셔서 제자들이 갖다가 한 사람 손에 주어서 먹게 하고 있습니다. 이 배식하는 것, 이 심부름하는 것, 바로 이것이 하나님의 일이라는 것입니다. 우리가 하고 있는 일이 무엇인가를 우리는 분명히 알아야 합니다. 내가 나의 일을 하고 있는 게 아닙니다. 하나님의 하시는 일에 내가 가담하고 있고 하나님의 몸소 행하시는 일에 내가 '요만한' 수고를 하고 있는 것입니다. 조그마한 일을 하고 있는 것입니다. 그것이 내게 맡겨주신대로 일하고 있는 것입니다. 자, 생각해보십시오. 하나님의 일은 여기에 있습니다. 그런고로 하나님의 일은 나 자신에게가 아니고 하나님의 역사에 대한 application, 적용에 있는 것입니다. 말씀의 적용—오늘도 제가 설교하는 것은 하나님의 말씀을 여러분의 생애 속에 적용케 하고자 하는 것입니다. 적용시키는 것입니다. 여기에 분명히 말씀은 있습니다. 여기 양식이 있습니다. 영원한 양식이 있습니다. 그것을 여러분에게 분배해서 잘 받아먹고 힘을 얻도록, 생명을 얻도록 하는 그 역사 그것이 설교자의 사명입니다. 아니, 여러분이 하고 있는 모든 일도 하나님의 일, 그리스도의 역사, 그리스도께서 만백성을 구원하고자 하시는 그 큰 역사에 가담된 어느 분야에서 조그마한 일을 내가 마치 베드로와 요한이 예수님께서 만들어놓으신 떡을 가져다가 배달한 것처럼 하는 것입니다. 그것이 올바로 하는 일입니다. 의사로 말해도 그렇습니다. 제약회사에서 좋은 약을 만들었습니다. 이 약을 잘 선택해서 환자에게 적용시킬 때 효력이 있을 것 아닙니까. 그 간단한 일입니다. 그러나 중요한 일입니다. 내가 요 며칠전에 희한한 경험을 했습니다. 별거 아니지만 저에게는 심각했습니다. 몇달 전부터 한쪽눈이 껌쩍껌쩍하고 뭐가 안에 들어 있는 거같고 자꾸 눈물이 나는 게 눈뜨기가 힘들 정도였습니다. 이거 나쁘더라고요. 왜 그럴까? 결막염이 있나 생각하다가 어쨌든 의사에게 가야지 해서 바로 엊그제 잘 아는 병원에 갔습니다. 의사가 들여다보더니 떡 하는 말이 "눈 속에 지금 조그마한 돌이 세 개 있습니다. 이걸 여지껏 참고 있었습니까. 꽤나 힘들었을 텐데…" "아 그 뭐 죽지 않을 거니까 참고 있었지요." 그랬더니 "아 미련하시게도…" 합디다. 다짜고짜 즉석에서 칼로 긁어내고 어쩌고 합디다. 그러고나니 아니 글쎄, 그렇게 좋을 수가 없는 것입니다. 순간에 눈이 깨끗해지는 것을 봅니다. 말씀을 적용한다는 것, 약은 있는데 먹어야 약이 되는 것과 같습니다. 먹을 만큼 먹어야 약입니다. 안먹으면 소용없습니다. 어느 분이 강의에서 이런 얘기 합디다. "여러분 가정에 가서 보세요. 먹다 안먹고 내버린 약봉지가 얼마나 많은가. 사흘을 먹으라 했으면 사흘을 먹어야 하는데 하루 먹어보고 안먹어. 내버린 거 얼마나 많은가." 더구나 항생제같은 건 사흘 먹으라 하면 사흘을 먹어야만 효력이 있는 건데 그대로 먹어주질 않는다는 것입니다. 그래서 의사선생님은 할수없이 매일 오라고 그런대요. 죄다 약속을 안지킨대요.

　　말씀의 적용, 가라면 가고 오라면 오고 먹으라면 먹고 마시라면 마셔야 합니다. 말씀의 적용은 믿음에 있고 믿음은 순종으로 이어지는 것입니다. 그러고야 말씀의 효력이 나타나는 것입니다. 그래서 마르틴 루터는 말합니다. 'Let God be God(하나님으로 하나님되게 하라).' 신앙이란 하나님으로 하나님되게 하는 것이다—무슨 말입니까. 하나님께서 내게 보여주신 길로 하나님께 나아가는 것입니다. 내 방법 내 길이 아닙니다. 그가 보여준 길로 그가 보여준 방법으로 주님께 나아가야 한다는 것입니다. 요새 이런 말이 있지요? '사랑한다'의 반대말이 뭔가? 옛날에는 사랑한다는 말의 반대는 '미워한다'였습니다. 조금더 고상하게 말할 때는 '무관심'이라고 그랬습니다. 요새와서는 달라졌습니다. '사랑한다'의 반대는 '사랑했노라'래요. 언젠가는 사랑했다, 지금은 아니다—이것이 문제입니다. 믿음은 항상 현재적입니다. 하나님과 그의 일을 믿는 것이요 믿고 순종하는데 믿음이 있고 그리고 생명의 근원이 거기 있습니다. 나는 그 역사를 분배하는 일에, 배식하는 일에, 적용하는 일에 쓰이고 있다 하는 것입니다.

오늘도 어디서 일하든지, 부엌에서 일하든지 길에서 일하든지 직장에서 일하든지 어디서든지 우리는 하나님의 일을 할 수 있습니다. 보내신 자를 믿고 보내신 자의 그 큰 뜻을 수용하면서 그의 심부름 하는 자로 하나님의 큰 역사에 가담된 그런 생을 살 때 순간순간이 다 하나님의 일이 되는 것입니다. 그 일은 하나님께서 책임지시고 하나님께서 영광을 받으십니다. 그렇게 일하는 자에게 하나님의 축복이 함께하는 것입니다. △

주가 내게 주신 은혜

내 형제들아 너희가 스스로 선함이 가득하고 모든 지식이 차서 능히 서로 권하는 자임을 나도 확신하노라 그러나 내가 너희로 다시 생각나게 하려고 하나님께서 내게 주신 은혜를 인하여 더욱 담대히 대강 너희에게 썼노니 이 은혜는 곧 나로 이방인을 위하여 그리스도 예수의 일군이 되어 하나님의 복음의 제사장 직무를 하게 하사 이방인을 제물로 드리는 그것이 성령 안에서 거룩하게 되어 받으심직하게 하려 하심이라 그러므로 내가 그리스도 예수 안에서 하나님의 일에 대하여 자랑하는 것이 있거니와 그리스도께서 이방인들을 순종케 하기 위하여 나로 말미암아 말과 일이며 표적과 기사의 능력이며 성령의 능력으로 역사하신 것 외에는 내가 감히 말하지 아니 하노라 이 일로 인하여 내가 예루살렘으로부터 두루 행하여 일루리곤까지 그리스도의 이름을 부르는 곳에는 복음을 전하지 않기로 힘썼노니 이는 남의 터 위에 건축하지 아니하려 함이라 기록된바 주의 소식을 받지 못한 자들이 볼 것이요 듣지 못한 자들이 깨달으리라 함과 같으니라

(로마서 15 : 14 - 21)

주가 내게 주신 은혜

　몇년 전 중국 상하이를 방문했을 때 상하이대학교수 8명과 오찬을 같이한 때가 있었습니다. 그때 주고받은 경험담은 여러 모로 의미가 있고 또 잊을 수 없는 추억이 되고 있습니다. 재미있는 것은 7인의 교수가 어느 한 교수를 몹시 부러워하는 것이었습니다. 다행히도 이 분들이 영어를 잘해서 모처럼 통역을 세우지 않고 마음대로 대화할 수 있었는데 그 중 한 사람은 왠지 되게 좋아하고 다른 사람들은 무슨 일로인지 그 사람을 부러워하는 것입니다. 도대체 이유가 뭘까? 물어봤더니 이 한 사람은 한국여자하고 산다는 것입니다. 그게 그렇게도 자랑스러운 것입니다. 그러니 내가 가만있겠습니까. 캐물었지요. 그래 들어보니 이건 꽤나 신학적 문제더라고요. 참 중요한 문제였습니다. 어떻습니까? 한국사람의 입장에서는 당연히 아내가 시장도 보고 밥을 하는 거 아닙니까. 뭐니뭐니해도 그게 우리네 문화입니다. 당연히 그래야 된다고 생각하는데 중국사람들은 반대입니다. 부엌일도 남자소관이고 장보는 것도 남자소관입니다. 그 일에 관한 한 여자는 손끝 하나 까딱하지 않습니다. 가만히 앉아 있습니다. 남자가 저녁에 늦게 들어와도 음식준비 해놓는 법이 없습니다. 남자는 늦게 들어와도 음식을 손수 준비해서 아내 앞에 대령해야 됩니다. 이게 종래의 중국문화거든요. 그런데 중국남 한국녀가 만났으니 어떻겠습니까. 중국남은 남자입장에서 볼 때 당연히 자기가 해야 될 일인데 저녁에 늦게 돌아오면 그 아내가 음식을 준비해놓는단말입니다. 이건 있을 수가 없는데… 너무너무 행복한 것입니다. 그런가하면 아내입장에서는 당연히 자기가 해야 될 일을 남편이 해주지 않습니까. 장도 봐다주고 또 맛있는 중국음식을 만들어주지 않습니까. 그러니 이런 고마울 데가 어디 있습니까. 뭐 설겆이같은 거 손도 못대게 하는 것입니다. "그건 당연히 남자가 할 일이야." 그러고나오니 고맙지 않습니까. 그러니까 이건 전적으로 은혜라고요. 당연히 내가 할 일을 저가 해주니까요. 오직 은혜. 그런데 이게 만약 반대로 됐다하면 한국남 결딴난답니다. 중국남이 한국녀하고 살면 잘삽니다. 그러나 한국남이 중국녀하고 살았다간 이 남자 녹초되고 말지요. 오로지 율법이니까. 이건 율법과 은혜의 관계다—생각해보십시오. 당연히 내가 해야 될 일을 저가 해줍니다. 이 바로 은혜지요. 공짜지요. 그게 은혜요 그게 선물이란말입니다.

근자에 잘 알려진 책이 하나 있지요. 「누가 내 치즈를 옮겼을까」라는 베스트 셀러입니다. 여러 해 동안 많은 사람에게 읽혀진 작은 책입니다. 한번씩 읽어볼만합니다. 저는 이 책을 읽으면서 많이 웃고 많이 생각을 했습니다. 이 책을 쓴 스펜서 존슨 박사가 또다른 책을 하나 써냈습니다. 「선물」이라고 하는 책입니다. 「The Present」. 그 내용을 줄여 말하면 이런 것입니다. 한 소년이 성인이 되기까지 성장하는 과정에서 '세상에서 가장 소중한 선물이 무엇일까? 가장 소중한 선물은 무엇일까?' 하고 그걸 찾아 헤매는 것입니다. 그나름대로 많은 경험을 합니다. 병들어도 보고 실패도 하고 실연도 당하고… 이런저런 경험을 하면서 '참된 삶은 어떤 것이며 참된 선물은 무엇일까?' 합니다. 한 지혜로운 노인이 있었는데 그에게 가끔 가서 의논을 합니다. "이건 무슨 뜻일까요? 가장 귀한 삶은 어떤 삶일까요? 선물은 무엇일까요?" 그런데 이 노인이 일러주지를 않습니다. 당장 대답해주지 않고 "세월이 가면 알 거다. 네가 스스로 경험하면서 배워가야 되느니라" 하다가 이 소년이 상당한 성인이 된 다음에야 비로소 일러줍니다. "가장 귀한 선물은 현재다." 영어로 present 라는 말은 선물이란 말도 되고 현재란 말도 됩니다. 중요한 의미가 있습니다. 현재가 선물이요 선물이 현재입니다. 현재의 의미를 아는 사람이 최고의 선물을 받은 것입니다. 내 가진 바를 모르고 현재를 모르는 사람은 아무것도 없는 것입니다. '현재가 가장 큰 선물이다. 그리고 현재를 아는 것이, 그 의미를 아는 것이, 그걸 선물로 깨닫는 것이 인생을 성공적으로 살 수 있는 마스터 키가 되는 것이다.' 이렇게 깨닫습니다. 여러분, 과거에 매이지 마십시오. 현재가 중요합니다. 허망한 꿈을 꾸지 마십시오. 현재가 중요합니다. 하나님께서는 현재라고 하는 선물을 내게 주셨습니다. 젊었건 늙었건 내가 이 자리에 앉아 있다는 것 하나만으로 큰 선물을 받은 것입니다. 뭐, 이 예수소망교회 참 큰 선물입니다마는 특별히 나는 이 본당에 들어설 때 나는 오르간소리가 좋습니다. 세계의 여러 교회를 다녀봤지만 이 오르간소리를 들을 때마다 '아, 좋다. 좌우간 이거 끝내주는구나' 합니다. 정말 좋은 오르간을 우리가 가졌다, 그런 생각을 합니다. 좋은 선물입니다. 우리가 지금 받은 바 내가 처해 있는 처지 이걸 알아야 됩니다. 가정? 이 별거 아닙니다. 남편을 생각할 때 '하나님께서 내게 주신 최고의 선물이 내 남편이다' 하고, 아내를 생각할 때 '하나님께서 내게 주신 가장 큰 선물이 내 아내를 만난 거나' 라고 생각하는 사람은 성공한 사람입니다. 행복한 사람입니다. 그러나 어쩌면 반대로 '내가 이 사람을 만난 것은 역사적인 실수다. 이건 하나님도 실수한 거다.' 이따위 생각을 하고 그 많은 세월을 살아가고 있다면 기깅 불행한 사람이 될 수밖에 없습니다. 오늘 내가 만난 사람, 오늘 내가 이 자리에 있다는 것이 가장 큰 선물임을 알아야 합니다.

사도 바울은 본문에서 특별히 개인적인 고백을 합니다. "내게 주신 은혜" 곧 '내게 주신 선물'입니다. 하나님께서 내게 주신 선물이 있습니다. 은혜는 곧 거저 주시는 것이요 거저 주시는 바는 바로 선물이란말입니다. 로마서 12장 3절에도 "내게 주신 은혜"라는 말씀이 있으며 특별히 갈라디아서 2장 9절에서는 '내게 주신 선물을 앎으로, 내게 주신 은혜를 앎으로 저들이 나에게 교제의 악수를 청했다' 하는 유명한 말씀도 합니다. 내게 주신 은혜… 일단은 이 은혜라는 것이 보편적임을 설명합니다. 율법과 은혜의 관계에 있어서 우리는 율법이냐 은혜냐 할 때 모든것을 은혜로 생각하는 자가 믿음의 사람이요 율법으로 생각하는 사람은 항상 무서운 율법의 멍에에 매여 있는 것입니다. 부모님의 사랑을 받을 때 이건 내가 수고해서 받는 것입니까. 아내의 사랑을 받을 때 내가 이거 돈주고 사는 것입니까. 내가 이 건강을 누릴 때 그래 내가 위생을 잘 지켜서 건강한 것입니까. 대가로? 물론 그런 것도 좀 있지요. 하나 아닙니다. 적어도 은혜의 사람으로 생각할 때는 건강한 거 선물입니다. 재물도 선물입니다. 기회도 선물입니다. 자녀도 선물입니다. 모든것이 선물입니다. 어떻게 내 노력 내 수고로 될 수 있는 일입니까. 아무리 생각해도 모든것은 하나님께서 내게 거저 주시는 선물이다, 은혜다, 라고 생각됩니다. 모든것이 은혜다—이것이 믿는 사람의 고백입니다. 클로린 박사는 원래 의사였습니다. 그런데 기독교작가로 유명해진 사람입니다. 그가 산간벽지 광산촌에서 의사로 일하고 있을 때 어느 유명한 큰 병원에서 크게 활동하던 간호사 하나가 억울하게 오해를 받아 쫓겨나서 이 광산촌에 와 있었습니다. 어여쁜 간호사였습니다.

쫓겨온 것만도 억울하고 이 광산촌에 사는 것도 억울하고 또 억울한 게 있습니다. 그가 수고하는 바에 비해서는 너무도 보수가 적습니다. 수고한 데 비하면 10분의 1도 안되는 적은 봉급을 받으면서 일하는 것입니다. 그런 사람인데도 일할 때 그 얼굴은 너무도 밝습니다. 찬송하며 웃으며 모든 사람에게 친절하게 하고 퇴근시간이 지난 다음에도 집에 가지 않고 남은 일을 하는데 아주 즐겁게 일하는 것입니다. 클로린 박사가 보다못해서 한마디 했습니다. "당신은 일한 만큼의 대가도 받지 못하면서 이 산간벽촌에 와 있는데 어이 그렇듯 기쁨으로 일할 수 있는 거요?" 간호사는 웃으면서 말합니다. "월급이 적기 때문이죠. 정당한 월급 받고 하면 내가 상품이 되고 하나의 고용인이 되지만 나는 월급과 상관없이 일하는 그 기쁨 때문에 자유로워요. 나는 돈에 팔린 사람이 아니에요. 하고 싶은 일 하니까 행복합니다. 그리고 제 가치는 하나님께서 인정하시니까요. 제 삶의 가치는 하나님께서 인정해주시니까 더 바랄 것이 없습니다." 그렇습니다. 하나님께서 여러분의 삶의 가치를 인정하면 그 인정을 받는다는 확신이 있을 때 이보다 더 큰 선물은 없는 것입니다.

또한 사도 바울에게 있어서 은혜라는 것은 은혜를 은혜로 깨닫는 자에게 은혜가 있다는 것입니다. 세상에 은혜받지 않고 사는 사람이 어디 있겠습니까마는 은혜를 은혜로 모르고 있습니다. 어떤 사람은 아내의 소중함을 모르다가 죽을 때 가시아 "고맙나" 한마디 하고 죽더라고요. 이런 기막힌 노릇이 어디 있습니까. 제가 인천에서 목회할 때 아주 술을 많이 하는 경관이 하나 있었습니다. 그 부인은 참 좋은 여집사님이었습니다. 남편이 그저 매일밤 술먹고 들어와서 발길로 차는 게 일이었습니다. 말로가 아니라 발길로 차면서 또 한

마디 한대요. 술먹은 김에. "너 빨리 죽어라. 그래야 내가 내 애인하고 살 꺼다." 그따위소리 한대요. 세상에 이런 모욕적인 얘기가 어디 있습니까. 그 부인 이런 말 들어가면서도 잘 순종하고 살았습니다. 그런데 그 부인이 덜컥 부인병에 걸려서 중앙병원에서 수술을 받게 되었습니다. 수술받을 때 제가 심방을 갔었습니다. 마침 남편이 왔길래 딱 앉혀놓고 제가 한마디 했지요. 그 부인은 그래도 남편이 와줬다고 고마워하더라고요. 그래서 "이 못된 놈을 뭐라고 반가워하세요?" 그랬지요. 부인 "아니올시다" 합니다. 저는 그 남편 보고 한마디 쏘았습니다. "당신 그저 술만 먹고 들어오면 마누라 보고 죽으라 했다며? 그런데 왜 여기는 왔나? 지금 죽을 준비 하는데…" 그랬더니 그 궐자 그때 한 말을 제가 잊지 않습니다. "아니올시다. 제가 못돼서 말은 맘대로 했지마는 제게는 가장 소중한 여자입니다. 이 사람보다 더 귀한 사람은 없습니다." 이렇게 말하더라고요. 이 한마디를 듣고 또 부인은 고마워가지고 목을놓아 울더라고요. '참 여자란 게…' 그 한마디에 그만 감동이 되어가지고 우는 걸 내가 보고 참 세상 요지경이다 생각했었습니다. 여러분, 은혜는 은혜로 아는 자에게만 은혜입니다. 은혜를 은혜로 깨닫지 못해서 은혜를 원수로 갚은 사람도 많지 않습니까. 은혜를 은혜로 모르면 그리 되는 것입니다. 은혜가 은혜되는 데 조건이 있습니다. 단 두 가지입니다. 하나는 믿음이요 하나는 겸손입니다. 믿음을 가지고야 은혜가 되고 믿을 수 있을 때만 은혜가 은혜됩니다. 또하나, 겸손—나를 겸손하게 만드셔서 비로소 은혜를 은혜로 알게 만드시는 것입니다. 겸손한 자에게만 은혜가 은혜로 있습니다. 부부간에도 겸손해서 '나보다 남편이 낫다' 할 때 은혜가 은혜되고 '아내가 나보다 낫다' 할 때 그렇습니다. 심지어 자식을 놓고도 자식이 나보다 낫다, 나같은 어리석은 사람에게 저런 귀한 자식이 있다니ㅡ이게 얼마나 행복한 것입니까. 겸손할 때만 은혜가 있습니다. 저는 며칠전 어느 대학총장님 칠순잔치에 갔다가 아주 희한한 소리를 한마디 들었습니다. 그 부자간이 다 좀 유머가 많은 사람들인데 아버지가 나와서 "오늘 이렇게 제 잔치에 오셔서 감사합니다" 인사를 하고 아들 보고 나와서 인사하라고 권합니다. 그 맏아들 떡 나와서 하는 말이 "저는 아버지를 존경합니다. 아버지를 부러워합니다. 그 이유는 나같은 아들을 두었기 때문입니다" 하는 것입니다. 참 그 아버지에 그 아들이더라고요. "지금 내가 아들이 있지마는 아들이 나만큼 될 것같지 않아 걱정입니다. 나같은 아들이 있다는 게 이게 보통 행복입니까?" 그러더라고요. '말되긴 되는데 자못 건방지구만…' 다들 많이 웃었습니다마는 참 그 주고받는 대화 속에도 늘 큰 기쁨이 있더라고요. 여러분, 기본자세가 겸손해야 합니다. 겸손하면 모든것이 은혜요 믿으면 모든것이 은혜로 그 의미가 바뀝니다.

　특별히 사도 바울에게 있어서는 은혜라는 것이 생산적입니다. 은혜는 깨닫는 것만이 아니요 느끼는 것만이 아니요 은혜되면 벌써 달라지는 게 있습니다. 얼굴빛부터 달라집니다. 우리교회 예배마치고 나갈 때 얼굴들 보면 내가 압니다. 은혜받은 사람, 얼굴 환하고요. 아직도 무수 문제가 해결이 안되어가지고 잔뜩 찌푸리고 나가는 사람도 있습니다. 아직 은혜 못받은 사람입니다. 은혜는 생산적입니다. 내 얼굴을 바꾸고 내 마음을 바꾸고 내 감성을 바꾸고 내 운명을 바꿔놓습니다. 뿐만아니라 다른 사람을 또 변화시킵니다. 사도 바울은 생각힙니다. '나는 실리기아 다소에서 태어났다. 이방에서 태어난 것 자체가 은혜다. 어머니의 태로부터 택정함을 입었다. 세상에 났다는 것 자체가 은혜다.' 이렇게 그는 생각합니다. 그런가하면 '다메섹에서 주님을 만난 것이 은혜다. 나는 예수믿는 사람을 핍박하기 위해서 다메섹으로 가는데 주께서 길을 딱 막으시고 어찌하여 너는 나를 핍박하느냐 하시며 나를 강제로 부르셔서 하나님의 사람 되게 하셨다. 예수를 핍박하다가 벼락맞아 죽어마땅한 사람인데 어찌 나를 이렇게 그리스도의 종 만드시고 복음을 전하며 살게 하셨을까? 감사한 일이다. 다메섹에서 나를 부르신 주님…' 감사하고 있습니다. 그래서 이방인의 사도가 되었어요. 그, 은혜입니다. 그러나 바울의 은혜관에 있어서는 가장 핵심적이고 제가 생각할 때 중요한 은혜가 또 있답니다. 그것은 '육체의 가시, 사단의 사자'입니다. 그것이 무엇인지는 잘 모르지만 제가 아는대로는 그건 간질병이었습니다. 그런 병이 있었습니다. 종종 쓰러졌습니다. 그래서 누가라고 하는 의사를 동반시키셨습니다. 한평생 누가가 같이 다닙니다. 그때문에 누가가 사도행전을 쓰게 되는 것입니다. 얼마나 중요한 의미가 있습니까. 왜 이 병을 고쳐주지 않으셨을까? 왜 고쳐주시지 않으면서 "네게 있는 내 은혜가 족하다(My grace is sufficient for you)"고만 하셨을까? 너 그대로, 병든 그대로, 네 형편 그대로가 내가 네게 준 은혜다. 그것은 만족스러운 것이다—이렇게 말씀하십니다. 이 응답을 그는 감사하게 받고 이제 불평하지 않습니다. 그리고 그 은혜의 의미를 깨달았습니다. 왜 내게 병이 있느냐? 그래야 겸손하니까. 왜 내게 육체의 가시가 있느냐? 그래야 오직 주님만 의지하니까. 놀라운, 신비로운 응답을 얻습니다. "내게 주신 은혜…" 여러분, 여러분에게 지금 어떤 경험이 있습니까? 쓰라리고 아픈 경험이 있습니까? 그런 과거가 있습니까? 현재가 있습니까? 묻지 마십시오. 믿음으로 수용하십시오. 겸손한 마음으로 받아들일 것입니다. 그것이 하나님께서 여러분에게 주시는 가장 큰 은혜입니다. great grace. 가장 큰 은혜, 위대한 은혜라는 것을 그냥 수용하십시오. 그럴 때 놀라운 역사가 나타납니다.

은혜의 능력을 사도 바울은 믿고 있습니다. 그뿐만 아니라 은혜는 생산적입니다. 은혜는 sharing해야 되는 것입니다. 나 혼자 가지고 있어서는 안됩니다. 더불어 나누어야 합니다. 오늘 분명히 말씀합니다. '내게 주신 은혜로 인하여 너희에게 권면하노라.' 은혜를 같이 나누자는 것입니다. 은혜는 점점 파급되어나가야 되는 것입니다. 당연히 그렇습니다. 피에르 쌍소라고 하는 분이 쓴 재미있는 책이 있습니다. 「느리게 산다는 것의 의미」라고 하는 책입니다. 그 책에 말합니다. '행복하게 사는 비결은 먼저 작은 것에 만족하는 것이다. 작은 것의 의미를 깨달으며 만족하라. 또한 소박한 삶에서 기쁨을 누리라.' 뭐 굉장해야 되는 거 아닙니다. 소박한 삶을 기쁨으로 받아들이는 것입니다. 제가 이 책을 읽으면서 가장 크게 느낀 것은 이것입니다. '기쁨을 만드는 능력을 가져야 한다.' 기쁨을 만드는 능력 ─ 슬퍼하는 자를 기쁘게 만드는 것, 기쁨을 생산하는 그 능력이 있어야 참된 행복을 찾을 수 있다 하는 말입니다.

'강철왕' 카네기를 여러분이 아시지요? 그기 어린아이일 때 어머니의 손에 이끌려 시장에 갔더랍니다. 여기저기 물건을 사게 되는데 이 아이가 앵두를 수북이 쌓아놓은 가게 앞에 딱 서서 움직이질 않습니다. 엄마가 불러도 꿈쩍도 않습니다. 앵두가 먹고 싶어서. 그 가게 할아비지가 이 아이의 속내를 알고 "애야, 이거 먹고 싶으냐?"

묻습니다. "먹고 싶어요." "그러면 네가 한웅큼 집어 가지렴." 몇번을 그리 허락하는데도 어린 카네기는 한웅큼 집을 생각을 하지 않습니다. 보다못해 할아버지가 손수 한웅큼 집어주었습니다. 그제야 카네기는 희색이 만면해졌습니다. 돌아오는 길에 어머니가 물었습니다. "애야, 왜 너는 한웅큼 집으라고 했을 때 집지 않고 할아버지가 집어줄 때까지 기다렸니?" "엄마 그거 모르겠어요? 할아버지손이 크거든요. 내 손이라는 거 몇 개 안집히잖아요. 할아버지손으로 주어야 많지…" 역시 부자될만하지요? 여러분, 내 스스로 무엇을 한들 대수롭겠습니까. 하나님께서 해주실 때, 하나님께서 은혜주실 때 거기에 은혜가 있는 것입니다. 아직 불만과 원망과 실망이 있습니까? 그 원인은 은혜를 모르는 데 있습니다. 잊지 마십시오. 고린도전서 15장에서 사도 바울은 말씀합니다. '내게 주신 그의 은혜가 헛되지 아니하여 오늘 내가 되었노라.' 은혜가 헛되지 아니하여… 우리는 은혜가 헛되지 않고 또다른 은혜의 열매를 맺는 생산적 은혜의 사람이 되어야 할 것입니다. △

더욱 네 마음을 지키라

내 아들아 내 말에 주의하며 나의 이르는 것에 네 귀를 기울이라 그것을 네 눈에서 떠나게 말며 네 마음 속에 지키라 그것은 얻는 자에게 생명이 되며 그 온 육체의 건강이 됨이니라 무릇 지킬 만한 것보다 더욱 네 마음을 지키라 생명의 근원이 이에서 남이니라 궤휼을 네 입에서 버리며 사곡을 네 입술에서 멀리하라 네 눈은 바로 보며 네 눈꺼풀은 네 앞을 곧게 살펴 네 발의 행할 첩경을 평탄케 하며 네 모든 길을 든든히 하라 우편으로나 좌편으로나 치우치지 말고 네 발을 악에서 떠나게 하라

(잠언 4 : 20 - 27)

더욱 네 마음을 지키라

 근자에 어느 신문 칼럼에서 우리의 마음에 큰 충격을 주는 조용한 글을 읽을 수 있었습니다. 주한 미상공회의소의 명예회장인 제프리 존슨이란 분이 청와대 학술모임에 초청받아서 한국을 잘 아는 외국사람으로서 한국사람들에게 충고하는 그런 내용입니다. "한국인이 배고픈 것은 참아도 배아픈 것은 못참는다는 인식을 바꿔야 합니다." 대단히 중요한 한마디입니다. 배고프다는 것은 물리적인 현상입니다. 그러나 배아프다는 것, '사촌이 땅을 사면 배가 아프다' 하는 것은 정신적인 현상입니다. 이것은 생리적인 것이 아닙니다. 외국사람들이 이걸 이미 알고 있더라는 얘기입니다. 참 부끄러운 일입니다. 배고픈 건 참아도 배아픈 건 못참는 심성, 이게 바로 우리네의 오랫동안 고질로 내려온 병입니다. 숫제 불치병입니다. 반드시 고쳐야 할 병인데요. 우리의 모든 불행이 여기서 비롯된다는 것을 외국사람들은 벌써 보고 있습니다. 그는 이어서 말합니다. "반부유층 정서…" 잘사는 사람에 대해서 일단 나쁜 감정으로 대하려고 하는 그런 정서가 우리한국사람들 마음속에 팽배해 있다는 것입니다. 하향평등주의가 우리경제의 발목을 잡고 있다고 그는 지적하고 있습니다. 내 실패는 참아줄 수 있지마는 다른 사람의 성공은 못참고보겠다는 것입니다. 내 고통은 내가 견디지만 남 잘되는 것은 못본다는 우리네 심성, 이 병은 우리가 병인 줄 모르는 병이기 때문에 고질병이 되는 것입니다. 요새 한창 웰빙(well-being)이란 말을 많이 씁니다. 그저 텔레비전 프로그램이 온통 웰빙바람입니다. 음식도 웰빙, 갖은 상품도 웰빙… 웰빙이란 말이 들어가야 뭐가 되나 싶을 정도입니다. 그럼 웰빙이 환경에서 오는 것이냐 하는 것입니다. 좋은 집에 살고 좋은 환경에 있고 좋은 음식을 먹어서 웰빙이 됩니까. 문제는 당신의 마음입니다.

오늘본문에 우리에게 충격을 주는 말씀이 있습니다. "온 육체의 건강이 됨이니라." 하나님의 말씀을 듣는 것이 육체의 건강이 되고 하나님의 말씀을 믿는 것이 건강의 근본입니다. 하나님의 말씀을 순종하는 것이 웰빙의 근본인 것입니다. 그래서 이렇게 말씀합니다. "더욱 네 마음을 지키라." 마음이 잘못되지 않도록, 잘못 기울어지지 않도록 네 마음을 지켜라―건강을 지킬 것이 아니라 마음을 지킬 것이고, 마음을 지키지 않으면 어떤 이유로든 건강을 지킬 수 없다는 말씀입니다. 테레사 J. 스튜어트라고 하는 분이 재미있는 글을 썼습니다.「길은 걸으면서 만들어진다」하는 것입니다. 우리는 길이 환하게 열린 다음에 가겠다고 하지만 아닙니다. 걸어가야 길이 생기는 것입니다.「길은 걸으면서 만들어진다」―제목 자체가 우리에게 아주 중대한 것을 말해주고 있습니다. 그는 현대인들이 제어하지 못하는 큰 사건을 지적하고 있습니다. 세 가지 병이라고 말하고 있습니다. 현대지성인들에게 있는 병, 이걸 극복하지 못하면 절대로 건강을 지킬 수 없다고 합니다. 첫째가 강한 분노입니다. 부정적 분노, 바로 이것이 문제입니다. 자꾸만 화를 냅니다. 그거 내가 낼 화가 아닙니다. 내가 간섭할 문제도 아닌데 화를 냅니다. 신문을 보면서 화를 냅니다. 축구구경 하다가도 화를 냅니다. '저놈이 잘못 찬다'고. 당신이 안방에 앉아가지고 화낼 게 뭐 있습니까. 화가 치밀어오르는데 도대체 이, 이유없는 것입니다. 흔히 의분이란 말로 변명을 합니다마는 그건 거짓말입니다. 자신의 불행의 원인을 남에게 돌리고 있는 데서 비롯되고 있는 것입니다. 골프를 치는 한 사람이 이런 얘기를 합디다. 열심히 치는 사람인데 요새 그만뒀다고 합니다. 왜 그만뒀느냐 했더니 그 골프가 신사운동인 줄 알았는데 영 형편없이 저속한 운동입니다, 해요. 골프를 치면서 내가 잘 치겠다 해서, 나 잘 치기 위해서 자꾸 부정을 저지른다는 것입니다. 요래조래 부정을 범하는 거 옆에서 보자니 영 마음이… 분명 요기 떨어졌는데 고기 갖다놓고 치고… 이렇게 당찮은 짓 하는 걸 옆에서 보다보니 화가 나서 말입니다. 저런, 저런 멀쩡하게 생긴 사람이, 인격이 저 모양인가! 화를 내다내다보니 결국 내가 화병 얻겠다 싶어서 안되겠더라는 것입니다. 더티한 것도 가지가지랍니다. 자기가 쳐놓고 보니 시원치 않거든요. 이제 다른 사람 치는 거 보면서 그 사람 못치기만 바라는 것입니다. 저 사람 못쳐야 내가 잘치는 사람 되니까, 무조건 말이야, 나 못치면 너도 못쳐라… 이렇게 남의 실수만 기다리고 있으니 이 무슨 마음보입니까. 도대체가 비신사적입니다. 이거 안되겠다 싶더랍니다. 남의 실수만 좋아하는 그런 이상한 인간이 되고 말겠다 싶더랍니다. 그런가하면 필요없이 구경꾼을 의식하는 것입니다. 옆에 있는 캐디를 의식합니다. 거 예쁜 아가씨가 서서 '아이고, 골프 그따위로 치면서 돈 없애고 뭐하러 와서 폼잡나' 꼭 그러는 것만 같거든요. 옆에서 빙글빙글 웃는데 꼭 비웃는 것만 같거든요. "아, 사장님 잘하셨습니다. 굿 샷, 나이스 샷" 하는 것도 그게 진짜가 아닌 것입니다. 이래저래 신경을 쓰다보니 한번 갔다오면 녹초가 된다고 합니다. 정신이 나빠져서입니다. 정신이 맑아져야겠는데 갔다오면 정신이 완전히 땅에 떨어진다고 합니다. 이래도 되는가, 돈 없애고 이 짓 해야겠는가, 그거 결코 신사운동이 아니다—그러더라고요. 그래 내가 한마디 했지요. "운동공학에 보면 경쟁심이 강한 사람은 운동을 해도 손해라고 되어 있습니다. 수양부터 하고 운동을 해야죠. 인격이 못돼먹으면 오래 살겠다고 운동해봤자 헛일입니다." 사실입니다. 경쟁심이 강한 사람은 운동하면서 얼굴이 벌개가지고 난리를 칩니다. 잘못하면 그거 하다 죽습니다. 일본에서는 골프치다가 죽는 사람이 1년에 130명 이상이라 합니다. 우리나라에서도 그걸로 아마 꽤 많이 죽을 것입니다. 그거 다 이런 사람들입니다. 강한 분노, 경쟁심에서 오는 분노, 이기겠다고 남을 누르겠다고 하는 이 마음이 있어 가지고는 영영 자기인격, 자기마음 자기건강 못지킨다는 것입니다.

두 번째 병은 강한 욕망이라고 합니다. 욕망에 질투가 플러스로 따라가는 것입니다. 그러면 걷잡을 수가 없습니다. 여기서 자기상실에 빠지고맙니다. 자기자신을 자기스스로 컨트롤할 수 없는 지경에까지 나갑니다. 그래서 너무 많은 것을 얻으려고 덤빕니다. 모든 일은 순서가 있고 과정이 있습니다. 그 나이에 맞는 것 그 처지에 맞는 일이 있는 게 아닙니까. 그런데 우리는 그 방법, process를 잊어버립니다. 무엇이 중요한지 무엇부터 해야 하는지 어떤 과정을 거쳐야 하는지 종잡지 못하는 것입니다. 그래서 일확천금을 꿈꿉니다. 요행만 바랍니다. 그게 내게 주어진 행복이 아닌데요. 요새 로또복권들 많이 한답디다마는 신문에 난 거 보셨지요? 그 당첨되면 망하는 것입니다. 당첨되고 그 돈으로 제대로 사는 사람이 하나도 없습니다. 복권 당첨되면 뭘 할 거냐, 앙케트 한번 내봤더니 응답의 첫째가 이혼이었습니다. 내가 돈이 있으면 저 남자하고 안산다, 이것입니다. 그러면서 오늘은 살아서 뭘 합니까. 그러니 무슨 행복이 있겠습니까. 참 어이가 없어서… 이게 바로 우리네의 망조입니다. 고질병입니다. 망국병입니다. 일확천금. 밥먹을 때는 밥만 먹읍시다. 밥먹으면서 음악 틀어놓고 텔레비전 보고 전화받고 그러고 한바탕 싸우고, 별짓 다하고 앉았습니다. 최소한 밥먹는 시간만이라도 좀 제대로 가져야지요. 고 시간 하나를 따로 떼어내지 못하고 이 난동을 부리고 있는 것입니다. 이게 우리네삶의 상징적 모습입니다. 욕심이 너무 많습니다. 너무 많은 것을 일시에 얻으려고듭니다. 그래서는 안됩니다. 한 가지만 얻으면 됩니다. 한 가지씩 얻어나가야 합니다.

또한 이에 따르는 세 번째 병이 뭐냐하면 자기기만입니다. 현대인에게 결정적인 약점이 자기페이스를 잃어버렸다는 것입니다. 모르고도 아는 척 아무것도 없으면서 있는 척… 전부가 가짜란말입니다. 언젠가 한번 강도들이 미국 LA의 베벌리 힐, 돈많은 사람들이 사는 그곳에 쳐들어갔습니다. 파티를 할 때, 영화배우니뭐니 하는 사람들이 많이 온 자리인데 거기 강도들이 쳐들어가서 모든 여자들이 가지고 있는 반지 목걸이 이런 거를 전부 거뒀습니다. 그리고 가지고가서 감정을 해봤더니 90퍼센트가 가짜더랍니다. 그래 강도들이 항의를 했습니다, 허탕쳤다고. 자기기만, 자기스스로 자기마음을 속이는 것입니다. 자신도 그걸 압니다. 지금은 이렇게 하는 거 안될 일이다 —양심도 있고 이성도 있습니다. 그러나 어느 사이에 자신을 속이기 시작해서 속이는 데 익숙해집니다. 자기기만에 익숙해지는 것입니다. 이것이 병입니다.

오늘성경은 말씀합니다. '궤휼과 사곡(邪曲)을 버리라.' 궤휼이란 우리 잘 안쓰는 말입니다마는 국어사전에 보면 이렇게 설명되어 있습니다. '간사를 부리고 교묘하게 속이는 것'이라고. 속여도 교묘하게 속입니다. 그럴싸하게 정당화하는 것입니다. 요사스러운, 바르지 못한 행위를 말하는 것입니다. 동화작가 정채봉씨의 유명한 동화책「처음마음으로 돌아가라」에 나오는 얘기입니다. 어느날 세탁소에 새 옷걸이가 들어왔습니다. 새 옷걸이가 들어와 보니 낡은 옷걸이가 많습니다. 상한 것 녹슨 것 부러진 것 휘어진 것, 이런 옷걸이들이 많은데 새 옷걸이가 하나 거기 척 걸렸습니다. 아주 나이많은 낡은 옷걸이가 새로 들어온 옷걸이에게 충고를 합니다. "이 젊은이, 젊은 옷걸이야. 내 충고 하나 할 테니 잘 들어라." 그 새 옷걸이가 낡은 선배옷걸이의 말을 듣습니다. 낡은 옷걸이가 하는 말은 이렇습니다. "옷걸이는 옷걸이일 뿐이다. 그걸 잊지 마라. 아무리 좋은 옷이 걸쳐져도 좋은 옷이 걸쳐졌다고해서 옷걸이의 존재가 커지는 것이 아니다. 잠깐 걸쳤다가 곧 걷어가는 거다. 옷걸이란 옷걸이일 뿐이다." 여러분, 명예니 지위니 돈이니 하는 게 다 옷걸이입니다. 잠깐 걸쳤다가 훌쩍 지나가는 것입니다. 이걸 모르면 안됩니다. 옷걸이는 옷걸이일 뿐이지요. 요새 젊은사람들, 뭐 '얼짱' 하더니 또 '몸짱' 해가지고 고생 많이 하더구만요. '얼짱'이라 해서 얼굴예쁘게 하느라고 마구 수술하고 별짓 다하더니 요새는 그것가지고 안된다, 몸짱이라야 된다 해서 뭐 날씬한 몸매를 가지겠다고 죽을고생 합디다. 그러나 이제 한 가지 충고할까요? 아무리 얼짱 몸짱 해도 '늙짱'이 있다는 걸 잊지 말아야 됩니다. 그게 오래 가나요? 늙짱이 앞에 있는 것입니다. 그래 제가 늘 말하지만 한 쉰 살 지나고나면 몰골이 다 비슷비슷해집니다. 뭐, 막 골라잡아도 됩니다. 비슷합니다. 다를 게 하나도 없습니다. 이대로 가는 것입니다. 옷걸이는 옷걸이일 뿐입니다. 그런데 뭘 그렇게 열을 냅니까. 대충 삽시다. 편안하게 살아야 합니다. 그래서 오늘성경은 말씀합니다. "네 마음을 지키라." 잠언 14장

30절말씀은 썩 귀중한 요절입니다. "마음의 화평은 육신의 생명이나 시기는 뼈의 썩음이니라." 뼈의 썩음, 원문에는 척추라고 되어 있습니다. 척추가 썩습니다. 그러니까 피도 생산하지 못하고 호르몬도 원만하지 못하고 온몸이 썩어나가는 것입니다. '시기는 뼈를 썩게 한다.' 이걸 잊지 말아야 합니다.

마음을 지키라 합니다. 네 마음을 방임하지 말라, 언덕위에 놓인 수레와 같은 것이다, 위에서 잡아당기지 아니하면 그대로 떨어지게 되어 있다, 마음을 지키라, 마음에 파수꾼을 세우라─스스로 자기 자신을 컨트롤해야 된다는 말씀입니다.

오늘성경은 구체적으로 세 가지를 말씀하고 있습니다. '눈을 지키라, 입술을 지키라, 발을 지키라.' 보는 걸 잘 봐야 됩니다. 아무거나 보는 거 아닙니다. 봐서 안될 것은 안보는 게 좋습니다. 보면 마음에 자꾸 그게 앙금으로 남거든요. 보아서는 안될 것이라고 생각되거든 바로 눈길을 돌릴 것입니다. 또, 해서는 아니될 말을 하지 마십시오. 그런 말은 말하면서 내 마음이 나빠집니다. 말하고 끝나는 게 아닙니다. 남에게 욕을 하면 내 마음은 썩습니다. 이 사실을 잊지 말아야 됩니다. 그래서 말을 삼가야 합니다. 또, 발을, 행동을 조심해야 됩니다. 이렇게 해서 마음을 지키라는 것입니다. 어떻게? 정직하게. 스스로 정직을 지켜야 됩니다. 모든것을 잃어도 정직함은 지켜야 합니다. 저는 인도의 간디에 대해서는 그리 아는 바가 많지 못합니다. 그래도 오래전에 읽은 책 속의 말 한마디를 늘 기억합니다. "내 평생 위해서 애쓰는 이 나라가 내가 거짓말 한마디 해서 독립이 된다 하더라도 나는 거짓말을 할 수 없노라. 거짓말해서 세워지는 나라는 망하니까." 여러분, 모든것 위에 진실이 먼저라는 걸 잊지 마십시오. 정직해야 합니다. 정직이 체질이 되어야 합니다. 성품이 돼야 합니다. 또한 말씀으로 나를 다스리게 해야 합니다. 내가 나를 다스리려는 마음을 버려야 합니다. 내가 나를 다스릴 수가 없습니다. 말씀과 성령이 나를 다스릴 때만이 내가 나를 지킬 수 있다는 것을 인정해야 합니다. 빌립보서 2장 5절에 말씀합니다. "너희 안에 이 마음을 품으라 곧 그리스도 예수의 마음이니…" 그리스도의 마음이 우리 안에 있을 때 참평화를 이루고 참사랑으로 충만하게 되고 well-being의 역사는 거기서 이루어지게 되는 것입니다. 건강한 몸은 건강한 마음에서 옵니다. 건강한 마음은 바로 마음을 지켜가는 데 있습니다. "네 마음을 지키라." 그리고 오늘말씀의 결론은 이렇습니다. '좌로나 우로나 치우치지 말라. 곧바로 주의 말씀을 따라 살라. 그렇게 순종하라. 그러면 오늘말씀대로 네가 건강하게 되리라. 네 육체도 건강하게 되리라. 무릇 지킬 것이 있지만 더욱더 네 마음을 지키라.'

오늘도 그리스도의 사랑으로 하나님의 말씀으로 성령의 역사로 충만하도록 우리가 교회나오지 않습니까. 어떤 분들은 이런 말을 합니다. "한 주일만 교회 안나오면 벌써 그 다음 일주일 동안에 내가 시험에 빠집니다." 계속적으로 충전을 해야 됩니다. 계속적으로 말씀의 충전이 있어야 됩니다. 그래야 그리스도인된 인격이 제구실을 할 수가 있습니다. 무릇 네 마음을 지키라 말씀합니다. △

하나님의 소원을 아는 사람

그러므로 나의 사랑하는 자들아 너희가 나 있을 때뿐 아니라 더욱 지금 나 없을 때에도 항상 복종하여 두렵고 떨림으로 너희 구원을 이루라 너희 안에서 행하시는 이는 하나님이시니 자기의 기쁘신 뜻을 위하여 너희로 소원을 두고 행하게 하시나니 모든 일을 원망과 시비가 없이 하라 이는 너희가 흠이 없고 순전하여 어그러지고 거스리는 세대 가운데서 하나님의 흠 없는 자녀로 세상에서 그들 가운데 빛들로 나타내며 생명의 말씀을 밝혀 나의 달음질도 헛되지 아니하고 수고도 헛되지 아니함으로 그리스도의 날에 나로 자랑할 것이 있게 하려 함이라

(빌립보서 2 : 12 - 16)

하나님의 소원을 아는 사람

　2004년 8월호 「리더스 다이제스트」의 표지에는 '운좋은 사람이 되려면 행운을 부르는 습관을 기르라'라는 부제가 붙었습니다. 행운을 원하고 운좋은 사람이 되려고 늘 기대를 걸고 있으면서도 정작 행운이 가까이 왔을 때는 그걸 잡지도 못하고 또 운좋은 사람이 되지 못하는 것을 봅니다. 언젠가 한번 '로또복권에 100억짜리가 당첨되면 당신은 무엇을 하고 싶은가'고 물어봤습니다. 했더니 네 가지 중요한 대답이 나왔는데 그 첫째가 이혼이었습니다. 돈생기면 이혼하겠다는 것입니다. 거꾸로 말하면 지금 사는 것은 돈이 없어서 할 수없이 산다는 얘기입니다. 그 집 남자, 이런 여자하고 살고 있는 것입니다. 기막힌 노릇입니다. 돈이 뭡니까? 자, 돈을 복이라고 합시다. 행운이라고 합시다. 그 행운에 대한 자세가 결국은 행운이 아니라 오히려 불행을 부르고 있더라는 것입니다. 그래서 운좋은 사람이 되기 위한 세 가지 조건을 그 기사를 쓴 분이 제시하고 있습니다. 첫째가 오픈 마인드입니다. 발상을 바꾸고 자기집착에서 벗어나야 된다는 것입니다. 가치관 세계관 인생관을 바꾸어서 내가 지금껏 살아온 것이나 내가 생각하는 그것 외에 다른 넓은 세계의 보다 높은 것을 수용할 수 있는 열린 마음이 있어야 복이 될 수 있다는 것입니다. 두 번째는 상승의 맛을 즐기라는 것입니다. 끝도 없는 욕망에 사로잡히지 말고 형편이 조금만 나아지면 그걸 행복으로 알라는 것입니다. 사글세에서 전세방으로 가면 행복한 거다, 전세방에서 그저 조그만 집이라도 하나 마련하면 아, 더 바랄 것이 없다―이런 마음을 갖지 못한다면 그는 불행할 것이다, 합니다. 그분은 아주 좋은 예를 들었습니다. 운동경기에 나가는 사람들 중에 동메달을 타는 사람들이 제일 행복하다 합니다. 동메달 받는 사람이 행복지수 최고라는 것입니다. 아, 이게 어디냐, 참으로 행복하다, 이렇게 생각한다고 합니다. 그리고 은메달이 제일 불행하다 합니다. 조금만 잘했으면… 왜 하필 은메달이냐 싶은 것입니다. 금메달 좋을 거같지요? 금메달은 더 불행하다고 합니다. 기록을 더 세울 걸… 그게 만족치 않아가지고 사방에서 말이 많습니다. 이 힘들어요. 또한 세 번째는 행운을 맞이하는 법을 배우라는 것입니다. 행운을 맞이하는 법입니다. 언제나 행운은 있다, 언제나 기회는 있다, 어떤 자세로 이걸 받아들이느냐 어떻게 소화하느냐에 따라서 행운의 길이 열리기도 하고 행운이 행운될 수 있는 것이다 라고 아주 친절하게 충고하는 글입니다.

　오늘성경말씀에 "너희 구원을 이루라" 합니다. 구원지향적 가치관을 말씀하고 있습니다. 결국 우리가 구원을 지향해나가는데 어떤 모습으로 살아야 할까? 오늘본문에서 아주 뚜렷하게 가르쳐주는 게 뭐냐하면 하나님의 소원을 알아야 한다는 것입니다. 하나님의 뜻을 먼저 헤아려야 한다는 것입니다. 자, 하나님의 소원과 내 뜻, 이게 정반대에 있다면 내가 아무리 몸부림을 친들 무슨 소용이 있겠습니까. 다만 하나님의 뜻을 알고 그 하나님의 뜻 안에서 내 소원을 이루어야 하는 것이거든요. 하나님께서 주시는 축복의 한계, 축복의 방향을 모르고 내멋대로 복을 달라고, 복된 사람이 되겠다고 한평생 몸부림을 쳐도 그저 소용없는 것입니다. 오늘성경은 하나님의 소원이 있다고 말씀합니다. 그걸 알아야 됩니다. 내 안에 행하시는 하나님의 소원이 있습니다. 여러분, 자식을 낳아보았습니까? 부모는 자식을 낳을 때 낳아서 뉘어놓자마자 벌써 '너는 이런 사람이 되어다오.' 소원이 있습니다. 부모의 소원이 여기 있는 것입니다. 그리고 부모는 그 방향으로 이 자식을 키우려고 합니다. 끝까지 그 길로 자식을 키우려고듭니다. 이 거룩한 소원을 저버릴 때 그게 불효자라는 것입니다. 불효의 길을 가면서 성공을 바라는 것처럼 미련한 인간은 없습니다. 부모님을 마음아프게 하고 부모님에게 눈물흘리게 하면서 거역하면서 '내가 소원을 이루어서 부모님을 잘 모시겠다' 하는 것, 쓸데없는 생각입니다. 불효자에게 성공은 없습니다. 이것을 결코 잊지 말아야 합니다. "너희 안에서 행하시는 이는 하나님이시니 자기의 기쁘신 뜻을 위하여…" 하나님의 소원이 있습니다. 우리 한 사람에게 소원이 있습니다. 소원이 먼저 있다는 것을 먼저 알아야 됩니다. 내가 나에게 절망할 때가 많습니다. 내가 뭐 별거 아니구나, 나라는 초라한 존재, 이거 아무것도 아니구나, 이렇게 생각될 때가 많습니다. 그래도 나는 나를 버려도 하나님께서는 나를 버리시지 않습니다. 그래서 성경은 말씀합니다. '나는 네 이름을 내 손바닥에 썼다. 영원히 버리지 아니할 것이다.' 혹 내가 나에게 실망해도 하나님께는 실망이 없다는 것을 분명히 알아야 합니다. 소원을 두고 행하신다 합니다. 그 원문의 뜻이 아주 강한 표현입니다. 소원을 두고 소원대로 행하신다, 역사한다, 그 말씀입니다. 소원을 이루시는 방향으로 하나님께서 역사하신다, 행하신다 하는 것입니다. 어떻게 되겠습니까. 여기서 내 뜻과 하나님의 뜻이 일치히게되면 하나하나에서 성공을 경험할 것이고 내가 하나님의 뜻과 반대로 거역하며 산다면 한평생 내 뜻이 묵살되는 것을 경험할 것입니다. 이렇게 해서 실패하고 저렇게 해서 넘어지고 그렇게 해서 망신하고… 그 전부가 하나님의 뜻을 떠났기 때문입니다. 아인슈타인 박사가 말년에 쓴 논문

중에는 신학적 이론이 있습니다. '우주에는 힘이 있다. 우주에는 보이지 않는 에너지가 있다. 그 보이지 않는 에너지 속에 도덕성이 있다. 그 힘과 직선상에서 일치하게 살면 그에게 건강도 성공도 행복도 있다. 이로부터 벗어날 때 그는 한평생 실패를 경험할 수밖에 없다.' 참 유명한 얘기입니다. 그래서 어떤 분들은 아인슈타인 박사가 조금 더 살아 있었더라면 신학자가 될 뻔했다고 말합니다. 그런 유명한 얘기를 프린스턴 아인슈타인 인스티튜트에서 들을 수가 있습니다. 우주의 원리가 있고 우주의 힘이 있고 여기에 도덕성이 있습니다. 하나님의 소원이 있지 않습니까. 그걸 우리가 피부로 경험해야 됩니다. 매일매일 감지할 수 있어야 됩니다. 하나님의 뜻과 내 뜻이 다르면 결국 어떻게 되겠느냐, 이것입니다. 그런고로 내 소원을 바꿔야 합니다. 내 소원은 몹시 병들어 있는 것임을 알아야 합니다. 좋지를 못합니다. 우리마음씨가 그렇게 곱지를 못합니다. 몇번 중생을 해야 되겠더라고요. 「탈무드」에 재미있는 이야기가 있습니다. 두 가게가 있는데 서로 마주보는 가게들입니다. 같은 물건을 취급하다보니 이 집의 물건이 잘팔리면 저 집이 안팔리고… 서로 신경전을 하면서 장사를 해왔는데 이 사실을 천사가 하나님께 보고했습니다. "저 두 집은 수십 년 동안 서로 경쟁하고 싸우고 저렇게 서로 미워하고 삽니다. 무슨 대책이 없을까요?" 그러니까 하나님께서 천사를 보내십니다. '네가 내려가보아라. 그리고 이렇게 하라." 하나님께서 천사에게 지시를 하셨습니다. 듣고 천사가 내려가서 한 가게 주인 보고 말했습니다. "하나님께서 당신을 불쌍히 여기셔서 복을 주신답니다. 뭐든지 구하세요. 구하면 한 가지 소원을 뭐든지 들어주신답니다. 그러니까 하나님 앞에 고하십시오. 그런데 단 조건이 하나 있소.

당신이 받은 것보다 건너편가게 주인은 배를 받게 될 것입니다." 내가 백만 원 받으면 저 사람은 200만 원 받는다는 것입니다. 그렇게 조건을 두고 소원을 구하라 했습니다. 이 사람이 깊이 생각하고 뭐라고 했는지 아십니까? "내 눈을 하나 빼주세요." 그랬습니다. 못됐지요. 그리고 돈벌겠다고, 그리고 성공하겠다고 하면 쓰겠습니까. 사람의 소원 그 자체를 한번 검증하고 분석해야 되겠습니다. 진단해야겠습니다. 이래도 되는가?

또한 "두렵고 떨림으로 너희 구원을 이루라"하였습니다. 이건 곧 경건을 말씀하는 것입니다. 그리고 구체적으로 말씀합니다. "원망과 시비가 없이 하라." 여러분, 어떤 일에라도 원망을 하지 맙시다. 이스라엘백성은 모처럼 애굽에서 나왔습니다. 광야를 거쳐 가나안으로 가고 있는데 많은 사람이 광야에서 죽었습니다. 이것을 통합해서 딱 제목을 정한다면 그것은 바로 '원망죄'다 했습니다. 어떤 일에라도 원망을 해서는 안됩니다. 이스라엘백성의 광야생활은 어찌보면 원망할만한 여건도 됩니다. 만나라고 하는 음식 주시는 건 좋지만 똑같은 음식을 40년 먹으라면 어떻게 되겠습니까. 그 만나가 원래 이름이 마나입니다. 마나가 무슨 뜻이냐하면 '야 이것이 뭐냐?'입니다. 그게 이름입니다. 그리 놀라운 것입니다. 같은 음식을 두 번만 먹으라고 해도 잔소리가 나오는데… 또 일이라도 있어야 되겠는데 하나님께서 일도 못하게 하십니다. '농사할 것 없다. 내가 먹여주마.' 할일이 없으니까 원망하지요. 그리고 기약이 없습니다. 가나안 언제 들어간다는 게 없습니다. 어느 달 어느 날에 들어간다 했으면 좋겠는데 좌우간 믿으랄 뿐입니다. 이래놓고 40년, 이게 얼마나 힘들겠습니까. 결국은 원망합니다. 하나님을 원망하고 모세를 원망합니다. 그리고 원망죄로 죽었습니다. 여러분, 요새 우리상황이 어지럽습니다. 그러나 솔직히 말해봅시다. 언제나 그랬습니다. 요새 더우니까 "아유 금년에는 이상하게도 특별히 덥죠? 아주 덥죠?" 이럽니다. 그러면 내가 한마디 합니다. "언제든지 그랬어요." 또하나 있습니다. 우리부모님으로부터 배운 바가 있습니다. "농사하는 자식은, 농삿집 자식은 덥다고 원망하면 안된다." 덥지 않으면 먹을것이 없으니까요. 여러분 아십니까, 농사의 이치를? 하루만 더 더워도 풍년이 듭니다. 한 주일만 더 더우면 대풍이 듭니다. 한주일 일찍 서늘해지면 끝납니다. 농사 폐업입니다. 이걸 알아야 됩니다. 그러니까 덥다는 소리 하지 마십시오. 그 입방아 찧지 마십시오. 아, 선풍기틀고 그만하면 됐지 뭐 그렇게, 언제 그렇게? 죄송스러워서라도 덥다는 말을 해선 안됩니다. 그것도 원망이니까요. 그건 하나님을 원망하는 것입니다. 경제 정치 다 그렇습니다. 언제고 정치가 제대로 된 때가 있었나요? 그런데 정치가 어떻고 합니다. 역사적으로 연구해보십시오. 유명한 정치가는 다 미친놈이었습니다. 정신나간 사람들이 정치했습니다. 지금와서 히틀러같은 사람은 정신병자로 취급하지 않습니까. 하나님께서는 어찌해서 저들에게 역사를 맡기셨을까? 궁금하기도 하지마는 그러나 원망하지 맙시다. 어떤 일이든 원망하지 맙시다. 그의 능력 그의 지혜를 믿읍시다. 그의 하시는 역사를 조용히 기다립시다.

또한 "복종하여"라고 말씀합니다. '복종하고 기뻐하라.' 경영학 교수 피터 드러커가 「지식경영」에서 말합니다. 많은 제자들이 묻기를 "미래를 어떻게 살아갈 수 있을까요? 어떻게 대처할까요?" 그는 유명한 대답을 합니다. "미래를 알기 위한 접근방법이란 경제적인 불연속성과 그것이 초래하는 영향과 결과와의 사이의 시간차를 발견하여 이용하는 것이다." 중요한 철학입니다. 바로 예측지식입니다. 두 번째로 "다가올 현상을 현실화하기 위해서 실천능력을 가져야 한다." 그랬습니다. 이 복잡한 이론을 다시한번 줄이면 무슨 말인고 하니 '적응과 도전'입니다. 어떤 변화에도 잘 적응할 수 있어야 합니다. 적응능력을 가져야 합니다. 그 다음에는 새로운 문제에 대한 도전, challenge 능력을 가져야 합니다. 적응도 복종하고 순응하는 사람에게는 쉬운 일입니다. 순종형의 사람이면 적응이 쉽습니다. 그러나 고집이 많은 사람은 적응하려고 하면 자존심부러지는 소리가 나거든요. 그래서 힘듭니다. 교만한 사람은 적응하기 힘듭니다. 또 새로운 문제에 대한 도전, 이건 창조적 능력이 있는 사람에게는 기회입니다. 그런 능력이 없는 사람에게는 도전하는 게 아니라 도전을 받아서 쓰러집니다. '우리는 적응과 도전 속에 산다.' 피터 드러커의 유명한 철학입니다. 두렵고 떨림으로 복종하라 합니다. 보니 요새 이 복종이라는 말이 없어졌습니다. 조그만 아이들까지도 제멋대로 하겠다 합니다. 복종의 덕을 익히지 못하면 일생 불행합니다. 누구의 말에 "그렇습니까? 예"하고 순종해버릇하면 직장생활 할 때 상관이 "이래라" 하면 "예"하고 얼마나 쉽습니까. 제멋대로 자란 사람 직장에 들어가서 상사가 이래라저래라 하면 "에이씨"하고 사표 내던지지 않습니까. 당처 잘못된 것입니다. 체질직으로 복종이 없습니다. 복종을 못배웠습니다. 이건 복받을 수가 없는 것입니다. 저는 세상을 살면서 여러 해를 봤습니다. 복종의 덕을 익힌다는 것 아주 중요합니다. 사람에게는 굴종이라는 게 있거든요. 원치 않는 복종. 그런가하면 순종이 있지요. 순종 복종 그리고 헌신이 있습니다. 복종이란 저의 뜻을 내 뜻으로 바꾸는 것을 의미합니다. 여기에 복종이 있습니다. '내 뜻대로 마옵시고 아버지의 뜻대로 하옵소서.' 예수님의 말씀입니다. 그것이 바로 복종입니다. 그리고 그 복종을 기뻐하게 됩니다. 스펴젼 목사님에게 어떤 청년이 말했습니다. "목사님, 나는 이 교회 저 교회 좀 다녀봤는데요 교회마다 문제가 많아요. 완전한 교회를 찾아서 제가 순례의 길을 떠났는데 완전한 교회에 들어가서 거기서 내 일평생을 봉사하면서 살렵니다." 스퍼젼 목사님이 껄껄 웃습니다. "참 좋은 생각이군. 완전한 교회를 찾게나. 그리고 찾거든 나한테 얘기해주게나. 나도 그 교회 다닐 테니까. 그러나 부탁이 있네. 자네는 그 교회 나가지 말게." "왜요?" "자네가 나가는 날부터 그 교회는 나쁜 교회가 될 테니까." 여러분, 완전한 교회가 없습니다. 하나님의 뜻에 복종함으로 완전에 이르는 것입니다. 모두가 복종하는 것입니다. 모두가 순종할 때 그 교회가 하나가 됩니다. 의견이 없어서, 생각이 없어서 순종하는 게 아닙니다.

　　세상은 어수선합니다. 왜 이다지도 불안정한지 모르겠습니다. 그러나 다시한번 결심합시다. 조용히 이 속에서 이루시는 하나님의 뜻을 생각합시다. 그리고 원망하지 맙시다. 절대로 불평하지 맙시다. 우리입에서 꿈에라도 원망하지 맙시다. 날씨가 좋으니나쁘니, 그건 하나님께 대한 도전입니다. 그러는 게 아닙니다. 어떤 날 결혼식 주례하기 전에 신부가 나 보고 말합디다. "목사님, 결혼식날 날 좋게 해달라고 기도를 했는데 비가 옵니다." 그래서 "야, 그 네 드레스 좀 젖으면 안되나? 걸어다니라는 것도 아닌데 뭘 그렇게 첫날부터 원망하냐?" 비가 오면 오는가보다, 젖으면 젖는가보다, 젖어야 좋은가보다 생각할 것이지… 제발 복종을 몸에 익힙시다. 이게 복받는 길입니다. 경기에 준결승전이란 게 있지요? 결승전은 저 앞에 있습니다. 그러나 오늘 우리는 하루하루 계속 준결승전을 치르고 있는 것입니다. 다시한번 주의 뜻을 복종하며 주의 뜻을 기뻐하며 그렇게 살아가야 할 것입니다. 사도 바울의 말씀 들어봅시다. 17절입니다. "너희 믿음의 제물과 봉사 위에 내가 나를 관제로 드릴지라도 나는 기뻐하고…" 내 피를 쏟아부어도 기뻐하리라, 나와 함께 기뻐하자, 합니다. 복종에서 기쁨을 찾는 그 신앙생활이 복된 생활로 이어지는 것입니다. △

너를 자유케 하리라

그러므로 예수께서 자기를 믿은 유대인들에게 이르시되 너희가 내 말에 거하면 참 내 제자가 되고 진리를 알지니 진리가 너희를 자유케 하리라 저희가 대답하되 우리가 아브라함의 자손이라 남의 종이 된 적이 없거늘 어찌하여 우리가 자유케 되리라 하느냐 예수께서 대답하시되 진실로 너희에게 이르노니 죄를 범하는 자마다 죄의 종이라 종은 영원히 집에 거하지 못하되 아들은 영원히 거하나니 그러므로 아들이 너희를 자유케 하면 너희가 참으로 자유하리라 나도 너희가 아브라함의 자손인 줄 아노라 그러나 내 말이 너희 속에 있을 곳이 없으므로 나를 죽이려 하는도다 나는 내 아버지에게서 본 것을 말하고 너희는 너희 아비에게서 들은 것을 행하느니라

(요한복음 8 : 31 - 38)

너를 자유케 하리라

　이 시간 여러분에게 세 가지 질문을 하겠습니다. 첫째, 여러분은 스스로 자유한가 하는 것입니다. 두 번째는 자유할 수 있는가 하는 것입니다. 세 번째는 내가 내 자유를 지켜갈 자신이 있는가 하는 것입니다. 지난 주간에 저는 일본 동경에서 모이는 선교대회에 참석하고 왔습니다. 같이 강사로 가신 분 가운데 정태기 박사님, 현 한국신학대학의 교수로 계시고 치유목회를 전공으로 가르치는 그 교수님과 함께 집회를 인도하게 되었습니다. 그 정박사님께서 강의하시는 중에 특별히 숫제 눈물을 흘리면서 안타까워하면서 괴로워하면서 간증삼아 자기경험을 말씀해주는 감동적인 시간이 있었습니다. 내용은 이렇습니다. 모대학의 교목으로 18년을 있었다고 합니다. 그런데 그 교목으로 있을 때 채플시간이 되어서 설교를 하러 가면 설교마치고 나올 때 꼭 참석을 하는 교수 한 사람이 따라와서 말합니다. "목사님, 저를 위해서 기도해주세요." "어떻게요?" "저 술 끊도록 기도해주세요. 꼭 끊을 겁니다." 그러더랍니다. 그런데 그 다음주일날 또 와서 똑같은 얘기를 합니다. "목사님, 저 술 끊도록 위해서 기도해주세요." 어떤 때는 이미 술을 마시고 얼굴이 벌개서 채플은 참석합니다. 그리고는 "목사님, 어쨌든 이 술을 내가 꼭 끊어야겠으니 끊도록 기도해주세요. 기도해주세요" 하는 것입니다. 무려 18년 동안을 빈복적으로 그러는 것입니다. 그래 이 사람을 어떻게 해야 되나 걱정을 했는데 안보이더랍니다. 그래서 어떻게 됐느냐고 알아봤더니 위암으로 죽었더라는 것입니다. 술 하나를, 그 하찮은 술버릇 하나를 끊지 못하고 끊이야 되겠다, 끊어야 되겠다, 낳어야 되겠다, 18년 동안 그러다가 그 술로 죽었습니다. 이것이 마음아프다고 말합니다. 왜 아프냐? 내가 왜 그 교수를 찾아가지 않았던가, 그렇게 인사만 받지 말고 좀더 개별적으로 함께 이야기를 한 번이라도 해봤으면 좋았을 것을… 그 채플에서 만나 악수하면서 말만 듣고 교수쯤 됐으면 자신이 알아서 끊어야지, 그러고 말았다는 것입니다. 했더니 이거 하나를 이기지 못하고 그대로 죽어간 사람이 있더라는 말입니다. 이래서 너무도 마음이 아프다고 합니다. 그래 강단에서 그렇게 우는 것을 봤습니다.

데이비드 A. 시멘즈라고 하는 분이 있습니다. 그분이 쓴「상한 감정의 치유」라고 하는 책에 나오는 재미있는 이야기가 있습니다. 어느날 이 교수님이 인디언부락의 바자회에 참석을 했습니다. 바자회에는 많은 물건이 나와서 서로 팔고 사고 바꾸고 북적북적하는데 한 곳에 갔더니 누가 메추라기를 팔러왔더랍니다. 한 20마리 되는 메추라기를 다리에서 다리로 다리에서 다리로 줄줄이 끝을 매었더랍니다. 도망가지 못하게요. 그래 이 20마리가 뱅뱅도는 것입니다. 뱅뱅뱅뱅 도는 게 하도 재미있으니까 사람들이 구경을 합니다. 그 열심히 뱅뱅도는 메추라기들을 아메리칸인디언이 가지고 온 걸 보고 마음이 아파서 '그 메추라기 놔주지 저렇게 묶어놓고 저걸 장난삼아 즐기고 있다니…' 안되겠다 해서 "이 20마리 다 얼마요?" 물어서 돈을 주고 그걸 다 샀다고 합니다. 전체를 한꺼번에 사놓고는 풀어주라고 하니까 인디언이 "풀어주면 당신이 가져가겠소?" 묻습니다. "나는 그거 풀어주기 위해서 샀소." 그래서 풀어주고 놔줬는데 글쎄 이 메추라기들이 다시 모여가지고 뱅뱅돌아가는 것입니다. 다리 묶었는 걸 풀었는데도 날아가질 않고 계속 빙빙돌더라는 것입니다. 이것이 인간입니다. 뭔가 풀린 것처럼 생각하는데 안풀렸습니다. 나는 자유한 것같은데 자유라고 하는 그것까지도 벌써 무엇에 매여 있는 것입니다. 보이지 않는 쇠사슬에 붙들려 있는 것이지요. 이 인간의 노예상태, 나폴레옹 힐이라고 하는 심리학자는 말합니다. '사람은 6가지에 매여 있다.' 간단한 상식입니다. '가난에 매여 있다, 먹고 살아야겠으니까. 경제문제에 매여 있다. 또 노화에 매여 있다. 자꾸 늙어가고 있는 데 대해서 늙어가는 데 대한 억압적인 의식을 가지고 있다…' 또한 비판입니다. 명성에 대해서, 남들이 나를 어떻게 생각하나? 이거 참 신경쓰기 힘들거든요. 여기에 잔뜩 붙들려 있습니다. 그런가하면 사랑입니다. 시련입니다. 사랑을 잃어버릴 때, 사랑의 사람에 대한 믿음이 떨어질 때 내가 자유할 수가 없습니다. 또한 뗄 수 없는 것이 질병입니다. 가끔 이런 질문을 받습니다. 나이드니까 인사차 물어봅디다. "목사님, 지병은 없습니까?" 어제 보니 누가 지병으로 죽었다 합디다. 무슨 병이라고는 말 안했습니다. 여러분에게 묻습니다. 여러분은 지병이 없습니까? 이 지병에 늘 붙들려 있는 것입니다. 자나깨나 이 지병이 나를 쇠사슬로 묶어놓는다는 것입니다. 내 정신을. 또한 마지막으로는 죽음입니다. 우리는 죽음을 지향해서 살아가고 있습니다. 언젠가는 떠나야 됩니다. 언젠가는 죽음이 올 것입니다. 그것에 대한 공포, 거기에 붙들려 있는 것입니다. 습관, 문화화된 것, 잠재의식 속에 있는 것, 가장 무서운 것은 내가 외식하는 것이 아니라 의식하지 못하는 속박입니다. 거기에 내 일생이 걸려 있다는 것입니다.

어떤 사람이 결혼생활에 실패합니다. 경제적으로나 사회적으로나 모든 면에서 여건은 좋은데, 누가 봐도 모범적인 가정인데 그 가정이 행복하지 못합니다. 결국은 파탄에 이릅니다. 그 이유는 뭐냐? 그 여자는 남자를 믿지 못합니다. 그저 조금만 집에 늦게 들어와도 발발떨고 앉아 있습니다. 늦게 들어왔다가는 난리가 납니다. 늦게 들어오는 순간 고 순간에 사람이 아주 자지러지고 맙니다. 정신이 홱 뒤집히고 맙니다. 별 못된 생각을 다 합니다. 그러니까 이렇게 의심받는 남편도 괴롭습니다. 아이들까지 다 괴롭힙니다. 더 견딜 수가 없습니다. 그런데 이 문제를 전문가에게 의뢰해보니까 '왜 이렇게 남편을 의심했는가? 왜 저도 괴롭히고 남도 괴롭히고 이랬는가?' 알고 보니 유아기에 그 여자의 아버지가 어머니를 버리고 나가서 딴 여자하고 살았습니다. 젊은 여자하고. 그리고 가끔 들락날락하는데 들어올 때마다 한바탕씩 싸웁니다. 어머니가 맞는 것을 보면서, 아버지 어머니 싸우는 것을 보고 그것이 마음에 깊은 상처가 되었습니다. '남자는 믿을 것이 못된다. 남자는 전부 도둑놈이다. 남자는 전부 늑대.' 이 생각이 아주 깊이 뿌리박았습니다. 오늘 가정생활을 하고 아이를 낳고 재미있게 사는 것같아도 이 여인의 마음속에는 '남자는 믿어서는 안돼' 하는 의식이 있습니다. 그 어머니가 가르쳐준 것입니다. 남자는 믿지 마라, 믿을 게 못된다—자, 이게 수십 년이 지난 오늘도 가슴에 깊이 뿌리박아서 이것 때문에 그렇게 한평생을 괴롭게 사는 것입니다. 자기도 몰랐지요, 그 원인을. 마음속에 무엇인가 크게 상처입은 것이 있어 그것이 나를 속박하고 그것에 끌려가는 노예생활을 하는 것, 얼마나 비참한 일입니까. 공자의 제자가 공자에게 물어봅니다. 「논어」에 나오는 얘기입니다. "가난해도 비굴하지 않고 부해도 교만하지 않다면, 이만하면 바른 인격이 아니겠습니까?" 공자는 대답합니다. "아니다. 가난해도 넉넉한 마음을 갖고 부요하면서도 예를 잊지 않는 것, 예를 갖추는 것이 더 훌륭한 것이다.' 여러분, 비굴하지 않는 것만 가지고는 안됩니다. 넉넉해야 됩니다. 우리가 교만하지 않는 것만으로 인격이 갖춰지는 게 아닙니다. 오히려 굽혀서 예를 갖출 줄 알아야 비로소 자유할 수 있는 것입니다.

오늘성경말씀은 이렇게 가르칩니다. "죄를 범하는 자마다 죄의 종이라." 죄를 지었으니 죄의 종이요 또 죄를 지을까봐 벌벌떨고 있으니 죄의 종이요 죄로 말미암은 것이, 내가 심어놓은 것이 싹이 날까봐 심판을 받을까봐 벌을 받을까봐 벌벌떨고 있으니 이게 어찌 자유인이겠습니까. 죄를 짓는 자마다 죄의 종이 된다—또 죄를 지을 수밖에 없고 다시 그 길로 갈 수밖에 없는 그런 숙명에 빠진다 하는 말씀입니다. 그러면 옛 종됨, 옛생활, 옛습관, 옛가치관, 옛열등의식, 많은 의심, 이로부터 내가 어떻게 자유할 수 있는가? 오늘 예수님께서 친히 자유의 길을 말씀하십니다. 어떻게 해야 자유할 수 있느냐? 내가 나를 자유케 할 수 없습니다. 빌리 그레이엄 목사님의 설교에 종종 나오는 얘기입니다. 홍수에 떠내려가는 사람이 여기서 밖으로 나와야 되는데 나올 수가 없습니다. 떠내려가면서 자기머리카락을 자기가 잡고 끌어올립니다. 그런다고해서 물에서 나올 수 있는 것입니까. 물에 빠져서 흘러가고 있는 사람은 밖에서 힘을 가해주지 않으면 결코 자유할 수가 없습니다. 내가 스스로 자유할 수 있다고 하는 그 자체가 벌써 병든 것입니다. 아무리 연구하고 아무리 노력하고 아무리 비판하고 아무리 해봐도 안됩니다. 내가 몹시 싫어하는 게 있습니다. 가끔 어떤 교회에 가서 예배드려보면 교회마다 조금씩 다른 것을 봅니다. 여러분이 그냥 지나가지만 세밀하게 분석하면 교회마다 신학이 다릅니다. 축복기도 할 때도 내 생각에는 "이 모인 중에 은혜가 있을지어다" 하면 좋겠는데 그 축복기도가 좀 길어요. 오늘말씀을 듣고 어떻게어떻게 감동을 받고 은혜를 받고 이대로 살기로 결단하고 가는 분들에게… 이럽니다. 마음에 좋지를 않습니다. 믿음의 결단, 내가 결단한다고 되는 것이 아닙니다. 내 결심으로 된다면 왜 교회나옵니까. 그거 신학적으로 보통 문제가 있는 게 아닙니다. 내가 목사님들한테 가서 늘 얘길 해도 안들어먹습니다. 자꾸만 옛날로 돌아갑니다. 결단하는, 결단한다… 오늘까지도 결단하고도 못고쳤는데 고쳐집니까. 고만하십시오. 내 결단 아무 소용 없습니다. 작심사흘이 아니라 작심 한 시간입니다. 내 결단이 얼마나 허무한 것이란 걸 왜 모릅니까. 아무것도 아닙니다. 가끔 어떤 분들은 이런 얘기를 합니다. "목사님 새벽기도 매일 나오시는데 피곤하지 않으세요?" 또 어떤 사람은 "새벽기도 안나오고 싶은 날 없으세요?" 합니다. 내가 "왜 그런 걸 묻소?" 하면 자기는 매일저녁 결심하고 매일아침 못한다고 합니다. 저녁마다 결심하는데 아침에는 못한다는 것입니다. 저녁에 결심하고 아침에 실천하지 못하는 요 정도의 인간이 뭘 하겠다는 것입니까. 뭘 바라는 것입니까. 결단 무효입니다. 그걸 인정해야 됩니다.

　오늘 예수님께서 그런 결단 요구하시지 않습니다. 말씀하십니다. '내 말이 너희 안에 거하면…' 다 저버리고, 결심이고 결단이고 맹세고 다 저버리고 예수님의 말씀을 잘 들으십시오. 성경말씀 잘 들으십시오. 설교말씀 잘 듣고 그대로 total acceptance, 전적으로 받아들입시다. 설교 들으면서 반만 들으려고 하지 말고 설교 들으면서 '글쎄올시다' 하지 말고 받아들입시다. 어떤 때 아이들에게도 심부름을 시키든가 어디 가라 할 때 "예" 하고 벌떡 일어나서 가는 아이가 있지마는 어떤 때는 "알았어요" 합니다. 이 답답한 노릇이지요. 갈 건지 안갈 건지… "갈 거야 안갈 거야?" "아, 간다니까요." 알았다니까요, 이런다고요. 제발 알았다고 그러지 마십시오. 그냥 "예" 하십시오. 그냥 total acceptance, 전적으로 수락하고 전적으로 순종하고 전적으로 헌신하는 것입니다. 말씀을 믿습니다. 100프로 믿고 받아들입니다. 그대로 믿고 순종합니다. 이 사실을 예수님께서는 상징적으로 표현하십니다. '내 말이 너희 안에 거하면…' 너희 사상이나 너희 이론이나 너희 체험이나 네 결심이 아니라 내 말이 너희 안에 거하면—이것을 예수님께서 비유로 말씀하시기를 요한복음 15장에 보면 포도나무와 그 가지로 말씀하십니다. 포도나무가지가 포도나무에 붙어 있으면 포도나무로부터 진액을 받습니다. 그러나 끊어지면 아무것도 안됩니다. 나뭇가지가 나무에 붙어 있어서 진액을 계속 받는 것같이 내 말이 너희 안에 거하면… 우리는 말씀으로 삽니다. 이거 못들으면 못삽니다. 이것을 사회학적으로 연구해봅니다. 교회나오는 거, 글쎄 뭐 나와서 졸다 가는 사람도 좀 있고 때로는 공치는 날도 있겠지요. 그래도 나와야 됩니다. 누가 그럽디다. 교회나와서 조는 것도 아버지품에서 조는 것이라고. 좌우간 나와야 됩니다. 여러분 다 경험하시지 않습니까. 계속 나오고나오면 어느 사이에 내가 달라집니다. 그러나 사회학적으로 연구해보면 이렇습니다. 넉 달만 안나오고보면 이제 술집에 가서 앉아 있습니다. 넉 달만 안나오면 non-Christian이 되어버린다고요. 벌써 마귀에게 물려갔습니다. 두 주일만 안나오면 어느 사이에 화가 납니다. 한 달만 안나오면 어느 사이에 세상사는 게 싫어집니다. 우리 다 알고 있지 않습니까.

다 경험하고 있지 않습니까. '내 말이 너희 안에 거하면 진리를 알게 될 것이다.' 진리탐구가 아닙니다. 말씀이 와서 나로하여금 진리를 알게 만드는 것입니다. 진리의 영, 성령이 함께하는 것입니다. 그래서 로마서 8장에서는 "양자의 영"을 말씀합니다. 그뿐아니라 고린도후서 3장 17절에 보면 "주의 영이 계신 곳에는 자유함이 있느니라" 하였습니다. 주의 영이 있는 곳에 자유함이 있느니라—성령이 있고 말씀이 있을 때 자유해지는 것입니다. 거기에 진정한 자유가 있습니다.

또한 그 다음에 보면 "진리를 알지니 진리가 너희를 자유케 하리라" 하십니다. 내가 믿은 진리가, 내가 알게 된 진리가 나를 자유롭게 할 것이다, 내 의지도 내 철학도 아니고 내가 그리스도로 말미암아 받아들인 그 진리가 나를 자유하게 합니다. 우리는 자유를 누리게 되는 것입니다. 36절에서는 좀더 확실하게 말씀하십니다. "아들이 너희를 자유케 하면 너희가 참으로 자유하리라." 저는 이 요절을 사랑합니다. 아들이 자유케 하면 자유하리라—내 결심 내 결단이 아니라 내 의지가 아니라 그가 나를 자유케 할 때 나는 자유하고 성령이 자유케 할 때 나는 영영 온전한 자유인이 될 수 있는 것입니다. 노자의 글에 이런 말이 있어요. 참지도자의 유형을 네 가지로 말했는데 한번 생각해볼만합니다. 제일 훌륭한 지도자는 누구냐? 그 지도를 받는 아랫사람들이 지도자가 존재한다는 것을 의식하지 못합니다. 유명한 이야기가 있지요. 태평시절에 어느 임금이 몰래 민정시찰을 했습니다. 다니다가 어느 마을에 가서 물어봅니다. "당신 임금이 누군지 알우?" "몰라요." "정치가 뭔지 알우?" "그거 몰라요. 알 것도 없고요." 그래서 왕이 만족했다고 합니다. 내가 정치를 잘하는구나… 미안하지만 대통령이 누군지 알면 그 나라가 잘못된 나라 입니다. 우리는 너무 관심이 많습니다. 대통령 상관없네요, 하루 세 끼 먹고사는 데. 자유함이라는 건, 지도자라는 건 그 지도자가 흔적 도 없어지는 것입니다. 또한 아랫사람들이 아주 존경하는 지도자, 이게 두 번째 지도자입니다. 또하나는 아랫사람들이, 지도받는 사람 들이 지도자를 두려워합니다. 무서워서 떱니다. 이, 세 번째 지도자 입니다. 가장 못된 지도자는 백성들이 미워하는 지도자입니다. 업신 여깁니다. 이렇게 되면 물간 것입니다.

    자, 이제 한번 이 말씀에 준하여 생각해봅시다. 참자유는 뭡니 까. 아무 억압을 느끼지 않습니다. 아무 구속도 느끼지 않습니다. 아 무것도 무섭지 않습니다. 여러분은 운전할 때 겁을 냅니까? 순경만 보면 벌벌떱니까? 신호등이 마음에 안듭니까? 길이 좁다 넓다 싶습 니까? 그건 운전을 즐기지 못하는 것입니다. 참으로 자유한 사람은 운전할 때 아무것도 보이는 게 없습니다. 신호등도 상관없고 순경도 상관없고 뭐 범칙금도 상관이 없습니다. 왜? 자유하니까. 이미 법에 익숙해서 그 모든것을 그대로 즐기는 것입니다. 이, 자유함입니다. 온전한 자유, 마치 드라이브를 마음껏 즐기는 것과도 같습니다. 법 을 어기는 게 아닙니다. 법에 익숙합니다. 순경 전혀 무섭지 않습니 다. 내가 바르게 가는데 순경이 나와 무슨 상관이 있습니까. 이것이 자유함입니다. 여러분은 어느 정도의 자유를 느끼고 삽니까? 나는 얼마나 자유하다고 생각합니까? 내가 스스로 자유할 수 있다고 생각 합니까? 내 결심으로 되는 것이 있다고 생각합니까? 꿈 깨십시오. 이 나이까지 못한 거 앞으로 하겠습니까. 지워버리세요. 조용하게 하나님의 말씀을 들으세요. 계속 듣기만 하십시오. 믿음으로 받아들이기만 하십시오. 내가 달라졌다고 하는 것을 스스로 깨닫게 될 것입니다. 저는 지금도 잊지 않습니다. 지금 소망교회장로님입니다마는 그분이 집사 때 직원이 2만 명이나 되는 큰 회사의 사장으로 있었습니다. 제가 거기 한번 방문했었습니다. 했더니 장로님이 나를 소개하면서 "여기 서신 이 목사님은 위대한 분입니다" 합니다. 아, 이런 소개는 처음 받았거든요. 위대하다? 왜 위대하냐? 설명을 합니다. "이 목사님이 나로하여금 담배를 끊게 한 분입니다. 내가 담배끊는 학교에 세 번이나 갔다왔습니다. 일주일씩 하는 거… 그렇게 끊어보려고 애를 썼는데, 하루에 세 갑씩 피우는데 내가 수십 년 피운 그거 아무것도 아닌 거같은데 그거 못끊는 것입니다. 교회에 나가기도 하고 집사도 됐지만 못끊었습니다. 그런데 재미있는 얘기가 있습니다. 어느날 8·15해방주일날 목사님이 그리스도인의 자유에 대해서 말씀하는데 '자유가 뭔가? 그건 인간의 의지가 아니다. 자유란 뭔가? 오직 말씀 안에 자유가 있다' 하십니다. 열심히 설교를 듣고났는데 이상한 것은 그 후로 담배피울 생각이 전혀 없는 것입니다. 싹 끊어진 것입니다. 신기하게 끊어진 것입니다…" 그 자리에 모인 사람은 한 2천 명 됐습니다마는 이렇게 나를 소개하더라고요. 여러분, 이것은 진리입니다. 내가 내 의지로 누구를 사랑할 수 있습니까. 내 결심으로 할 수 있는 일이 무엇이 있다고 생각하십니까. 이제는 다 포기하십시오. 그저 말씀을 받아들이고 그 말씀이 내 안에 거하면 진리를 알게 되고 그 진리가 나를 자유케 하는 것입니다. 자기십자가를 지고 나를 좇으라 하십니다. 십자가는 죽음입니다. 나는 없습니다. 오직 말씀만이 내 안에 거하면 그 말씀에 이끌리어, 그 말씀에 붙잡혀 그 말씀의 생명력 속에 살아갈 때 아무도 막을 수 없습니다.

그만이 자유합니다. 그 자유 안에 건강도 있고 지혜도 있고 창의력도 있는 것입니다. △

끝까지 견디는 자

그 때에 사람들이 너희를 환난에 넘겨 주겠으며 너희를 죽이리니 너희가 내 이름을 위하여 모든 민족에게 미움을 받으리라 그 때에 많은 사람이 시험에 빠져 서로 잡아 주고 서로 미워하겠으며 거짓 선지자가 많이 일어나 많은 사람을 미혹하게 하겠으며 불법이 성하므로 많은 사람의 사랑이 식어지리라 그러나 끝까지 견디는 자는 구원을 얻으리라 이 천국 복음이 모든 민족에게 증거되기 위하여 온 세상에 전파되리니 그제야 끝이 오리라
(마태복음 24 : 9 - 14)

끝까지 견디는 자

　성도 여러분, 요사이 아테네올림픽경기 보시느라고 밤잠을 설치고 있는 줄로 압니다. 어젯밤도 주무시지 못한 분들이 많을 것입니다. 며칠전 대망의 축구경기에서 한 시간 반 진행되는 긴 경기시간에서도 마지막 7분 동안에 세 골을 넣어서 승부를 결정하는 통쾌한 장면을 보시고 몹시도 흥분했을 거라고 생각합니다. 어젯밤에는 아쉽게도 마지막을 바로잡지 못하고 끝내는 것을 봤습니다. 특별히 첫 금메달 소식을 전해준 유도의 이원희선수에 대해서는 우리가 한번 짚고나가야 하겠습니다. 그의 별명은 '한판승의 사나이'라고 합니다. 절반을 지고 있다가도 번개처럼 파고들어서 승리를 끌어내는 그런 선수입니다. 워낙 빨리 한판승을 따기 때문에 상대방선수가 자기가 졌다는 것도 모른다고 합니다. 너무 빨리 둘러메치니까요. 기자가 물었습니다. "다 이긴 상황인데, 그대로 시간만 끌면 되는데 왜 당신은 위험한 한판승으로 끝까지 갔습니까? 불과 9초 전에 그렇게 승부를 내었습니까?" 그는 이렇게 대답합니다. "주님께서 게임종료선언을 할 때까지는 끝난 것이 아니기 때문입니다." 그는 신실한, 아주 독실한 그리스도인입니다. 이러한 말들이 우리마음에 깊은 교훈을 줍니다. "주님께서 게임종료선언을 할 때까지는 끝난 것이 아닙니다." 믿음의 사람의 아름다운 고백입니다.

　정말 이 세상은 알게모르게 큰 싸움판입니다. 역사가들이 추리한 계산대로는 지난 3000년 동안에 무려 3300번의 전쟁이 이 지구상에 있어왔다고 합니다. 이 지구상에, 설사 우리마을에, 우리나라에는 없었다 해도 이 작은 지구촌에 전쟁이 없었던 해는 하나도 없습니다. 3000년 동안에 3300번이니까요. 계속 전쟁은 있어왔습니다. 아주 무서운, 극한의 위기 속에 우리가 살아가고 있는 것입니다. 이것은 정치적인 것이고, 개인적으로 보아도 얼마나 많은 변화가 있고 얼마나 무서운 전쟁을 치르며 살아가는 것입니까. 그런가하면 또 이 모든 정치적 경제적 사회적 전쟁 속에 우리가 꼭 잊지 말아야 할 것은 영적 전쟁이 있다는 것입니다. 영적으로 계속 선과 악, 하나님의 역사와 인간의 역사, 악마의 역사가 대립하는 싸움터에서 항상 위기를 느끼며 살아왔고 또 그렇게 살아가고 있습니다. 우리는 때때로 이런 생각을 합니다. '전쟁이 없었으면, 평화가 왔으면…' 그러나 아무리 생각해도 평화는 올 것같지 않네요. 그렇게 평화가 있어본 일도 없고요. 예일대학교 교수 롤란드 H 베이튼 박사가 쓴「Christian Attitude toward War and Peace」라고 하는 명저가 있습니다. 전쟁과 평화에 대한 기독교인의 자세—그러한 책입니다. 여기서 우리의 생각을 정리해줍니다. 먼저는 절대적 평화주의자가 있습니다. pacificism—무조건 전쟁은 안된다, 내가 죽더라도, 아니, 다 망하더라도 전쟁은 안된다, 칼을 들 수는 없다 하는 평화주의입니다. 청교도들의 또는 비폭력주의자들의 그런 운동이 오늘도 있는 것을 우리는 알고 있습니다. 절대평화주의자들입니다. 두 번째는 just war, 의로운 전쟁을 생각합니다. 문제는 전쟁의 목적이다, 그 전쟁이 어떤 목적으로 이루어지며 누구의 손에 의해서 어떤 결론을 내느냐 하는 것이다, 전쟁 있음으로해서 큰 전쟁을 막는 것이다, 오히려 전쟁이 있음으로해서 악을 억제하는 것이다—이렇게 판단하는 의식입니다. 그 다음에 또하나 가장 강한 표현 자세가 crusade입니다. 십자군전쟁 같은 것입니다. 전쟁 속에 하나님의 뜻이 있다, 이건 거룩한 전쟁이

다, 하나님께서 심판하시고 나는 집행할 뿐이다, 그런고로 이 의로운 전쟁에 나서야 한다, 라고 외칩니다. 오늘도 대체로 이 세 가지 의견과 사상이 우리주변에 많은 혼란을 일으키고, 우리 모두가 어느 쪽으로 생각을 해야 되나, 그 어딘가로 우리가 마음을 기울여야 하나, 고민할 때가 많습니다.

그러나 우리가 한 가지 알아야 할 것이 있습니다. 오늘 예수님께서 성경에 말씀하십니다. 세상끝에 가서 있을 일 그것을 말씀하시면서 예수님께서는 재난을 예고하십니다. 점점더 나을 것이라고, 세상에 평화가 올 것이라고, 세상에 낙원이 이루어질 것이라고 하는 이야기는 없습니다. 전쟁이 있고 재난이 있고 환난이 있고 배신이 있을 것이다, 예고하시면서 이것을 어떻게 이해하느냐, 또 어떤 자세로 임하느냐, 그것만이 문제가 된다는 것입니다. 그래서 24장을 자세히 보면 큰 재난이 있을 것이다, 지진이 있고 전쟁이 있고 환난이 있고… 예고하시면서 말씀하십니다. '이것은 재난의 시작이다.' 무슨 말씀입니까. 우리가 당하는 이 재난이 끝이 아니고 다 된 것이 아니고 재난의 시작이다, 이것입니다. 이제부터 시작입니다. 참으로 무서운 경고가 아닙니까. 재난의 시작 거기서 우리는 지금 이 고난을 겪고 있는 것입니다. 그러니까 종반전이라고 생각하지 맙시다. 지금 시작했습니다. 바로 그 전쟁의, 싸움의 현장에 내가 존재한다는 것을 알아야 합니다 그리고 예수님말씀의 강조점이 여기에 있습니다. '두려워하지 말라. 전쟁은 있을 것이다. 그러나 두려워하지 말라. 싸움은 있을 것이다. 그러나 두려워하지 말라.' 하나님의 뜻을 알기 때문에, 이것이 하나님의 손에 의하여 이루어진 것이라는 것을 알기 때문에 익한 사람도 악인도 악한 날에 석낭하게 지으셨다고 말씀하십니다. 어떤 악한 사람의 악한 행동이 있어도 그 깊은 곳에 초월적인 주님의 경륜과 주님의 뜻이 함께한다는 것을 믿고 사는 성도들은 두려워할 것이 없습니다. 있을 일이 있을 뿐입니다. 당연히 있을 일이 있는 것입니다. 왜 있어야 하는지 우리는 다 모릅니다. 그 섬세하고 깊은 뜻을 어찌 다 알겠습니까. 그러나 우리는 이 모든것이 하나님의 손에 의해서 이루어진다는 것, 이 모든것을 하나님의 뜻으로 수용해야 한다는 것입니다. 그런고로 두려워하지 말라 하십니다. 태풍도 재난도 질병도 어떤 혼란도 두려워해서는 안됩니다.

또한 더욱 중요한 말씀을 하십니다. 그것은 바로 복음적 역사관입니다. 천국복음이 모든 민족에게 증거되기 위하여 온세상에 전파되리니 그제야 끝이 오리라 하십니다. 우리는 이 환난과 복음, 이 재난과 복음, 가난과 복음, 질병과 복음, 그것을 연계해서 생각해야 한다는 말씀입니다. 전쟁이 있다고 하나님의 사업이 실패되는 게 아니고 하나님의 위대한 역사가 지장을 받는 것이 아니라는 것입니다. 많은 전쟁을 통해서 하나님의 뜻이 이루어집니다. 이 시각에서 본 사람들은 말합니다. 인류역사에 전쟁이 없다면 문화의 발전도 없는 것입니다. 중국역사를 연구한 분이 강해하면서 늘 이런 얘기 하는데 텔레비전에 나오는 것을 보니 똑같은 말을 여러 번 반복하더라고요. 대단히 중요한 얘기입니다. 춘추전국시대에 얼마나 많은 전쟁이 있었습니까. 중국에 그런 많고 큰 전란이 있었지만 그 역사가는 이렇게 말합니다. 그 전란이 300년만 더 갔더라면 중국의 역사가 바뀌었을 거라고요. 전쟁이 끝나면서 평화가 잠시 왔습니다. 그동안에 역사는 타락했습니다. 뒤로 물러섰다는 얘기입니다. 개인적으로나 국가적으로나 문화적으로나 전쟁을 통해서 새로운 역사, 창조적인 역사가 이루어집니다. 그것을 우리는 봅니다. 그렇기 때문에 이 고난이라고 하는 것을 필요악이라고 보는 것은 아니지만 사실을 인정하고 그리고 하나님의 뜻 하나님의 사업은 절대로 실패하지 않고 오히려 이 모든 사건을 통해서 하나님의 사업은 더 크게 더 온전하게 이루어져가는 것이다, 하는 역사의식을 가져야 한다는 말입니다.

아우구스티누스가 「신의 도성」이라는 책을 씁니다. 그 서론에서 그는 이렇게 말합니다. 신성로마제국이, 영원히 망하지 않을 줄 알았던 대로마제국이 천년의 역사를 접고 만족의 침입으로 인하여 망하게 됩니다. 아우구스티누스는 이를 크게 고민했습니다. 어떻게 하나님을 알고 하나님을 섬기는 나라가 망하고 저 야만족들이 쳐들어와서 이 모든것을 때려부수는가? 어찌 이런 일이 있을 수 있는가? 고민 고민 합니다. 마침내 그는 영적인 복음적 결론을 얻습니다. '사람들이 세워놓은 세상나라는 무너지고 하나님의 나라가 세워진다.' 세상나라가 무너지면서 하나님의 나라가 세워지는 것을 봅니다. 그래서 「신의 도성」을 쓰게 됩니다. 여러분, 세상이 혼란합니까? 우리 뜻대로 안됩니까? 이 싸움에는 승리는 없고 패배만 있는 것같습니까? 그러나 조용하게 하나님께서 승리하시고 하나님께서 주도하시고 복음은 땅끝까지 전해질 것입니다.

중국을 방문할 때마다 느끼는 게 있습니다. 중국은 지금 기독교인이 인구의 10퍼센트가 더 된다고 계산합니다. 지금 온세계 중에 가장 선교가 활발하게 이루어지는 나라가 중국입니다. 13억이라고 하는 엄청난 인구에 복음의 역사가 활발하게 이루어집니다. 자, 이것이 어떻게 이루어진 것입니까. 그저 간단히 말하면 공산주의를 통해서, 특별히 문화혁명을 통해서 아주 밭을 갈아놓았습니다. 우리가 그렇게도 조상을 위한다고 하고 묘를 만들고 묘비를 세우고 난리를 치고 있지만 그 사람들은 이거가지고는 공산주의가 안되겠다고 생각해서 묘를 다 없애버렸습니다. 문화혁명 때 공자의 묘까지 다 파서 없애버렸습니다. 이제는 조상을 섬길래야 섬길 것이 없습니다. 그리고 문화적으로 사상적으로 다 뒤집어엎어놨습니다. 아주 그분들 스스로 말하는대로 진공시대, 사상적 진공시대가 온 것입니다. 그래서 복음을 전할 때 마치 스펀지가 물 빨아들이듯 복음을 수용합니다. 놀랍습니다. 예배당도 없어서 마당에서 예배를 드리는데, 그 뜨거운 햇빛 아래 300명이 앉아서 예배를 드리는데 예배를 길게도 합디다. 2시간 드리는데 한 사람도 떠나는 사람이 없습니다. 참 놀라운, 기적 같은 일입니다. 세상에 이런 일이 있나! 그런데 이 일이 있기 전에 중국에는 무서운 환난이 있었고 공산주의 30년 마지막에는 문화혁명으로 그리스도인들이 수만 명 순교당했습니다. 그러나 이 역사 다음에 이처럼 복음의 역사가 이루어지는 것을 봅니다. 오늘 이라크전쟁은 참으로 괴로운 것입니다. 어찌 이런 일이 있을까? 그러나 여러분, 저 아랍사람들은 여자들이 전부 다 항상 까만 옷 하나밖에 입지 않습니다. 얼굴에 뭘 쓰고 다닙니다. 얼굴 볼래야 볼 수 없습니다. 그런데 이 전쟁통에 그런 것 다 벗어버렸습니다. 조용하게 새로운 역사가 그 세계, 그 암울한 세상 속에서 이루어지고 있는 것입니다. 우리는 얼마의 파괴, 얼마의 희생을 봅니다마는 하나님의 선교적 역사는 중단 없이 오늘도 이루어지고 있습니다.

예수님께서 이 재난에 대해 말씀하시면서 그제야 끝이 오리라 하십니다. 복음이 전파되고 그리고 끝이 오리라―끝이 있다는 말씀입니다. 이것은 주님의 선언입니다. 재난의 시작, 그리고 그제야 끝이 오리라—최종승리, 역사의 종말을 말씀해주고 계십니다. 여기에 주님의 재림이 있습니다. 재림하시는 그날에야 끝이 오리라 말씀하십니다. 그리고 우리에게 경고해주십니다. 시험에 빠지지 않도록 하라고. 믿음을 지키라, 믿음이 약해지고서는 안된다, 어떤 경우에도 하나님의 역사임을 믿고 여기에 하나님의 사랑이 있고 하나님의 뜻은 조용히 이루어지고 있다는 것을 믿는 그 믿음, 그리고 오늘본문에 누누이 강조해주고 계십니다. '사랑이 식어지지 말라.' 환난이 있다고해서 사랑이 식어져서 되겠습니까. 환난이 있음으로 역동적으로 사랑이 더 뜨거워져야 합니다. 아시는대로 우리가 육체적으로도 건강할 때와 병들 때 어느 때 사랑이 뜨겁습니까. 가난할 때와 부할 때 어느 때 뜨거운 사랑이 작동을 합니까. 사랑이 식어지지 말 것을 말씀하십니다. 미워하지 말 것을 말씀하십니다. 어떤 경우에도 미워하는 마음이 있어서는 안됩니다. 나는 그 뭐 운동 썩 좋아하는 편이 아닙니다마는 운동경기 하는 것을 즐겨 봅니다. 그런데 특별히 재미있게 보는 것 중의 하나가 권투시합입니다. 때릴 때는 꼭 죽일 것처럼 때리다가도 땡하면 서로 끌어안습니다. 페어 플레이, 서로 때리기는 하지만 미워하는 거는 아니더라고요. 물론 죽으라고 때리는 것도 아니고요. 그게 스포츠정신 아니겠습니까. 어떤 경우에도 미워하는 마음이 있어서는 안됩니다. 사랑이 식어져서는 안됩니다. 동시에 낙심해서는 안됩니다. 그래서 말씀하십니다. '끝까지 견디는 자는 구원을 얻으리라. 끝까지 사랑하고 끝까지 믿고 끝까지 낙심치 않는 사람 구원을 얻을 것이다.' 환경이야 어떻게 변하든 말입니다.

아브라함에 대한 전설에 재미있는 에피소드가 있습니다. 어느날 저녁노을에 로뎀나무 밑에 앉아 있는데 80세된 노인 하나가 아주 배고프고 목마른 모습으로 찾아옵니다. "나에게 물을 좀 주시고 하룻밤 쉬어가게 해줬으면 고맙겠습니다." 노인은 이렇게 말합니다. 아브라함은 노인을 장막에 모셔들이고 큰마음을 가지고 세숫대야에 물을 떠다가 손님의 발까지 씻겨줍니다. 그리고 음식을 잘 만들어서 대접을 합니다. 상에다가 갖다놓고 다시 또다른 음식을 가지러 간 사이에 이 손님이 배가 너무 고팠던지 성급하게 음식을 먹고 있는 것입니다. 두 번째 음식을 가지고 온 아브라함이 화가 났습니다. 딴에는 음식을 다 차려놓고 하나님 앞에 그들 나름대로 손을 들고 '하나님 감사합니다' 기도를 드리고 먹으려 했는데 이 노인 감사기도도 안드리고 음식 가져오는 도중에 먹고 있단말입니다. 이게 마음에 안들어서 "아니, 조금만 기다리면 될 텐데 당신은 하나님께 감사기도도 안하고 식사를 하는 거요?" 하고 나무랍니다. 노인은 대답하기를 "나는 하나님을 믿지 않거든요. 그리고 배가 고파서 예의를 갖추지 못하고 먼저 먹었네요" 합니다. 너같은 놈을 위해서 내가 음식을 준비한 게 부끄럽다고 아브라함은 한바탕 화를 냈습니다. 식사하다말고 이 노인이 "대단히 미안합니다" 하고 조용히 나가버렸습니다. 그날밤 자는데 하나님께서 꿈에 나타나십니다. "아브라함아, 너 왜 그 사람 내쫓았느냐?" 하십니다. "그 놈이 감사기도도 하지 않고 식사를 하기 때문에 무례한 놈이라고 나가라고 했습니다." 하나님께서 말씀하십니다. "나는 그 사람을 위해서 80년을 기다렸다. 그리고 너희집에 보내주었는데 어떻게 그렇게 박대한단말이냐." 여러분, 얼마나 기다렸습니까?

토마스 에디슨이 67세되었을 때 그가 한평생 모아놓았던 그 많은 연구자료, 그 많은 실험했던 기구들 홀랑 불타버렸습니다. 화재가 난 것입니다. 67세에 그동안에 연구해놓았던 자료를 다 불태우고 나니 기가막힌 것입니다. 아무도 그를 위로할 수가 없었습니다. 그러나 에디슨은 말합니다. "재난도 가치있는 일일 수 있구먼. 나는 성공을 태운 것이 아니라 오랫동안 실패해놓았던 것을 다 태워버렸으니 이제 깨끗한 마음으로 다시 시작할 수 있겠구나." 그리고 감사한다고 말합니다. 그 3년 뒤에 첫번째 축음기가 세상에 선을 보이게 됩니다.

여러분, 재난의 시작입니다. 언젠가 그 끝이 옵니다. 그리고 하나님의 뜻은 조용하게 오늘도 이루어지고 있습니다. 이제 우리가 할 일은 이것입니다. 끝까지 견디는 자는 구원을 얻으리라 하셨으니 미워하지 않고 사랑하고 낙심하지 않고 소망 중에서 어떤 경우에도 믿음이 식어지지 않는 그런 마음으로 조용하게 주의 뜻에 순종해나갈 것입니다 그럴 때에 모든 일을 통하여 하나님께서는 위대한 일을 창조해가실 것입니다. "끝까지 견디는 자는 구원을 얻으리라." △

실낙원 인간상

여자가 그 나무를 본즉 먹음직도 하고 보암직도 하고 지혜롭게 할 만큼 탐스럽기도 한 나무인지라 여자가 그 실과를 따먹고 자기와 함께한 남편에게도 주매 그도 먹은지라 이에 그들의 눈이 밝아 자기들의 몸이 벗은 줄을 알고 무화과나무 잎을 엮어 치마를 하였더라 그들이 날이 서늘할 때에 동산에 거니시는 여호와 하나님의 음성을 듣고 아담과 그 아내가 여호와 하나님의 낯을 피하여 동산나무 사이에 숨은지라 여호와 하나님이 아담을 부르시며 그에게 이르시되 네가 어디 있느냐 가로되 내가 동산에서 하나님의 소리를 듣고 내가 벗었으므로 두려워하여 숨었나이다 가라사대 누가 너의 벗었음을 네게 고하였느냐 내가 너더러 먹지 말라 명한 그 나무 실과를 네가 먹었느냐 아담이 가로되 하나님이 주셔서 나와 함께하게 하신 여자 그가 그 나무 실과를 내게 주므로 내가 먹었나이다 여호와 하나님이 여자에게 이르시되 네가 어찌하여 이렇게 하였느냐 여자가 가로되 뱀이 나를 꾀므로 내가 먹었나이다

(창세기 3 : 6 - 13)

실낙원 인간상

　오늘과 다음주일을 연속으로 두 주일을 설교하게 되겠습니다. 오늘은 '실낙원 인간상' 이게 제목이고 다음주일은 '복낙원 인간상' 이 제목입니다. 그러니까 오늘 왔던 사람은 다음주일에 빠지면 안되겠습니다. 반드시 연결해서 듣고 이해해야만 되겠습니다.
　미국의 뉴욕에서 어느 때 한번 세계의 희귀도서전시회가 있었답니다. 아주 희귀한 책들을 모아가지고 전시회를 하는 그런 때가 있었는데 세계 각국에서 다양하게 아주 희귀한, 역사가 오랜 그런 책들이 전시되었고 많은 사람들이 관람을 했습니다. 그런데 그 많은 책 중에서 유독히 인기가 있어서 사람들이 많이 모여 구경하는 코너가 하나 있었습니다. 바로 세계에서 가장 두꺼운 책과 가장 얇은 책이 나란히 꽂혀 있는 코너였습니다. 가장 두꺼운 책의 제목은 「하와가 아담에게 한 말」입니다. 옛날부터 말이 많았던가봅니다. 그것이 제일 두꺼운 책이었습니다. 제일 얇은 책은 「아담이 하와에게 한 말」이라는 책인데 한 권이지마는 내용은 딱 두 줄밖에 없었습니다. "당신이 시켰잖아." 그것입니다. 그 외에는 아무 말도 없었습니다.
　인간의 인간됨은 네 가지로 가름된답니다. 첫째는 선택의 자유, 두 번째는 선택한 바에 대한 책임성, 세 번째는 책임에 대한 정직함 그리고 신실, 네 번째가 이 모든 관계에서의 하나님께 대한 믿음과 하나님 앞에서의 바른 자세—그 네 가지에 의해서 사람의 사람됨을 평가하게 되고 또 오늘도 그 속에서 우리는 살아가고 있습니다. 본문의 내용은 실낙원입니다. 에덴이라고 하는 아름다운 낙원을 잃어버렸습니다. 낙원에서 쫓겨납니다. 이 기가막힌 사건이 어디서 이루어졌느냐 하는 것입니다. 이것은 에덴동산에서 있었던 일이면서 오늘도 그러합니다. 여러분의 가정이 낙원이 될 수 있느냐 실낙원이 되겠느냐? 아니, 천국이 될 수 있느냐 지옥이 되겠느냐—그것이 곧 오늘본문 속에 잘 설명되어 있습니다. 간단한, 아주 오래된 역사적 사건이지마는 그 속에서 모든 원죄적 상황이 깨끗하게 설명되는 본문입니다. 아무리 읽어봐도, 또다시 상고해봐도 너무나도 소중한, 오늘 우리 사는 현실에 대한 깊은 문제에 해석을 주고 해답을 주는 중요한 말씀입니다.

첫째가 선택의 자유입니다. 선택성에 문제가 있습니다. 우리인간은 선택할 수 있는 능력을 가졌습니다. 그래서 인간입니다. 우리스스로 선택할 수 있습니다. 동물은 그것이 없습니다. 본능에 끌립니다. 본능을 절대로 억제하지 못합니다. 그러나 사람은 먹을것을 앞에 놓고도 안먹을 수 있습니다. 분명히 내가 해야 될 일을, 말아야 될 일을 내가 선택할 수 있습니다. 그것이 없다면 인간이 아닙니다. 하나님께서 우리인간을 창조하실 때 가장 귀한 하나님의 형상으로서의 인간에게 선택권을 주셨습니다. 그래서 스스로 억제할 줄도 알고 스스로 선택할 줄도 아는 것입니다. 그런데 문제는 선택함에 있어서 얼마나 깨끗한 양심으로 하느냐, 이것입니다. 얼마나 깨끗한 마음으로 하느냐, 여기에 불순한 동기가 있어서는 안됩니다. 아주 맑고 깨끗한 이성으로 맑은 양심으로 판단해서 선택을 해야 되는데 자, 여러분은 누가 보든말든 뭐라고 하든 결과가 어떻게 되든 나는 나대로의 양심대로 깨끗하게 선택하십니까? 그렇다면 참으로 훌륭한 인격의 사람입니다. 그러나 왕왕 많은 사람들은 그렇지를 못합니다. 선택할 때마다 너무 복잡한 생각을 많이 합니다. 다른 사람의 의지에 끌려서 할 때가 많고, 또 마음속에 있는 못된 욕심, 정욕에 끌리고 자존심에 끌리고 시기 질투에 끌리고… 이렇게 끌려가지고 내 선택의 기준이 흐려지는 것입니다. 내가 바로 선택을 하지 못하고 있습니다. 자, 내가 어디 가서 옷 한 벌을 산다 합시다. 저 옷이 내게 필요하다, 내 성격에 맞는다, 그래서 깨끗한 마음으로 선택해야 되는데 여기서 이게 문제라고요. 여자들이 그런다면서요? 어느 때 옷을 하나 사기 위해서 많이 망설이고 심지어 돈도 준비하고 해서 샀습니다. 사가지고 나오는데 딴 여자가 자기것하고 똑같은 것을 입고 다닙니다. 그러면 그 옷 안입는대요. 못됐지요? 이건 선택이 무엇엔가 끌려가고 있는 현상입니다. 이건 남의 눈치에 사는 것입니다. 우리는 절대로 잊지 말아야 합니다. 정욕이나 시기나 질투나 어떤 것에도 끌리지 않고 깨끗한 양심으로 스스로 선택할 수 있어야 합니다. 그뿐아니라 사람은 역시 과거에 매이고 미래에 매이거든요. 그래서 과거나 현재에 끌려서 내가 선택하는 이 순간 깨끗하게 선택하지 못하고 흐려지는 것입니다. 기준이 곤두박질합니다. 여기서 인간의 값어치가 떨어집니다. 오늘도 선택을 잘못한, 또 선택의 자유가 없는 그런 사람을 많이 볼 수가 있습니다. 벌써 자유를 잃어버렸습니다. 그러면 그 인격은 망가지는 것입니다. 언제나 깨끗한 마음으로 선택할 수 있는 자유를 누려야 합니다.

다음으로, 선택한 것에 대해서는 책임을 져야 힙니다. 내가 말한 것 책임져야 됩니다. 내가 행한 행동에 대하여 책임을 져야 됩니다. 하시(何時)라도 내 책임은 내가 져야 됩니다. 그런데 선택한 것에 대하여 책임을 안지는 사람이 있습니다. 이 무책임, 이게 문제입니다. 선택은 내가 해놓고 다른 사람 원망합니다. 선택할 때 내가 선택한 것인데 누굴 원망하는 것입니까. 자, 결혼을 했습니다. 아내를 선택했고 남편을 선택했습니다. 선택했으면 책임겨야지 선택해놓고 이제 와서 뭐가 어떻다저떻다, 잘못한 것같다, 나는 그러고 싶지 않았는데 누가 강요해서, 뭐 그럴 수밖에 없어서 그만, 뭐 억지로⋯ 이러는 인간처럼 맹랑한 인간이 없는 것입니다. 내가 선택한 것에 대해서 내가 책임을 겨야 됩니다. 환경 탓으로 돌릴 것도 없습니다. 누구를 원망해서는 안됩니다.

공산주의가 망한 이유 아시지요? 공산주의사회는 깡그리, 경제 사회 문화적으로 다 망했습니다. 가난하고 어렵습니다. 여러 나라를 일부러 다니면서 살펴보았습니다. 어쩌면 그리도 똑같습니까. 공산주의 동구권이 열릴 때 제가 여러 나라를 방문해보았습니다. 꼭 같은 것을 발견했습니다. 세 가지입니다. 첫째는 무책임, 둘째는 게으름, 셋째는 불성실입니다. 공산주의자는 거짓말을 잘합니다. 거짓말에 대해서 잘못한다는 생각도 일절 없습니다. 그것이 망조입니다. 이 세 가지는 매우 중요합니다. 무책임입니다. 전부 사회책임으로 돌립니다. 내가 못사는 이유가 다른 사람 때문이요, 가난한 사람이 잘 못사는 것은 부자 때문이요, 내가 공부 안한 것도 부모님 잔소리 때문입니다. 내가 안했지 누굴 탓하는 것입니까. 언제나 남의 책임으로 돌리고, 남을 탓하는 것입니다. 이게 체질이 되어버렸습니다. 오늘 거리에 나와서 왁왁 소리지르는 사람들 전부 책임을 남에게로 돌리는 사람들입니다. 거기에 문제가 있습니다. 그 사회는 망가지는 법입니다. 잊지 마십시오. 패륜아? 집을 나가서, 가출해가지고 못된 짓만 하고 다니는 아이들에게 물어보십시오. "내가 잘못했습니다" 하는 인간 하나도 없습니다. 사회가 못됐고 부모가 못됐고 누구 때문이고… 다 남의 책임으로 돌리고 있더라고요. 어떤 형제가 길을 가다가 길 한가운데에 놓여 있는, 누가 잃어버린 도끼 한 자루를 발견했습니다. 동생이 도끼를 손에 들고 "나 도끼 하나 주웠다"하고 자랑을 하니까 형이 "무슨 소리냐? 그게 어찌 너만의 것이냐. '우리가 도끼 하나 주웠다'라고 말해야지." 한참 가다가 도끼임자가 나타났습니다. "그 도끼 내 거요. 이리 주쇼." 그러니까 동생이 하는 말이 "우리가 주웠는데요"합니다. 형이 말합니다. "그런 때는 우리가 주웠다고 말하면 안되지. 네가 주웠다고 말해야지." 사람마다 교묘하게 남의 책임으로 돌리려고듭니다. 그런 마음 때문에 세상이 어려운 것입니다. 책임전가, 책임회피, 그 순간 인간의 가치는 떨어지고맙니다. 그 사람 볼 것 없어요. 책임질 줄 모르는 인격은 인격이 아닙니다. 값이 나가지 않는 사람입니다. 자, 이렇게 책임을 안지면 어떻게 됩니까. 그 다음에는 진실을 잃어버립니다. 따라서 자기자신도 잃어버리게 됩니다. 보십시오. 실낙원의 특징이 뭡니까. 실낙원의 인간상을 한마디로 말하면 책임회피입니다. 분명히 아담이 금단의 열매를 따먹었습니다. 그러니 딱 한마디면 됩니다. "내가 먹었습니다." 그러면 진실을 회복할 수 있건만 그는 이렇게 말합니다. '하나님이 주신 저 여자가 먹으래서 먹었습니다.' 아니 어느 때는 하나님께서 그 여자를 주었을 때 너무 좋아가지고 '뼈 중의 뼈요 살 중의 살이요' 하고 미친듯이 좋아하더니 이제와서는 '하나님이 내게 주신 저 여자가 주어서 내가 먹었습니다' 합니다. 어떻습니까? 아주 못된 남자입니다. 결국 이 순간 나는 누구입니까. 내가 없어지는 것입니다. 나는 한 여자의 말에 끌려다니는 초라한 인간입니다. 나라는 존재는 없습니다. 설령 여자가 주었더라도 먹은 거는 내가 먹은 것입니다. 선택은 내가 한 것입니다. 누가 줬건 내가 먹었습니다. 이게 아담이 해야 할 말이요 진실입니다. 그런데 이제와서 자기는 증발되고 한다는 소리가 저 여자가 먹으래서… 안먹으면 죽인다고 했나요. 공갈 협박한 것도 아닌데 지가 먹어놓고 지금 딴소리입니다. 여러분, 모든 행동에서, 어떤 경우에든 간에 내가 먹었습니다. 내가 선택한 것입니다. 그 책임을 내가 져야 됩니다. 이거 대단히 중요한 것입니다. 이제 또 하나님께서 하와에게 물으십니다. '넌 왜 그랬느냐?' 하와는 또 뱀이 시켜서라고 둘러댑니다. 뱀에게 순종하고 말았습니다. 그럼 자기존재는 없는 거 아닙니까. 아니, 뱀이 먹으랬건 말았건 안먹을 수 있는 건 나 자신이고 먹었으면 내가 먹은 거지. 그런데 뱀한테 책임을 돌리고 있는 것입니다. 참으로 불행한 일입니다. 바로 이것이 실낙원의 인간상입니다. 가정이든 사회든 나라든 마찬가지입니다. 모든 책임은 내게 있습니다. 내가 선택하고 내가 지는 것입니다. 그걸 잊지 말아야 합니다. 이걸 잃어버리는 순간 낙원은 없습니다.

가정에서도 그렇지 않습니까. 자식이 공부를 잘 못한다고 합시다. 그러면 그저 내가 잘못 가르쳐서 그렇고 내가 옛날에 공부 잘 안 했으니 나 닮아서 못하는 것같다―이렇게 말하는 어머니를 볼 수가 없습니다. 한다는 소리가 "당신이 애를 안돌아보고 밖으로 돌아다니니까 애가 아버지를 닮아서" 이렇게 됐다는 것입니다. 잘못한 것에 대해서는 꼭 남에게 책임을 전가합니다. 아이들이 밥상을 둘러엎고 난장판을 만들면 그 어머니 가만있다가 한다는 소리가 "용케 니 애비 닮았다" 합니다. 좋은 일에 대해서 "네가 아버지를 닮아서 그렇게 좋구나." "네가 어머니 닮아서 이렇게 훌륭하구나." 이렇게 말하는 곳 그곳이 낙원입니다. 전부 책임을 남에게 돌립니다. 부모는 자식에게, 자식은 부모에게, 아내는 남편에게, 남편은 아내에게 책임을 돌립니다. 바로 그것이 실낙원입니다. 그것은 같이 사는 합숙소일 뿐이지 살기는 지옥에 사는 것입니다. 이걸 알아야 합니다. 낙원이라면 그런 게 없어요. 책임은 내가 지는 것입니다. 좀더 나아가 가장 귀한 복음은 이것입니다. 남의 책임까지 내가 지는 것입니다. 내 책임을 남에게 돌린다면 지옥입니다. 실낙원입니다. 내 책임을 내가 질 때 복낙원입니다. 남의 책임을 내가 지려고 할 때 천국입니다. 그것이 바로 사랑이라는 것입니다. 사랑이 뭡니까. 남의 책임을 함께 하는 것입니다. 그에게 잘못의 책임을 묻지 않습니다. 오히려 그 책임을 내가 지는 것입니다. 예수님께서 우리를 위하여 십자가를 지신 것이 무엇인데요. 우리가 죽어 마땅한 죄를 그가 대신 지시고 십자가에 죽으셨습니다. 이것을 우리는 사랑이라고 합니다. 우리는 남의 책임을 묻지 맙시다. 아니, 묵묵히 그 책임을 내가 질 줄 아는 바로 거기에서 진정한 낙원이 회복되는 것입니다.

    밀턴의 「실낙원」이라고 하는 유명한 고전명저가 있지요. 「실낙원」 지옥편에 보면 재미있는 장면이 있습니다. 마귀새끼들이 지옥의 고통이 너무 뜨겁고 괴로우니까 눈물을 줄줄 흘리면서 웁니다. 울면서 마귀새끼 하나가 한마디 했습니다. "이럴 줄 알았으면 나도 예수 믿을 걸." 했더니 마귀괴수가 그 마귀새끼를 책망합니다. "이놈아, 네가 눈물을 흘리면 하나님이 기뻐한다. 이를 갈아라. 지옥은 원망하는 곳이다. 여기서는 눈물흘려서는 안된다." 이거 보십시오. 지옥이 어디냐고요? 원망하는 곳입니다. "하나님을 원망하라." 그렇게 사단이 외칩니다. 지옥은 바로 모든 책임을 남에게 돌리며 마침내 하나님까지 원망하는 곳입니다. 그러면 낙원은 어디냐? 내 책임을 내가 집니다. 조용하게 '이건 내 잘못입니다' 그리고 나가서 남의 책임도 조용하게 내가 지려고 합니다. 말없이 남의 책임도 내가 지려고 합니다. 이런 곳이 바로 낙원이라는 것입니다. 이런 이야기를 우리할머니로부터 들은 일이 있습니다. 옛날얘기라고 하면서 해주셨습니다. 어떤 날 남편이 시장에 가서 바지를 하나 사왔습니다. 그런데 바지길이가 좀 깁니다. 그래서 아내한테 말했습니다. 다 재보고 "요만큼만 잘라서" 다시 만들어달라고. "알았어요" 하고 아내는 바람벽에다가 그 바지를 걸어놨습니다. 시어머니가 가만 들여다보니까 며느리가 아이 젖먹이고 뭘 하다가 고단했던지 자고 있거든요. '아이고 에미가 저렇게 자고 있으면 되나. 아침에 일어나면 아비가 바지를 입고 나가야 될 텐데, 저거 길어서 안될 텐데…' 생각하고 몰래 가져다가 뭉텅 잘라내 마름질해서 걸어놨습니다. 시누이가 지나가다보니 올케가 자고 있거든요. 또 그 바지를 갖다가 잘랐습니다. 아, 거기다가 새벽이 되어 이 부인이 화다닥 정신을 차려가지고 '아이쿠, 바지를 줄여야 되는데…' 하고 컴컴한 데서 또 잘랐습니다. 마침내 바지는 핫팬츠가 되고말았습니다. 그러나 모두가 상대방의 실수하는 것을 내가 대신 책임지려고 한 것이므로 바지 하나 앞에 놓고 온식구가 그렇게 좋아하고 웃었다는 것입니다. 이게 낙원이라는 것입니다. 여러분, 깊이 생각해야 합니다. 아담이 죄를 범했지요. 이제 한번 생각해봅시다. 아담이 하나님 앞에 '내가 먹었나이다' 하고 한마디 더 '이 여자가 따 먹은 것도 내 잘못입니다' 하고 나왔다면 모르긴몰라도 하나님께서 아담과 하와를 에덴동산에서 쫓아내시지 않았을 거라고 저는 생각합니다. '다시한번 해보자.' 그러셨을 것만 같습니다. 그런데 오늘 보는 바와 같이 '어찌하여 네가 먹었느냐?' 하실 때 아내한테 책임을 돌리고 뱀한테 책임을 돌리고 마침내 저들은 낙원을 잃어버리게 됩니다. 하나님께서 아담에게 말씀하십니다. 아담아 네가 어디 있느냐, 하고 물으실 때 그때 정직하게 '내가 여기 있습니다. 내가 먹었습니다. 모든것은 제 잘못입니다' 하였더라면 낙원을 잃어버리지 않았을 거라고 저는 생각합니다. 여러분, 사랑이 뭡니까. 우리가 왜 낙원을 잃어버리고 삽니까. 행복을 찾아 가정을 이루었는데 행복은 없습니다. 잘살아보겠다고 몸부림치지마는 행복지수는 말이 아닙니다. 왜 이렇게 된 것입니까. 우리는 반드시 책임을 내가 질 뿐만 아니라 말없이 조용하게 다른 사람의 책임도 내가 져야 한다고 생각해야 합니다.

　제 친구 한 사람, 미국에서 같이 공부한 친구인데 지금 목사님이십니다. 그런데 그가 중학교다닐 때 있었던 일을 제게 얘기해주었는데 정말 마음에 '정말 그럴까?' 할 정도로 엄청난 이야기였습니다. 중학교 3학년 때, 들판에 나갔는데 웬 소가 자기를 받으려고 막 가까이 오더랍니다. 그는 화가 나서 "나쁜 놈! 너 왜 날 못알아보고 받으려고 하느냐?" 하면서 아, 글쎄 얼마나 못되었는지 돌방망이 집어들고 소를 때려죽여버렸다는 것입니다. 그리고 집에 돌아와 있는데 다음날 소 임자가 자기집에 왔더랍니다. 옆방에서 듣자하니 그 사람이 아버지에게 "당신아들이 내 소를 죽였소" 하는 것입니다. 아버지는 "알았수" 하고 소 임자를 돌려보내고는 아들을 불러 딱 한마디 묻더랍니다. "네가 소를 죽였느냐?" "예, 죽였습니다." "왜 죽였느냐?" "건방지게 나를 받으려고 해서 죽였습니다." "알았다." 그 아버지가 굉장히 엄한 분이어서 '나는 이제 죽었다' 했는데 아버지는 아무 말 없이 소값을 소 임자에게 물어주더랍니다. 그리고는 아무 말 없더랍니다. 그래서 그는 아버지 앞에 무릎을 꿇고 "내가 이제 사람답게 살겠습니다" 맹세를 하고 결국은 이렇게 목사가 되었노라는 얘기였습니다. 아버지가 만일 나한테 뭐라고 책망을 했더라면 내가 어떻게 되었을까? 그는 생각한다고 합니다. 틀림없이 가출했을 거라는 것입니다. 그러나 그 아버지는 '네가 잘못한 거 내가 책임진다' 하고, 그리고 아무 말이 없었습니다. 그 뜨거운 사랑 때문에 그는 아버지 앞에 완전히 무릎을 꿇고 한평생 아버지를 높이고 공경하며 존경하며 그 아버지의 뜻을 따라 산다고 하는 이야기를 듣습니다. 여러분, 아담아 네가 어디 있느냐, 하실 때 그 하나님의 부르심에 바르게 진실하게 정직하게 응답했더라면 아마도 낙원을 잃어버리지 않았을 것입니다. △

복낙원 인간상

이에 스스로 돌이켜 가로되 내 아버지에게는 양식이 풍족한 품군이 얼마나 많은고 나는 여기서 주려 죽는구나 내가 일어나 아버지께 가서 이르기를 아버지여 내가 하늘과 아버지께 죄를 얻었사오니 지금부터는 아버지의 아들이라 일컬음을 감당치 못하겠나이다 나를 품군의 하나로 보소서 하리라 하고 이에 일어나서 아버지께로 돌아가니라 아직도 상거가 먼데 아버지가 저를 보고 측은히 여겨 달려가 목을 안고 입을 맞추니 아들이 가로되 아버지여 내가 하늘과 아버지께 죄를 얻었사오니 지금부터는 아버지의 아들이라 일컬음을 감당치 못하겠나이다 하나 아버지는 종들에게 이르되 제일 좋은 옷을 내어다가 입히고 손에 가락지를 끼우고 발에 신을 신기라 그리고 살진 송아지를 끌어다가 잡으라 우리가 먹고 즐기자 이 내 아들은 죽었다가 다시 살아났으며 내가 잃었다가 다시 얻었노라 하니 저희가 즐거워하더라

(누가복음 15 : 17 - 24)

복낙원 인간상

켄가이어라고 하는 유명한 교수가 쓴「묵상하는 삶」이라고 하는 책이 있습니다. 그 책에 나오는 이야기 한토막입니다. 가수이면서 대중의 인기를 한몸에 받고 있는, 많은 재산도 모은 한 마돈나가 있었습니다. 그가 텔레비전 인터뷰를 하는 그 장면을 본 이야기를 책에 적고 있습니다. 아나운서가 그에게 상투적인 질문을 했고 또 마돈나도 상투적인 대답을 했습니다. 뭐, 보통 그렇게 묻고 그렇게 대답하는 게 아니겠습니까. 그러나 이렇게 대화한 뒤에 진지한 질문을 하게 됩니다. 한순간 느닷없이 아나운서는 이렇게 물었습니다. "당신은 모든것을 가진 여자입니다. 미모도 돈도 명예도 다 가졌습니다." 그는 옳다고 고개를 끄덕였습니다. "그렇습니다. 나는 모든것을 가진 여자입니다." 아나운서는 이어서 중요한 질문을 했습니다. "이 모든것을 포기해서라도 얻고 싶은 것이 혹시 있습니까?" 그 모든것을 다 포기해서라도 얻고 싶은 소중한 그 무엇이 있습니까―이 질문에 그는 갑자기 얼굴이 굳어졌습니다. 두눈에는 눈물이 고였습니다. 입술이 떨렸습니다. 깊은 한숨을 내쉬고나서 그는 조용하게 말했습니다. "어머니가 있었으면 좋겠습니다. 내 모든것을 그대로 받아주는 어머니, 내 기쁨을 함께할 수 있는 어머니, 어머니가 있었으면 좋겠습니다." 이 마돈나는 사랑하는 어머니가 없이는 절대로 행복할 수가 없었습니다. 그 모든것을 다 주고라도 어머니와의 아름다운 그 사랑을 사고 싶었습니다. 그것만 가지고 싶었습니다. 어느날 교회마당에서 노는 두 어린이가 서로 쥐어뜯고 아주 심하게 싸우는 것이었습니다. 목사님이 지나가다가 녀석들을 붙잡고 "야 이놈들아,

너희 천당 안갈래?"하고 소리쳤습니다. 그 중 한 어린이는 "예, 가야 죠" 하는데 다른 한 어린이는 "안갈래요" 합니다. "너 정말 천당 안 갈 거야, 죽어서?" "아니에요. 지금은 안갈래요. 지금은 천당보다 여기가 좋아요." 그러더랍니다.

글쎄요. 그 어린이는 지금 무엇을 생각하고 있겠습니까?

여러분, 실낙원에서 복낙원으로 가는 길 한번 생각해봅시다. 지난 시간에 우리는 에덴동산에서 쫓겨나는 실낙원 인간상을 상고했습니다. 이런 사람은 어디 갖다놓아 어느 시간에 어느 좋은 집에 산들 실낙원입니다. 그에게는 낙원이 없습니다. 이미 낙원을 잃어버린 사람입니다. 이제 복낙원으로 가는 길은 어디 있는 것입니까. 먼저 실낙원상의 의미를 잘 알아야겠습니다. 저는 그래 오늘본문에서 궁금한 것이 있습니다. 이 탕자가 집을 나가서 어떻게 지냈을까? 성경은 간단하게 "허랑방탕하여"라고 한마디로 끝냈습니다만 아마도 이랬겠지요. 어느 순간은 여기가 낙원이다 싶었는지도 모릅니다. 어느 술집에 앉아서 '여기가 낙원이다. 나는 자유다.' 큰소리를 친 때가 있었는지도 모릅니다. 만일에 사업을 했다면 성공을 할 때도 있고 실패할 때도 있었겠지요. 성공했을 때, 그리고 많은 친구들로부터 사랑을 받고 있을 때 '나는 성공했다' 라고 생각했을는지도 모릅니다. 그러나 지금은 배고픈 사람이 됐습니다. 가장 절박한 게 배고픈 것입니다. 여러분은 어떤, 어느 지경으로까지 배고파봤습니까? 배고픈 건 서러운 것입니다. 배고프면 고독합니다. 배가 고프면 견딜 수가 없습니다. 슬픔도 잊고 고독도 잊고 절박한 현실 속에서 그는 괴로워하고 있습니다. 그러나 어쩌면 그는 많은 후회를 했을 것입니다. 괴로워하고 후회하는 것, 이것은 복낙원으로 가는 길이 아닙니다. 괴로워한다고 후회한다고 뉘우친다고 길이 열리는 게 아닙니다. 깊이 뉘우치고 자살합니다. 그것은 정신적으로 벌써 죽은 것입니다. 결코 낙원으로 가는 길은 아닙니다. 우리는 종종 후회와 뉘우침을 회개라고 착각합니다. 바로 거기에 문제가 있습니다. 그래서 전도가 없는 것입니다. 전도와 선교가 없이는 복낙원의 길을 찾지 못합니다. 이것을 잊지 말아야 합니다. 탕자가 얼마나 고통을 당했는지 얼마나 후회했는지는 성경에 기록된 게 없습니다마는 짐작은 충분히 할 수 있습니다. 문제는 여기에 있습니다.

    탕자는 아버지를 생각합니다. 아버지를 생각하기 시작했습니다. 잘사느냐 못사느냐, 어떻게 하면 성공할까, 그게 아니고 아버지와의 관계가 잘못된 것을 생각하기 시작합니다. 아버지와의 관계, 아버지 집을 생각했습니다. 하나님을 생각하고 하나님께 가야 한다는 그 생각을 하기 전에는 진정한 회개가 아닙니다. 그래 오늘성경에 말씀하십니다. "스스로 돌이켜…" 대단히 중요한 말씀입니다. 스스로 돌이켜—'메타노이아' 곧 회개란 돌아간다는 뜻입니다. 돌이켜 생각을 바꿉니다. 여기는 아무리 잘산다고해도 낙원이 아닙니다. 아무리 성공했다해도 낙원이 아닙니다. 재산을 아무리 모았다고해도 여기에는 낙원이 없습니다. 여기가 아니고 아버지의 집을 생각합니다. 아버지의 집으로 돌아가야 한다, 거기에만 낙원이 있다—그는 깨닫게 됩니다. 특별히 오늘성경에는 신학적으로 엄청난 의미를 가진 말씀이 있습니다. 자기정체의식을 가집니다. '나는 아들의 자격이 없다. 하늘과 아버지께 죄를 지어서 나는 그분의 아들이 아니다. 아들일 수 없다. 나는 아버지께 가서 "아들이 아닙니다. 머슴꾼의 하나로 여겨주십시오" 라고 말을 해야 하겠다.' 자기자격을, 자기정체를, 자기현실을 인정했습니다. 스스로 자기정체의식을 확인하게 됩니다. 이걸 회개라고 하고 믿음이라고 하고 다시는 겸손이라고 합니다. 자기의를 포기하는 것입니다. 자기의 아들된 특권을 포기하는 것입니다. 아버지집에 오면서 '나는 아버지의 아들입니다'라고 말하는 게 아닙니다. '나는 아들이 아닙니다'라고 하면서 들어옵니다. 자기자격, 자기됨을 완전히 포기하는 그런 상태입니다.

　18세기 미국의 정치가 사상가 과학자로, 박학다식한 두뇌로 유명했던 벤자민 프랭클린의「자서전」에 볼 것같으면 그의 좌우명이 철저하게 '겸손'입니다. 아침도 저녁도 겸손을 생각했고 단 한마디의 말을 할 때도, 어느 누구를 대할 때도 겸손을 잃지 않으려고 노력했습니다. 그렇게 된 데는 이유가 있습니다. 청년시절에 어느 친구의 초대를 받아서 그의 집에 갔습니다. 저녁파티를 마치고 이제 집으로 돌아가는데, 그 집의 문이 유달리 낮습니다. 그래서 낮은 걸 보고도, 좀 허리를 굽힌다고 하고도 딱 이마를 부딪혔습니다. 피가 날 정도로 이마에 상처가 났습니다. 그러자 그 친구가 하는 말이 이랬습니다. "우리집 문을 이렇게 낮춘 것은 내가 집을 나설 때마다 '허리를 굽혀라' 하는 것을 한 번 더 생각하기 위해서네." 인생에서 겸손 빼면 그 인생 아무것도 아닙니다. 교만하면 끝장입니다. 묻습니다, 얼마나 겸손하냐고. 어찌생각하면 하나님께서 우리에게 성공도 주시고 실패도 주시고 건강도 주시고 질병도 주십니다. 이 모든것을 통하여 하나님께서는 나를 철저하게 겸손한 자로 만드십니다. 사도 바울 같은 위대한 사람에게 육체의 가시, 사단의 사자를 주셨습니다. 그것으로부터 벗어나려고 바울이 세 번을 안타깝게 기도했지마는 하나님께서는 들어주시지 않았습니다. 그 깊은 뜻은 이렇습니다.

'그 가시가 있어야 네가 겸손하다. 겸손해야 은혜될 수 있고 겸손해야 능력의 사람이 되고 겸손하고야 참으로 하나님의 사람으로 일할 수 있다.' 거듭거듭 묻습니다. 여러분은 얼마나 겸손합니까? 언젠가 한번 국회의원인 장로님이 나하고 악수를 하는데 허리를 깊이 굽히고 하는 것입니다. 그래서 내가 "아, 어떻게 이리도 허리가 굽었소?" 했더니 대답이 이랬습니다. "선거하느라고요." 선거운동 다니느라고, 선거운동 하는 동안에 그저 이렇게 악수하고 허리를 굽혔다는 것입니다. 장로님에게 정색하고 말했습니다. "그거 1년에 한 번씩 합시다." 선거운동 하고난 다음날은 괜찮은데 며칠 지나면 다시 꼿꼿해진단말입니다. 여러분은 어디까지 겸손합니까? 겸손이란 그렇게 말로 하는 게 아닙니다. 중요한 것은 나의 나됨의 정체, 나의 자격을 다 부인해버리는 것입니다. '나는 아들이 아닙니다. 아들이라 불리는 것을 감당할 수가 없습니다.' 바로 그런 마음입니다. 자기의를 완전히 포기하는 것입니다. 그런 다음에야 그는 정말 겸손한 사람이 됩니다. 어떻게 됩니까. 아버지께로 돌아오는 것입니다. 생각해보십시오. 이 돌아오는 용기는 겸손에서 나온 것입니다. 조금이라도 교만이 있었다면 죄송하지만 나같았으면 안돌아옵니다. 차라리 자살하고 말지 까짓거. 어떻게 하고 나갔는데 돌아와요? 왜 돌아오는 것입니까. 돌아오는 그 용기가 대체 어디서 오는 것입니까. 이걸 알아야 됩니다. 겸손하고야 용기가 나는 법입니다. 그래서 그는 부끄러움이 없습니다. 아버지가 뭐라고 하시든, 내쫓으시든 머슴으로 대하시든 상관없습니다. 이제 그 겸손 가운데서 용기를 가지고 돌아옵니다.

 모름지기 사람은 겸손의 용기가 있어야 됩니다. 용기가 있어야 회개합니다. 회개 아무나 하는 것이 아닙니다. "I am sorry." 미안합니다 하는 한마디도 쉽게 하는 게 아닙니다. 용기가 있어야 할 수 있는 말입니다. 저는 오래전 대통령 조찬기도회 때 대통령을 옆에하고 설교하면서 아브라함 링컨 얘기를 한 적이 있습니다. 그를 예로 들었습니다. 링컨이 큰 작전을 꾸밀 때 참모총장하고 의견이 대립했습니다. 참모총장은 이렇게 하자고 하고 대통령은 저렇게 하자고 하고… 서로 다투다가 결국 대통령이 자기맘대로 해버렸습니다. 그런데 실패했습니다. 링컨은 메모지에 큰 글자로 'I am sorry. 아브라함 링컨'이라고 써서 비서편에 참모총장한테 보냈습니다. 비서가 갖다 주었더니 참모총장이 이걸 딱 보자마자 한다는 소리가 "That's ridiculous guy!"였습니다. 상전인 대통령을 가리켜 "이런 멍청한 녀석!"이라고 큰소리로 욕을 하는 것입니다. 잔뜩 화가 났던 것입니다. 비서가 돌아오자 링컨이 물었습니다. "메모지 드렸나?" "드렸습니다." "뭐라고 하던가?" 비서는 난감했습니다. 대통령 보고 욕을 했는데 그걸 그대로 보고할 수도 없고 거짓말할 수도 없고… 그래서 더듬더듬 "멍청한 녀석이라고 합디다"하고 보고했습니다. 듣자 링컨은 껄껄 한바탕 크게 웃더니 이러는 것입니다. "그 사람 사람볼 줄 아는구만." 얼마나 위대합니까. 이 용기, 겸손에서 오는 이 용기, 겸손에서 오는 자유, 이것이 링컨의 인격이었습니다.

탕자가 집에 돌아옵니다. 이거 보통일이 아닙니다. 그 돌아오는 마음, 그 용기가 말입니다. 그뿐입니까. 이제 보십시오. 일단 돌아왔고 또한 행동으로 옮깁니다. 돌아와서는 이제 자기생각은 다 버리고 아버지만 생각했습니다. 아버지는 전혀 과거를 묻지 않았습니다. 저는 가끔 짓궂은 생각을 해봅니다. '그러게 집 나가지 말라 하지 않더냐?' 아버지가 이렇게 나왔다면 이 탕자는 어떻게 했을까? '내 그 말 나올 줄 알았습니다.' 그리고 휙 가버렸을 것만 같습니다. 죽는 한이 있어도 말입니다. 그런데 그런 식의 말은 한마디도 없습니다. 그저 '내 아들은 죽었다 살았고 잃었다 얻었노라. 옷을 입혀라, 반지를 끼워라, 신을 신겨라, 소를 잡아라, 잔치를 하자, 나는 즐겁다'할 뿐 탕자를 무조건 아들로 영접합니다. 오로지 아들로 영접합니다. 여기에 복낙원이 있습니다. 여러분도 생각해보십시오. 바로 이 순간에 이 아들이 이렇게 말할 수도 있지 않습니까. '아버지, 너무 이러시면 내 입장이 말이 아닌데요. 내 입장도 좀 생각하세요.' 그랬다면 그는 회개한 것이 아닙니다. 이 순간은 전혀 아무것도 생각지 않았습니다. 아버지는 과거를 묻지 않았습니다. 깨끗이 용서했습니다. 19세기 영국시인 브라우닝의 유명한 말이 있습니다. '용서하는 일은 참으로 좋은 일이다. 그러나 더 좋은 일은 잊어버리는 것이다.' 제가 이름을 대지 않고 말씀드립니다. 어지간히 끈질기게 목사를 괴롭히는 장로가 있었습니다. 소문난 사람입니다. 그런데 그 장로님이 돌아가실 때가 되었습니다. 목사님이 아무리 생각해도 그가 죽기 전에 내가 한마디 해야겠다 하고 찾아갔습니다. 조용히 기도하고나서 임종을 앞둔 장로님에게 "장로님, 그간의 섭섭했던 일이나 모든 일 다 용서해주세요. 이제는 잊어버립시다"했더니 장로님 눈을 뜨고 빤히 쳐다보면서 하는 말이 "아직도 기억하고 계세요? 나는 벌써 다 잊어버렸는데…"하는 것이라 목사님이 너무너무 부끄러웠다는 게 아닙니까. '나는 벌써 다 잊었습니다. 기억이 나지 않아요.' 그것이 용서입니다. 우리는 때때로 용서한다고 했다가도 10년 후에 "내가 10년을 참았는데…" 이따위소리 하기 쉽습니다. 그 기억이 안나야 되는 것입니다. 그게 용서입니다. '깨끗하게' 용서해야 합니다.

　오늘 이 아버지는 아들이 집을 나갈 때 괴로웠던 것, 기다리느라고 많은 세월 조마조마 가슴을 태웠던 것 전혀 생각지 않습니다. 다 잊어버렸습니다. 오직 '내 아들이 돌아왔다' 하는 그 마음밖에 없습니다. '죽었다 살았고 잃었다 얻었노라.' 나는 생각합니다. 그 순간 이 탕자가 참으로 귀중한 믿음을 가졌습니다. 아버지가 묻지 않는 과거를 자기가 이 시간에 말하지 않습니다. 그도 잊었습니다. 자기 입장에서 아버지를 보는 게 아닙니다. 오로지 아버지 입장에서 자기를 보고 있습니다. 아버지가 저렇게 기뻐하시는데… 그 마음뿐입니다. 그래서 아무 부끄러움도 염치도 없이 떡 앉아서 잔치를 얻어먹고 있습니다. 이 염치없는 것, 바로 이것이 믿음입니다. 이것이 신앙입니다. 누가 뭐래도 나는 하나님의 자녀입니다. 나는 하나님의 택함받은 사람입니다. 하나님의 특별한 은총을 받은 사람입니다. 그 외에 아무 생각도 없습니다. 내 과거가 어떠니 내 능력이 어떠니 내 현실이 어떠니 묻지 마십시오. 아버지가 잊어버린 내 과거를 내가 문책할 수 없습니다. 오로지 아버지만 생각하고 아버지만 기쁘게ㅡ 그는 동참하고 있습니다. 아버지가 기뻐하는 모습을 보면서 나도 기뻐할 뿐 그 외의 생각은 아무것도 없습니다. 여기가 낙원입니다. 복낙원입니다. 여러분, 나의 처지에 언제까지 매여 있을 것입니까? 그러지 말았어야 하는데ㅡ그 후회하는 마음도 하나님 앞에 죄송스러운 것입니다. 천국에는 과거가 없습니다. 지난날에 어떠했느냐가 아무 상관 없습니다. 낙원은 그대로 아버지의 사랑만 거기 있을 뿐입니다. 아버지사랑 안에 있는 나 자신만 있을 뿐입니다. 그 정체의식 속에 진정한 기쁨이 있고 그 행복에 살아갑니다. 이것이 낙원입니다. 잃어버린 낙원은 내가 회복하는 게 아닙니다. 하나님께로 돌아오고 하나님의 그 은총 속에 다시 깊이 안기게 될 때 여기에 새로운 사람이 있고 새로운 복낙원 인간상이 있는 것입니다. △

새 계명의 원초적 의미

저가 나간 후에 예수께서 가라사대 지금 인자가 영광을 얻었고 하나님도 인자를 인하여 영광을 얻으셨도다 만일 하나님이 저로 인하여 영광을 얻으셨으면 하나님도 자기로 인하여 저에게 영광을 주시리니 곧 주시리라 소자들아 내가 아직 잠시 너희와 함께 있겠노라 너희가 나를 찾을 터이나 그러나 일찍 내가 유대인들에게 너희는 나의 가는 곳에 올 수 없다고 말한 것과 같이 지금 너희에게도 이르노라 새 계명을 너희에게 주노니 서로 사랑하라 내가 너희를 사랑한 것같이 너희도 서로 사랑하라 너희가 서로 사랑하면 이로써 모든 사람이 너희가 내 제자인 줄 알리라
(요한복음 13 : 31 - 35)

새 계명의 원초적 의미

　　암에 걸려서 2개월밖에는 살 수 없는 남편이 있었습니다. 아내는 하염없이 눈물을 흘리며 누워 있는 남편 곁을 잠시도 떠나지 못했습니다. 두 달밖에 함께할 수 없다는 것 때문에 너무 괴롭고 답답하고 안타까운 시간을 보내고 있었습니다. 남편이 아내 보고 말했습니다. "내가 죽더라도 나만 생각해야지. 알겠지?" 아내는 그렇게 하겠다고 고개를 끄덕였습니다. 그러나 남편은 이렇게 말해놓고도 고개를 가로저었습니다. "당신은 너무 예뻐서 남자들이 가만히 내버려두지 않을 거야. 내가 알고 있어. 당신이 그 많은 유혹을 물리칠 수 없을 거야. 내 생각에는 특별히 당신의 눈과 코가 예뻐. 아무리 봐도 눈이 예쁘고 코가 예뻐. 그렇기 때문에 당신을 남자들이 그냥 두지 않을 거야." 이렇게 말했습니다. 이 말을 들은 아내는 많은 고민을 했습니다. 그러다가 '나는 당신의 아내로서 다른 어떤 남자의 유혹도 받지 않고 당신뒤를 따라갈 것입니다' 하는 뜻으로 밖에 나가서 눈 하나를 빼버렸습니다. 코를 잘라버렸습니다. 보라고, 나는 당신만을 사랑할 거라고 남편에게 말했습니다. 둘은 끌어안고 한없이 울었습니다. 남편은 아내의 그 뜨거운 사랑에 감격했습니다. 세월이 흘렀습니다. 3개월이 지나도 남편은 죽지 않았습니다. 5개월이 지났습니다. 점점 병은 나아서 남편은 건강해졌습니다. 남편과 아내가 손을 잡고 밖을 거닐게 됐습니다. 어느날 남편은 아내의 손을 잡고 조용히 걸으면서 말했습니다. "미안한 일이지만 나는 애꾸눈에 코가 없는 여자와는 살 수 없구려." 여러분, 사랑이 무엇입니까? 참사랑이 어떤 것입니까? 흔히 이런 사랑을 자기사랑이라고 합니다. 혹은 에로스적인 사랑이라고 합니다.

　슈바이처 박사는 말합니다. 인간의 가치는 그 희생에서 평가되는 것이라고. 그가 얼마나 사랑하느냐, 아니, 얼마나 희생할 수 있느냐, 그것이 그 인격 그 사람됨의 값이 될 것이라고 말합니다. 미국에 피터 핸슨이라는 예방의학 권위자가 있습니다. 그는 건강에 대해서 많은 책을 썼는데 건강에 대해서 대충 세 가지를 말합니다. 첫째는 적당한 음식, 적절한 음식을 먹어야 한다는 것입니다. 역시 그렇지 않습니까? 먹는 거 중요하지요. 두 번째는 적당한 운동을 해야 한다는 것입니다. 운동에 대해서 많은 말을 하고 또 우리가 그렇게 애쓰고 있습니다. 계속적으로 꾸준하게 적절한 운동을 해야 합니다. 세 번째는 나쁜 습관으로부터 벗어나야 한다는 것입니다. 늦잠자는 것, 술마시는 것, 담배피우는 것… 이런 못된 습관을 버리고 자기자제를 할 수 있어야 건강을 유지한다는 것입니다. 어디나 마찬가지입니다. 어느 책에서나 이 세 가지를 열심히 주장합니다. 그러나 이 피터 핸슨이 말하는 요점은 여기 있습니다. '이러한 세 가지는 건강비결의 50%밖에 되지 않는다. 나머지 50%는 사랑이다. 이웃사랑은 도덕적 문제가 아니라 건강상 문제다. 나아가 이웃사랑이라는 것은 건강의 문제만이 아니라 살고죽는 문제다.' 사람은 사랑하고야 살 수 있고 사랑받고야 삽니다. 밥을 먹고 사는 게 아닙니다. 사랑을 먹고 삽니다. 사랑할 대상이 있어야 살고 사랑을 깨달아야 살고 사랑을 확증하며 살고 사랑과 함께 우리는 건강을 지켜갈 수 있고 생명을 지속할 수 있습니다. 행불행의 문제가 결코 물질도 건강도 명예도 아닙니다. 문제는 사랑입니다. 깊이 생각해야 될 것입니다. 성경은 이렇게 말씀합니다. 사랑은 계명이라고. 하나님께서 우리인간을 내시고 기본원칙을 주셨습니다. 복과 저주가 여기 있습니다. 십계명을 주셨습니다. 여러분도 잘 아시지 않습니까. 십계명을 자세히 보십시오. 일곱 가지가 '하지 말라'는 것입니다. 세 가지가 '하라'는 것입니다. 하지 마라, 이거 하지 마라… 말씀합니다. 바로 이것은 생명의 길이요 행복할 수도 있고 저주받을 수도 있다는 것입니다. 복과 저주가 율법에 있습니다. 율법의 기준이 있습니다. 기본원칙입니다. 율법은 우리생명이 살아갈 수 있는 기본틀입니다. 여기에 가까이 살면 건강할 것이고 여기서 역행하면 병들고 죽을 것입니다. 아인슈타인 박사의 유명한 말이 있습니다. 그는 과학적 차원에서 말합니다. '이 우주에는 큰 힘이 있다. 에너지가 있다. 에너지의 근본은 인격적인 에너지다. 인격적인 에너지엔 도덕성이 있다. 그래서 사람들이 그 우주원리에, 그 도덕적 원리에 가까이 살면 건강하고 총명도 있고 머리도 좋고 또 행복할 수 있고, 여기서 역행하면 결국은 자기파탄을 맞는 것이다.' 이건 과학자의 말입니다.

　오늘 예수님께서는 십자가지시기 전야에 새로운 계명을 주십니다. "새 계명을 너희에게 주노니 서로 사랑하라." 왜 새 계명입니까. 본래 구약에도 있지 않습니까. 십계명의 근본이 사랑이라 하십니다. 예수님 스스로 해석해주셨습니다. 율법이 무엇입니까. 하나님을 사랑하고 이웃을 사랑하라는 것입니다. 즉 계명은 한마디로 사랑입니다. 그런데 왜 이제와서 새 계명이라고 말씀하십니까. 낡은 계명은 같은 계명이지만 소극적입니다. 부정적입니다. 하지 마라, 하지 마라… 마치 뭐와 같은고 하니 우리가 어린아이들 키울 때 아이들 보고 '하라' 하는 말은 거의 없는 것과도 같습니다. 아직 말도 제대로 못할 때인데 이거 하지 마라, 저거 하지 마라, 오줌싸지 마라, 싸우지 마라 합니다. 그 아이들이 좀 알아듣고 말을 할 수 있다면 아마도 이렇게 나올 것입니다. "다 하지 말라면 나는 뭘 하랍니까?" 하라는 말은 한마디도 없습니다. 그와같이 우리 유치한 사람들에게는 여전히 오늘도 '하지 마라'가 통합니다. 금법입니다. 금기. 그런데 이 금기에 매여 사는 사람이 있습니다. 이것도 하지 마라, 저것도 하지 마라, 이것도 하지 말아야겠다, 저것도 하지 말아야겠다… 얼마나 힘듭니까. 그렇게 아주 아무 일도 할 수 없습니다. 어린아이들도 보면 그런 아이들이 있어요. 너무 잔소리를 많이 하는 그런 부모님 밑에서는 아무 일도 할 수 없습니다. 쫄아들어서 한평생 아주 소극적인 미약한 인간이 되고 요새와서는 '마마 보이'가 됩니다. 너무도 우스워요. 어느 책에 보니 신혼여행가가지고 제 신부한테 매맞고 '엄마'한테 전화걸었다고 합니다. "엄마, 나 맞았어." 어쩌다가 이렇게 됐습니까. 세상이 말입니다. 자라면서 너무 많은 잔소리를 들은 탓입니다. 요새는 연상의 여자와 결혼하는 일이 많습니다. 짧은 생을 살면서 참 별걸 다 구경합니다. 옛날에는 키도 남자가 크고 여자가 작은 게 보통이었는데 지금은 여자가 큰 게 보통일 정도입니다. 또 나이로 봐도 저도 이젠 세상을 많이 살아서 누구든 척 보면 몇살인지 알거든요. 보면 적어도 여자가 5년 이상은 연상입니다. 어떤 사람은 8년입니다. 제가 신부가 신랑보다 13년 연상인 짝까지 결혼주례 해줬습니다. 그런데 여자가 연상인 이런 커플이 얼마나 되는고하니 여러분, 놀라지 마십시오. 29%나 됩니다. 요새는 연상 아내인 짝은 문제거리도 안됩니다. 왜 그렇게 연상을 좋아하겠습니까. 바로 '마마 보이'이기 때문입니다. 어머니한테 듣던 잔소리를 계속 들어야 편안하지 이게 중간에 중단되면 불안해서 못삽니다. 그러니까 어머니의 그것이 이어지길 바라는 것입니다. 나 원, 살다살다 별걸 다 봅니다. 좌우간 그게 그렇습니다. 금기에 매여 사는 것 문제입니다. 하지 말라, 하지 말라, 하지 말라—이게 문제입니다. 또하나는 무조건반항입니다. 금기가 싫어서 반항입니다. 제가 그런 일을 직접 경험했습니다. 고등학교 3학년이어서 몇달 후면 시험을 봐야 할 아이가 어머니가 아침에 "일어나라" 그러면 발작을 일으킵니다. 숫제 발광을 합니다. 학교도 안갈 생각을 합니다. 이거 큰일나지 않았습니까. 그래서 심리학적으로 잘 더듬어봤더니 이 아이는 어머니한테 지쳐서 어머니음성만 들리면 발작을 하는 것입니다. 시험은 며칠 안남았는데. 그래서 할수없이 우리여전도사님을 통해서 아침마다 전화걸어줬습니다. "얘, 일어나거라." 벌떡 일어납니다. "이제부터 3개월 동안 어머니는 절대 말하지 마세요. 입을 열지 마세요. 밥도 딱 차려놓고 그냥 나가세요. 얼굴 마주 대하지 마세요"했습니다. 3개월 동안 그렇게 해서 그 아이 대학 들어갔습니다. 대학 들어간 다음에 제가 파티를, 큰 대접을 받았습니다. 받을만하지요. 아이 하나 죽을 걸 살렸으니 안그렇겠습니까. 하여간 얼마나얼마나 잔소리를 많이 들었는지 그렇게 반항을 합니다. 어머니목소리만 들리면 벌써 속에서 발광을 하는 것입니다. 사람의 가정이 어쩌다가 이 모양이 됐습니까. 오늘도 보면 그런 유의 사람이 많습니다. 누가 뭐 하라 이래라저래라 하면 무조건 반항부터 하고 보는 것입니다. 'No!'부터 하고 나가는 것입니다. 이런 인간 참 문제 아닙니까.

　　그런가하면 진정으로 이것이 무엇으로 말미암았는지 그 율법의 근본의도를 압니다. '사랑하라.' 누구 위한 것입니까? '살인하지 말라.' 누구를 위한 것입니까. '도둑질하지 말라.' 누구를 위하는 것입니까. '이건 다 나를 위한 것이다.' 깊이 뜻을 이해하고 사랑하는 마음으로 자유롭게 선택적으로 율법을 지키는 사람이 있는 것입니다. 이것이 바른 자세이겠지요. 그런데 낡은 법에서는 '하지 말라' 합니다. 예수님말씀은 사랑하라는 것입니다. 다시 따져보면 이게 같답니다. 자, 보십시오. 살인하지 말라는 것은 생명을 보전하자는 것입니다. 생명을 사랑하라는 말씀입니다. '이는 이로, 눈은 눈으로'라는 말이 있습니다. '네가 남의 이를 부러뜨렸으면 반드시 네 이도 부러질 것이다.' 그 말은 남의 이가 내 이요 남의 눈이 내 눈이라는 것입니다. 그런고로 이웃을 사랑하라는 말씀이 '내 눈을 사랑하거든 똑같이 남의 눈도 사랑하라'는 말씀입니다. 따져 깊은 심층에서 분석해 보면 그 다 같은 말씀입니다. '이는 이로, 눈은 눈으로' 라는 말과 '이웃을 네 몸과 같이 사랑하라' 하신 말씀이 같은 맥락에서 풀이되는 것입니다.

  예수님께서 '새 계명을 너희에게 주노라' 하십니다. 왜 새 계명입니까. 저주의 규범에서 벗어나 생명의 규범으로 그 뜻을 옮기기 때문입니다. 무엇보다 중요한 것은 '내가 너희를 사랑한 것같이'입니다. "아가파테 알렐루스, 카토스 휘가페사 휘마스"—아주 중요한 말씀입니다. '내가 너희를 사랑한 것같이' 거기에 새로움의 의미가 있는 것입니다. 내가 복받기 위해서 나 잘살기 위해서 사랑한다는 게 아니고 이미 사랑을 받았습니다. 엄청난 사랑을 받았습니다. 그러니까 낡은 율법에는 동기와 동력이 없습니다. 그런데 이 새 율법에는 동기가 부여됩니다. '네가 사랑을 받았으니 사랑하라. 내가 너희를 사랑한 것같이 서로 사랑하라.' 이렇게 말씀하십니다. 에리히 프롬의 너무나 유명한 「사랑의 기술」이란 책이 있습니다. 이 책에 보면 이렇게 말합니다. 유치한 사람, 어린아이는 그 논리가 이렇습니다. '사랑받기 때문에 사랑한다.' 사랑받은 만큼만 사랑한다는 것입니다. 그러나 성숙한 어른으로 볼 때는 그게 아닙니다. '사랑하기 때문에 사랑받는다.' 사랑받기 위해 사랑하는 게 아닙니다. 사랑하다보면 언젠가 사랑받게 되는 것입니다. 사랑받기 위해 사랑하는 게 아니거든요. 그게 바로 성숙한 마음입니다. 또다시 유치한 사람은 '나는 네가 필요하기 때문에 너를 사랑한다' 합니다. 그러나 성숙한 사람은 '내가 너를 사랑하기 때문에 네가 필요하다'고 합니다. 자, 내가 필요에 의해서 사랑하는 것입니까? 나의 필요에 의해서, 나 중심적으로―그것은 에로스입니다. 그건 에로스, 잘못된 사랑입니다. 그러나 참사랑이라는 것은 무조건 사랑하는 것입니다. 사랑의 이유 없습니다. 사랑에는 아무런 이유가 없습니다. 사랑의 마음으로 보고 사랑의 마음으로 주고, 사랑하기 때문에 당신은 내게 필요하다―이것이 사랑의 원리입니다.

오늘 예수님 말씀하십니다. 사랑의 전제입니다. '내가 너희를 사랑했다. 그러므로 서로 사랑해라. 아가파테 알렐루스―아가페의 사랑을 서로 하라.' 왜? "내가 너희를 사랑한 것 같이…" 주님께서 우리를 어떻게 사랑하십니까. 원수와 같은 우리를 사랑하십니다. 죄인이요 원수요 사도 바울이 늘 말하는대로 하나님과 원수되었을 때 그가 나를 사랑하셨습니다. 또 이 사랑은 action입니다. 감상이 아닙니다. 눈물흘리는 게 아닙니다. 말만 하는 게 아닙니다. 행동입니다. 찾아오셨고 또 나아가서는 의롭다 하시는 것입니다. 여러분은 어떤 선물을 원하십니까? 금덩이입니까? 다이아반지입니까? 요새 심리학적으로 이렇게 말합니다. '가장 큰 선물은 온전한 용서다.' 그까짓 돈이 문제입니까. 옷이 문제입니까. 가장 큰 것은 용서입니다. 내 모든 허물을 다 이해하시고 다 덮어버리십시다. 요새 나는 잘 못보아도 절반은 우리집사람한테 얘기를 듣습니다마는 '애정의 조건'인가 뭔가 하는 드라마가 있는데 내가 지금 그게 궁금합니다. 저 과거 있는 여자가 무사히 살까? 저거 앞으로 어떻게 될까? 어제 마지막장면에 보니 보따리 들고 나가던데 그 다음이 걱정입니다. 오늘저녁 어떻게 될지 모르겠습니다. 그런데 좌우간 내가 알기로는 그거 해피앤딩이 될 것같습니다. 왜요? 남자가 이미 다 알고 있거든, 과거 있는 여자인 걸. 알고 사랑한 것입니다. 그런데 여자는 그걸 모르고 지금 조마조마해서 '나는 이대로 못살겠다. 지금까지 살아온 것만도 용하고 내가 너무 오랫동안 남편을 속였기 때문에 나 그냥 만족한다. 나 그냥 헤어져도 좋다' 하는 데까지 왔습니다. 이제 회개하기 시작합니다. 진정한 회개입니다. 그 나머지, 결과가 어떻게 오느냐, 이 것입니다. 이건 대단히 중요한 것입니다. 여러분은 안봤습니까? 뭘 하셨어요, 그것도 안보고. 좌우간 여러분 생각해보십시오. 사랑이 뭡니까? 그 모든 고통을 다 내가… 작가가 어떻게 쓸지는 모르지만 '처음부터 알고 있었다. 걱정하지 마라.' 그러면 제가 전화걸겠어요, 잘 썼다고.

　　아가페가 무엇입니까. 가장 큰 선물이 무엇입니까. 모든 허물과 약점 다 덮고 용서합니다. 이것만이 아닙니다. 좀더 나아가서는 의롭다 하시는 것입니다. 성경은 이것을 말씀하는 것입니다. justification, 의를 주시는 것입니다. 그래서 하나님의 자녀 되게 하시는 것입니다. 자녀로 영접하시는 것입니다. 그것이 진정한 사랑입니다. 의롭다 하는 것—내가 대신 허물을 지고 내가 대신 욕을 먹고 내가 대신 죄인이 되고 대신 죽어가면서 저를 의롭다 하고 저를 깨끗한 자로 높이는 것입니다. 인정하는 것입니다. 이것이 사랑입니다. 사랑의 승리입니다. 우리가 먼저 사랑을 받았습니다. 먼저 받았다는 데서 출발합니다. 받은 사랑이 너무 큽니다. 그 감격에서부터 베푸는 것입니다. 사랑의 모두에 대한 공식이 있습니다. 보십시오. '네가 나를 대한 것같이 내가 너를 대하마.' 이건 율법입니다. '네가 내게 어떻게 대하든지 관계없이 나는 너를 사랑할 것이다.' 독선입니다. '네가 나를 사랑할 때까지 나는 너를 사랑할 것이다.' 자기집착입니다. 그것도 사랑이 아닙니다. 참사랑은 '그리스도께서 나를 사랑하셨으니 그 사랑으로 내가 당신을 사랑할 것입니다' 하는 것입니다. 이것이 진정한 사랑입니다. 이것만이 사랑입니다. 우리가 받은 사랑이 무엇입니까. 주께서 먼저 우리를 사랑하신 것, initiative, 주도적으로 우리를 사랑하신 것입니다. 또한 무조건적으로 우리를 사랑하셨습니다. 사랑받을만해서 사랑받은 게 아닙니다. 사랑하시기 때문에 사랑받을만한 것입니다. 아시겠습니까? 칼 바르트의 유명한 말이 있습니다. '하나님의 사랑은 대상을 찾아 헤매는 것이 아니라 대상을 창조하시는 것이다(God's love does not find it's object but creates it.)' 하나님의 사랑은 대상을, object를 찾아 헤매는 게 아닙니다. 어떤 사람을 사랑할까? 어떤 사람이면 사랑받을까? 아닙니다. 다만 사랑받을만한 자로 창조하시는 것입니다. create하십니다. 창조적 사랑입니다. 여기에는 이유를 묻지 마십시오. 그 결과도 논하지 마십시오. 이래서 그 다음이 어떻게 되느냐고 묻지 마십시오. 다만 이렇게 많은 사랑을 받았으니 나도 사랑할 뿐입니다. 이것이 계명입니다.

저는 인천에서 목회할 때 특별한 경험을 한번 했습니다. 장로님의 가정에 공장이 하나 있고 공장직공이 한 300명 되는데 그 장로님의 맏아들, 고등학교 2학년 아이가 그 직공 중의 예쁜 여자아이 하나를 건드려가지고 아이를 만들었습니다. 이거 어떡하면 좋습니까? 난리가 났습니다. 그러나 장로님은 편안했습니다. "아 그놈 재주도 좋네. 결혼시키면 되지. 순서가 좀 바뀌었지만 결혼시키면 돼." 결혼시켰습니다. 그래 제가 고등학교 2학년학생 결혼하는 걸 주례해봤습니다. 그 집 권사님이나 다른 식구들은 다 부끄럽다고 하지마는 장로님은 평안했습니다. 어떻게 그럴 수가 있나, 궁금해서 물었습니다. 장로님은 아무 말도 없는데 그 부인이 대답을 합니다. "제가 사실은 속아서 이 양반과 결혼한 것입니다. 이 양반이 서른 살까지 방탕했답니다. 별 못된 짓 다 하다가 국제성병까지 걸려서 다 썩어나가는 판인데 오랫동안 병원에서 치료해서 간신히 건강을 회복하고 결혼을 한 것입니다. 의사는 말했어요. 결혼은 하지만 다 고장나서 아이는 못낳을 거라고… 이래 결혼한 것입니다. 정말로 10년 동안 아이가 없었습니다. 이제 그런가보다, 양자라도 둬야겠다 하는 때에 은혜를 받았어요." 장로님말씀이 새벽기도나와서 기도하는데 기도를 못했다고 합니다. 너무 뜨거워서요. 아고 뜨거워, 아고 뜨거워… 온몸이 불덩어리였다고 합니다. 그래서 새로운 변화가 왔습니다. 아이가 생긴 것입니다. 얼마나 고마웠던지 연년생으로 다섯을 낳았습니다. 생각해보십시오. 이게 보통아이입니까. 이렇게 생긴 아이입니다. 이게 어떤 사랑입니까. 이건 면죄부입니다. 속죄표라고 너무 감사해서 그 아이가 조금 실수를 했기로니 장로님말씀대로는 "씨는 못속여. 그게 뭐 문제가 되느냐"는 것입니다. 하등의 문제가 안됩니다. 너무너무 감사할 뿐입니다. 거기다가 또 손자를 낳았습니다. 좋아가지고 정신 없었습니다.

여러분, 생각해보십시오. 하나님께로서 받은 사랑, 나를 의롭다 하신 사랑, 이 죄인을 하나님의 자녀 만드신 사랑, 깊이 생각해보십시오. 이제 누구를 사랑하지 못할 이유가 있습니까. 누구를 사랑 못한다는 것입니까. 무엇을 못한다는 것입니까. 그래서 말합니다. 성도 여러분, 지쳤습니까? 환경이 어렵습니까? 어려울수록 사랑의 언어는 효과적입니다. 건강한 때보다도 병든 때, 성공한 때보다도 실패한 때에 사랑은 더 확실해집니다. 사랑의 커뮤니케이션은 더 확실해집니다. 안그렇습니까? 이건 실패가 없습니다. 사랑은 그런고로 이 모든 어려움 속에 새로운 기회를 맞게 합니다. 사랑으로 말미암아 새로운 활력을 얻습니다. 다시 주님음성을 들어봅시다.

"내가 너희를 사랑한 것같이 너희도 서로 사랑하라." △

나를 능하게 하신 예수

나를 능하게 하신 그리스도 예수 우리 주께 내가 감사함은 나를 충성되이 여겨 내게 직분을 맡기심이니 내가 전에는 훼방자요 핍박자요 포행자이었으나 도리어 긍휼을 입은 것은 내가 믿지 아니할 때에 알지 못하고 행하였음이라 우리 주의 은혜가 그리스도 예수 안에 있는 믿음과 사랑과 함께 넘치도록 풍성하였도다 미쁘다 모든 사람이 받을 만한 이 말이여 그리스도 예수께서 죄인을 구원하시려고 세상에 임하셨다 하였도다 죄인 중에 내가 괴수니라 그러나 내가 긍휼을 입은 까닭은 예수 그리스도께서 내게 먼저 일체 오래 참으심을 보이사 후에 주를 믿어 영생 얻는 자들에게 본이 되게 하려 하심이니라

(디모데전서 1 : 12 - 16)

나를 능하게 하신 예수

　제가 아는 한 의사선생님이 있습니다. 제가 이름을 이 시간에 밝히지는 않겠습니다. 의사며 의과대학 교수이기도 합니다. 그는 한평생 환자를 돌보고 또 의학에 대해서 연구하면서 부수적으로 늘 생각하는 것이 뭐냐하면 사람은 건강을 위하면서도 한편으로는 건강을 해치는 일을 자초하고 있다, 병은 스스로 만드는 것이다, 하는 것이었습니다. 이렇게 예방의학적으로 생각을 많이 하던 나머지 그중에 제일이 담배를 피우는 것이라고 했습니다. 백해무익한데, 담배가 주는 나쁜 영향이 얼마나 큰가 하면 폐암을 비롯한 많은 암이 다 직간접적으로 담배로부터 비롯되는 것임을 알기 시작했습니다. 그래 이래서는 안되겠다 해서 책을 썼습니다. 담배가 몸에 해롭다, 이건 아무래도 끊어야 되겠다 하는 내용입니다. 여러 달 걸려서 책 한 권을 썼습니다. 그런데 이 책을 쓰면서 그는 계속 담배를 물고 있었습니다. 하루에 몇갑씩을 피웠습니다. 그리고 이 책을 출간하고나서 몇 달 안가 그 자신이 폐암으로 죽었습니다. 나는 이 사건을 놓고 생각해봅니다. 이 참 중요한 증거입니다. 도대체 사람의 지식이 뭡니까. 알면 뭘 합니까. 우리가 뭘 배운다, 공부한다, 깨닫는다 몸부림치고 있지마는 정보? 말짱 헛것입니다. 제대로 되는 게 뭐 있습니까. 알면 뭘 합니까. 실천하지 않는데, 실천할 수가 없는데요.
　어제 차를 타고 가면서 라디오에서 나오는 재미있는 멘트를 들었습니다. 아주 재미있는 얘기입니다. '아내는 남편에 대해서 남편의 용기는 기억하되 남편의 실수는 기억지 말아야 한다. 또 남편은 아내에 대해서 아내의 생일은 기억하되 아내의 나이는 기억하지 말아야 한다.' 가만히 들어보니 일리가 있고 아예 진리였습니다. 그러나 문제는 기억을 내마음대로 못한다는 것입니다. 자꾸 생각나는데 어떡합니까. 기억한다는 것, 참 문제입니다. 기억해야 할 것 기억되지 않고 잊어버렸으면 좋겠는데 자꾸 기억이 나서 잠도 못자고 내 마음을 내마음대로 할 수 없는 것입니다. 도대체 인간의 지식이라는 것이 한심한 것이지요. 그의 지식이 그를 구원하지 못합니다. 그 많은 정보가 우리세상을 바로잡지 못합니다. 그 많은 연구, 많은 학자들의 이론이 이 나라 경제고 정치고 뭐하나 제대로 해놓는 게 없습니다. 공부가 부족했나요? 대학이 없던가요? 말들은 곧잘 하는데 되는 게 없습니다. 왜? 자기도 자기마음을 자기마음대로 못하거든요. 주얼 테일러라고 하는 교수가 쓴 에세이집에 「Success Gems」라고 하는 제목의 책이 있습니다. 거기에서 이렇게 말합니다. '현대인이 겪는 가장 빈번한 정서가 두려움이다. 현대인의 그릇된 정서 그 깊은 곳에는 두려움이 있다. 이 두려움 때문에 원치 않는 일을 하게 되고 또 해야 할 일을 못하게 된다. 이 모든 두려움은 무지에서 나오는 것이다.' 가장 많이 아는 것같으나 아는 것이 없고 검증되지 아니한 지식에 매여서 새로운 사건에 부딪힐 때마다 손을 들고 맙니다. 꼼짝 못합니다. 정보는 정보일 뿐 그것이 생명력을 생산하지 못하고 있습니다. 그래서 먼저는 자기자신에 대한 무지가 문제입니다. 내가 할 수 있습니까. 내가 나를 믿을 수 있습니까. 내 지식 내 의지대로 실 수 있는 것입니까. 근본적으로 그것이 문제라는 것입니다. 또한 해야 할 일이 무엇인지 모릅니다. 어차피 다 할 수는 없습니다. 내가 해야 할 일은 요것뿐인데 그걸 모르고 있다는 것입니다. 나와 관계도 없고 내가 할 수도 없는 헛된 일만 잔뜩 생각을 하고 정보처리능력이 없습니다. 그런가하면 자신의 삶의 가치를 스스로 모르고 있습니다. 내가 왜 존재하는가? 그걸 모르기 때문에 우리의 많은 지식도 소용없는 것이 되고 말더라 하는 것입니다. 그러면 이것을 극복하는 길은? 그는 몇가지로 말해줍니다. 먼저 초연한 용기가 필요합니다. 돈도 지식도 아니고 생명력 깊은 곳에서 나오는 신앙적 용기가 아니고는 아무것도 될 게 없습니다. 또한 아주 진실한 겸손이 있어야 합니다. 겸손과 진실은 하나로 통합니다. 우리는 겸손할 수밖에 없는 존재입니다. 맨밑바닥에 닿는 겸손 거기에 내 진실이 있습니다. 진실이 옥상에 올라앉으면 안되는 것입니다. 꼭대기에 올라가면 끝나는 것입니다. 그것은 거짓입니다. 내 회개의 밑바닥, 바로 거기에 진실이 있을 때 비로소 여기서부터 삶의 힘이 솟아오르는 것입니다. 또한 내가 무엇을 해야 할지 무엇을 원하는지 최우선적인 것을 결정해야 합니다. 어차피 다 하지 못합니다. 다 알 필요도 없고 또 다 할 필요도 없습니다. 오늘 내가 할 일, 오늘과 내일 내가 할 일에다가 초점을 맞추는 그런 지혜가 있어야 힘이 생깁니다. 또한 자기자신의 가치를 바로 평가해야 합니다. 내가 얼마나 소중한 존재인가? 아직도 소중한 존재입니다. 하나님 앞에는 엄청난 의미가 있는 존재입니다. 주께서 우리를 위하여 십자가에 돌아가신 것 만큼의 소중한 가치가 우리자신에게 있는 것입니다. 이것을 알고 소중히 여길 때만이 무지를 극복할 수 있습니다. 그리고 하나님 앞에서 스스로 책임지는 책임적 인격을 가져야 하겠습니다. 아무도 원망하지 말고 누구 탓으로 돌리지도 말고 오로지 하나님 앞에 정직하게 책임지는 것입니다. 일찍이 해밀턴이라는 교수도 'Be honest to God' 곧 하나님 앞에 정직하라 했습니다. 하나님 앞에 정직해야 한다고 말했습니다.

오늘본문에 보니 사도 바울은 하나님께 특별히 감사하고 있습니다. 그의 많은 편지 속에 기도가 많고 특별히 감사하는 내용을 편지에 그대로 또박또박 쓰고 있습니다. '나는 하나님께 감사한다.' 고린도전서 15장 10절에 보면 '나의 나된 것은 오직 은혜다. 이 은혜가 헛되지 아니하여 내가 있다' 하였습니다. 매우 중요한 말씀입니다. '오직 은혜, 오직 은혜일 뿐이다. 그 은혜가 열매를 맺어서 오늘 내가 있을 뿐이다.' 그것이 그의 정체의식입니다. 그것이 인생관이요 가치관입니다. 자기존재의 의미가 거기 있다는 것입니다. 오직 은혜. 그리고 오늘본문에서는 한 단 더 나가서 '나로 능하게 하셨다' 합니다. "나를 능하게 하신 그리스도…" 능하게 하셨다는 말은 헬라말로 '엔두나모산티'인데 이는 뒤나미스, 다이나믹, empower, 능력을 주어서 가능케 하셨다는 것입니다. 자, 우리 깊이 생각해봅시다. 어떻게 해야 가능해질까? 그는 조목조목이 설명을 합니다. 먼저는 하나님의 오래 참으심 속에 내가 있다는 것입니다. 내가 죄지을 때 그대로 심판하시고 내가 그릇된 길로 갈 때 그대로 벼락을 치신다면 어떻게 되겠습니까. 그런데 내가 예수믿는 사람을 향하여, 스데반을 향하여 돌을 던질 때도 하나님께서는 내 머리에 벼락을 치지 않으셨습니다. 내가 예수믿는 사람을 잡으려고 다메섹까지 달려가는 노상에서도. 주님께서는 나를 오래오래 참아주셨습니다. 마치 장난꾸러기 어린아이가 이래 실수하고 저래 실수해도 우리가 참아주는 것처럼 말입니다. 나는 지금도 가끔가끔 생각해봅니다. 옛날에 박학전(朴鶴田) 목사님이라고 계셨는데 연세가 많은 분이었습니다. 그 집에 한번 볼일이 있어 갔는데 그 외손자를 하나 데려다가, 제 아버지 어머니가 다 직장에 나가니까 데려다가 외로우니까 누 노인이 키웠습니다. 아이는 아주 버릇없이 컸습니다. 이 녀석이 한창 말을 배우고 나가 놀고 하는 때가 되었는데 이 녀석이 밖에서 놀다가 우리, 손님들이 많은 자리에 뛰어들어오더니 "할아버지" 부르고는 할아버지를 발길로 차면서 이 새끼 저 새끼, 그러더라고요. 아, 세상에 이럴수가 있나? 우린 깜짝놀랐습니다. 민망하기도 하고. 그런데 목사님은 빙그레 웃으면서 이걸 끌어안아주고 쓰다듬어주더라고요. "아니 그래, 천하의 불효자, 이 나쁜 녀석을 어떻게 그렇게 하십니까?" 하니까 목사님은 "몰라서 그렇지. 새끼인지 할아버진지 애가 아나? 저는 그거 좋은 소린 줄 알고 하는 건데 나야 좋게 받아들여야지" 하는 것입니다. 아, 거기 귀한 철학이 있더라고요. 그렇지 않습니까? 여러분은 세상을 이렇게 볼 수 있겠습니까? '그 다 몰라서 그러는 건데…'

사도 바울은 생각했습니다. 내가 생각해보니 천하에 잘못했거든요. 잘못한 게 너무 많습니다. 그래도 하나님께서는 일체 오래 참으셨습니다. '오래오래 너그럽게 참아주셔서, 참아주셨기에 오늘 내가 있다. 그의 오래 참으심 속에 오늘 내가 있다.' 그렇지 않습니까? 오늘도 여러분이 잠깐잠깐이라도 어떻게 실수 없이 살겠습니까. 그러나 하나님께서는 오래오래 너그럽게, 그저 우리 박목사님이 손자 보듯이 참아주십니다. '그래서 오늘 내가 있는 것이다. 그래서 내가 가능했다.' 이 얼마나 진실한 고백입니까. 또한 '그가 나를 선택하셨다' 합니다. '나는 의가 없고 공로가 없고 부족하지마는 무조건 일방적으로 선택하셔서 나를 하나님의 사람 되게 하셨다.' 선택적 교리, 이것은 히브리사람들의 철저한 신앙입니다. '선택받은 자다.' 그런 감사함이 있습니다. 또한 "나를 충성되이 여겨 내게 직분을 맡기심이니' 합니다. '피스티스'라는 헬라말은 믿는다는 말입니다. 충성되이 여긴다는 말이 믿는다는 말입니다. '그가 나를 믿어주었다.' 얼마나 고마운 일입니까. '믿어주었다.' 여러분, 가장 큰 사랑이 무엇입니까? 믿어주는 것입니다. 그래서 저는 어제도 결혼주례 했습니다마는 결혼주례 할 때마다 늘 똑같은 말이지마는 이 말만은 꼭 합니다. 다 중요한 말이지만 이 말만은 제가 절대로 빼지 않고 말합니다. "남편을 믿어라. 사랑은 믿어주는 것이다. 아내가 남편을 믿어줄 때 그보다 고마운 게 없다. 사랑한다는 말 하루에 천번을 해도 소용없다. 백번을 해도 소용없다. 딱 한마디 'I trust you.' 나는 당신을 믿습니다, 당신의 말도 믿고 당신의 진실도 믿고 당신의 능력도 믿습니다, 하는 이 말처럼 고마운 말이 없다. 얼굴이 잘났나 못났나 별것 아니다. 어차피 새벽에 나갔다가 밤에 들어오는데 뭐, 까짓 상관없다. 중요한 건 나를 믿어주는 사람이라는 것이다. 나를 믿어주는 사람에게 내 마음이 가고 내 사랑이 가는 것이다." 우리가 주를 믿는 이유가 어디 있습니까. 주님께서 나를 믿어주시기 때문입니다. 내가 하나님을 믿을 때 구원에 이르고 하나님께서 나를 믿어주실 때 일을 맡기십니다. 거기에 복을 주십니다. 나를 믿어주실 수 있을 때 복을 주십니다. 이게 중요한 것입니다. 믿어준다는 것. 웰치라고 하는 '제너럴 모터스'의 아주 유명한 회장이 있습니다. CEO로 아주 대표적인 분입니다. 그의 기록에 이런 말이 나옵니다. 그가 고등학교 다닐 때 좀 말썽꾸러기였습니다. 심지어 온동네가 말하기를 '얘는 무슨 공부를 해도 소용없을 거다' 라고 했습니다. 인간 아예 못돼먹었구만, 했습니다. 그런 문제아였는데 '그런데도 집에만 돌아오면 우리어머니는 웃으면서 나를 보고 "I trust you"라고 말했다. 너는 장난이 좀 심하지만 나는 너를 믿는다, 이 모든 과정을 거쳐서 잘될 줄로 믿는다,

Don't worry, I trust you — 이 한마디가 나를 용기있게 하고 오늘 나를 있게 했다' 라고 그는 고백합니다.

　　오늘성경에 사도 바울은 말씀합니다. '충성되이 여겨주셨다.' 나를 믿어주신 하나님, 나를 믿어주신 그리스도. 어떻게 믿어주셨느냐도 중요합니다. 충성을 인정해주셨습니다. '알지 못할 때 행함이니라.' 알지 못하고 예수를 핍박했습니다. 그러나 그 속에는 진실이 있습니다. 그가 허랑방탕했다는 말이 아닙니다. 예수믿는 사람을 죽이는 것이 하나님의 일이라고 생각했습니다. 지식이 잘못되었을 뿐이지 그나름의 진실은 있었습니다. 그것을 인정해주셨습니다. 그래서 예수님께서 '이 인간은 방향만 바꾸면 되겠다' 하셔서 싹 바꾸어가지고 제자를 삼으신 것 아닙니까. 이걸 알아야 됩니다. 사람됨이 적극적이고 긍정적입니다. 그가 아는 지식을 위해서 최선을 다했습니다. 그가 아는 성경지식에다 자기목숨을 걸었습니다. 이것이 사도 바울이었습니다. 그리고 '직분을 맡기셨다' 합니다. 맡긴다는 것 참으로 중요합니다. 우리가 일을 맡았다는 게 얼마나 중요합니까. 오늘도 건강을 맡았고 지식을 맡았고 재산을 맡았고 시간을 맡았습니다. 이 맡은 바 맡겨주신다는 것이 바로 하나님의 큰 사랑이라는 것을 알아야 합니다. 니그렌이란 신학자의 재미있는 말이 있습니다. '세상에 제일 불쌍한 사람은 일거리가 없는 사람이다.' 그렇지요? 할 일이 없는 사람. '다음으로 불쌍한 사람은 만날 사람이 없는 사람이다.' 아무리 생각해도 내가 만날 사람이 없습니다. 내가 전화를 걸려고 해도 상대방에게 실례될 것같아서 전화를 걸 수가 없습니다. 참 비참한 일입니다. 이보다 더 비참한 사람은 자기가 하고 있는 일의 의미를 모르고 있는 사람입니다. 내가 지금 뭘 하고 있는지, 그 소중한 의미를 모른다면 이보다 불행한 일이 없다는 것입니다. 직분을 맡기셨다—appointment입니다. 지명해서 '네가 이 일을 하라. 이방인의 사도로 이방사람에게 가서 복음을 전하라' 하셨습니다. 사도 바울은 압니다. 하나님께서 나에게 무엇을 맡기셨는지 압니다. 지난 주간에 대한예수교장로회 총회가 있었습니다. 그런데 제가 총회장소에 나가지는 않았습니다. 그러나 그저 만나는 사람마다 인사차 한마디씩 합니다. "우리 총회가 잘못했지요?" "뭘?" "아, 목사님한테 한번 총회장을 드려야지, 그 큰 장소만 빌려가지고 늘 신세를 지면서 목사님한테 총회장 한 번도 못하게 해드렸으니 총회가 크게 잘못한 거 아닙니까." 늘 그런 얘기를 합니다. 그래서 내가 말했습니다. "아니올시다. 그건 내가 안한 겁니다. 뭐 누가 시켜주지도 않는데 내가 안하겠다는 말도 말이 안되지만 그래도 안하겠다고 총회에서, 우리 당회서 결의를 하고 그랬습니다. 왜 안했느냐? 이유 간단하지요. 그쪽으론 내가 소질이 없거든요. 강의를 하고 책을 쓰고 설교하라고 하면 하지만 총회장은 나하고 영 팔자가 맞지 않아요. 코드가 안맞아요. 전 노회장도 할 줄 몰라요. 간신히간신히 당회장만 하지. 그러니 못하죠. 그건 내 일이 아닙니다." 여러분도 이것을 알아야 합니다. 그냥 하란다고 넙죽 뛰어드는 것이 아닙니다. 내가 할 일이 따로 있습니다. 하나님께서 내게 주신 것은 따로 있습니다. 그것만이 나의 일입니다. 그것민입니다. 그래 총회 하고 있는 시간에 나는 천안 가서 부흥회 하고 있었습니다. 그건 내가 하지요. 그러나 총회는 아닙니다.

여러분, 좀더 엄격하게 생각해보십시오. 하나님께서 내게 맡기신 바가 무엇인지, 나로하여금 하게 하신 것이 무엇인지를 말입니다. 그걸 해야 하나님께서 능력을 주시지 하나님께서 원치 않으시는 일을 하면서 '하나님, 이거 하게 해주십시오' 한다고 하나님께서 하게 하시겠습니까. 바울의 역사를 가만 보면 그가 유대사람들에게 복음을 전해보려고 꽤 애를 썼습니다. 그때마다 어려웠습니다. 길이 막혔습니다. 그런데 이방인에게로만 가면 성공적입니다. 그는 이방인의 사도였습니다. 끈질기게 유대사람에 대한 그의 간절한 소원이 있었습니다마는 그것은 바울의 몫이 아니었습니다. 바울에게는 오직 이방사람이었습니다. 마침내 그는 그것을 생각하는 것입니다. '내게 그런 직분을 맡기셨다. 확실하다.' 그래서 가능하게 되었습니다. empower — 알게 하시고 깨닫게 하시고 강단있게 하시고 능력있게 하셨다는 것입니다. 대단히 중요한 일입니다. 7월호 「가이드 포스트」에 재미있는 기사가 났습니다. 대한민국의 '탁구여왕' 현정화 선수에 대한 이야기입니다. 그는 2004년 올림픽에 국가대표팀 코치로 나가서 아주 간절하게 응원하고 지도하고 했습니다. 직접 뛰지는 않지마는 뒤에서 그렇게 애쓰는 모습을 여러분도 보았을 것입니다. 그는 참으로 훌륭한 선수였습니다. 1992년에 그는 그만 허리를 다쳐서 선수생활에서 은퇴하려고 고향으로 돌아가 있었습니다. 쓸쓸하게 지냈는데 국가대표선수선발대회가 있다는 말을 듣고 마음에 충격을 받아서 허리가 부러지더라도 한 번 더 나가야지 하고 뛰어들었습니다. 그리고 '하루하루 최선을 다하게 하여주시옵소서. 하나님이여, 몸으로 하나님께 영광을 돌리게 하여주십시오.' 기도하면서 뛰었다는 것입니다. 제가 말레이시아에 부흥회 인도하러 가서 쿠알라룸푸르에 갔을 때 깜짝놀랐습니다. 그 부흥회에 현정화 양이 온 것입니다. 부흥회 끝난 다음에도 그냥 앉아서 간절하게 기도하는 그런 모습을 보았습니다. 철저한 신앙의 사람입니다. '몸으로 하나님께 영광을 돌리게 해주십시오' 하고 출전하면서 계속해서 주님을 붙잡습니다. '주님께서 나를 잡아주십시오.' 순간순간 기도하면서. 그래서 1993년에 세계탁구선수권대회에서 그는 금메달을 따게 됩니다. 그가 금메달을 목에 거는 순간은 엄청난 장면이었습니다. 메달을 목에 걸자말자 탁 무릎을 꿇고 하나님 앞에 기도하고 손을 들어 하나님께 영광을 돌렸습니다. 그 기사가 이제서 「가이드 포스트」잡지에 나온 것을 보았습니다. 그는 하나님 앞에 기도했습니다. '주님께서 나로 승리케 하셨습니다. 감사합니다.' 주님께서 나를 승리케 하셨습니다 ―그것이 그의 기도였습니다. '하나님 영광을 받으시옵소서.' 벌써 오래전 일이지만 그 얘기를 세계적인 잡지 「가이드 포스트」에서 내보낸 것입니다. 무엇을 말하는 것입니까.

    사도 바울은 하나님께 감사합니다. 진실한, 감사한 마음으로 하나님 앞에 나갔습니다. 루스드라에서 그가 설교할 때 눈앞에서 앉은뱅이가 하나님의 말씀을 열심히 듣는 것을 보았습니다. 마음이 뜨거워지는 가운데 설교를 하고 설교끝에 그대로 그의 손을 잡고 "일어나라" 소리쳤습니다. 나면서부터 앉은뱅이였던 그 앉은뱅이가 벌떡 일어났습니다. 깜짝놀랐습니다. 온 성이 사도 바울은 하늘에서 내려온 제우스신이다, 하면서 바울 앞에 와서 제사드리겠다고 했습니다. 그래 바울이 아니다, 무슨 짓 하는 거냐, 하고 말리는 장면을 볼 수 있습니다. 아마 바울은 한평생 이 장면을 잊지 못했을 것입니다. '내가 누구입니까. 내가 누구인데 저 나면서부터 앉은뱅이된 사람을 벌떡 일으킬 수 있단말입니까.' empower, 내게 능력 주십니다. 빌립보서 4장 13절에서 말씀합니다. "내게 능력 주시는 자 안에서 내가 모든것을 할 수 있느니라." 나는 이 말씀의 옛날번역을 좋아합니다. '내게 능력 주시는 자 안에서 능치 못할 일이 없느니라.' 그것이 바울의 신앙고백입니다. △

만민의 기도하는 집

또 나 여호와에게 연합하여 섬기며 나 여호와의 이름을 사랑하며 나의 종이 되며 안식일을 지켜 더럽히지 아니하며 나의 언약을 굳게 지키는 이방인마다 내가 그를 나의 성산으로 인도하여 기도하는 내 집에서 그들을 기쁘게 할 것이며 그들의 번제와 희생은 나의 단에서 기꺼이 받게 되리니 이는 내 집은 만민의 기도하는 집이라 일컬음이 될 것임이라 이스라엘의 쫓겨난 자를 모으는 주 여호와가 말하노니 내가 이미 모은 본 백성 외에 또 모아 그에게 속하게 하리라 하셨느니라

(이사야 56 : 6 - 8)

만민의 기도하는 집

오스트리아의 작곡가 하이든은 독실한 기독교인으로도 유명합니다. 한번은 예술가들이 한자리에 모여서 그들 나름의 고통의 문제를 놓고 열띤 토론을 벌이는 그런 때가 있었습니다. 인간에 대한 증오, 그리고 경제적인 결핍, 또 창작활동에 대한 무력감… 이러한 것으로 인해서 시달리고 괴로움을 당할 때 그것을 어떤 방법으로 극복하는가에 대한 나름대로의 경험들을 이야기하고 있었습니다. 여러분 아시는대로 사람이 이 세상을 살아가려면 자기스트레스를 극복하는 자기비결을 가지고 있어야 합니다. 이것이 없으면 쓰러지는 것입니다. 예술가들은 나름대로 자기이야기들을 했습니다. 속이 상할 때는 독한 술을 마신다 하는 사람도 있고 친구를 찾아가서 고통을 하소연한다는 사람도 있고 어떤 사람은 그저 정처없이 훌쩍 떠나서 얼마동안 방황하는 여행을 한다 했습니다. 또 어떤 사람은 분노를 마음껏 분출해버려서 그러다보면 다치기도 하고 싸우기도 하고… 이런저런 나름대로의 이야기를 나누었습니다. 말이 없던 하이든은 마지막에 그의 비법을 묻는 사람에게 대답했습니다. "나는 독특한 고통퇴치법을 가지고 있다네. 우리집에는 작은 골방이 하나 있는데 거기에 들어가서 문을 닫고 하나님께 모든 사정을 그대로 다 고하고나면 골방에서 나올 때는 환한 얼굴로 가벼운 마음으로 다시 시작할 수가 있지"라고 말했습니다.

언어연구가이며 인간의식연구가로서 유명한 오웬 바필드라고 하는 분이 그의 「Saving the Appearances」라고 하는 저서에서 지식의 양식에 대한 3단계의 원칙을 말하고 있습니다. 첫째는 figuration단계입니다. 단순히 현상을 사물로 바꾸어 이해하는 것입니다. 단순한 이해입니다. 크면 크다, 작으면 작다, 까만 것은 까맣고 흰 건 희다… 이런 단순 이해가 있습니다. 기본적인 것입니다. 이게 정직한 것입니다. 두 번째는 설명을 동반한 관찰로서 외적인 표상에 대해 사고하는 과학적 논리적인 이해의 단계입니다. 이것을 가리켜 그는 **Alpha-Thinking**이라고 합니다. 알파사고라고 단계를 높여 규정하고 있습니다. 진리의 영역이란 이런 것입니다. 어떤 것이든지 과학적으로 논리적으로 이해하는 것, 거기서 진리가 이루어집니다. 세 번째는 생각에 대한 생각으로서 성찰적 사고라고, **Beta-Thinking**이라고 그는 규정하고 있습니다. 그것은 자신이 자아의식을 가지게 되며 보면서 보이지 않는 세계를 생각합니다. 손으로 만지지만 만지는 것만이 아닙니다. 그 속의 보이지 않는 그 무엇을 성찰할 수 있는 그런 지식, 여기서 신의 영역을 발견할 수 있다고 말합니다. 여러분 아시는대로 믿음은 보지 못하는 것의 증거입니다. 사람은 보는대로만 생각해서는 안됩니다. 보이지 않는 것을 얼마나 많이 보고 사느냐, 현재에 살면서도 아주 먼 미래의 일까지 다 경험하고 느끼고 그리고 살아가는 것이 바로 바른 인식이다, 라고 확실하게 논증을 하고 있습니다.

예수님 12세 때 부모의 손을 잡고 예루살렘 성전을 방문하게 됩니다. 절기때 가서 일주일 동안 성전에서 지내게 되는데 사, 중요한 것은 이 순례를 마치고 다 돌아가야 되겠는데 어린 예수님은 거기서 빠집니다. 나는 도대체 이해가 안되는 것이 어떻게 그 부모님이 이 어린 아이를 데리고 가지 않고 저들끼리 사흘길을 갈 수가 있다는 것입니까. 이게 말이 안된다 싶습니다. 어쨌든 가다가 아이가 없는 걸 알고 다시 돌아갑니다. 여기서 우리가 중요한 걸 생각해야 합니다. 이들은 동리사람들이 전부 한 가족입니다. 우리 가족 친구들 중 어디에 어린 예수님이 함께 있겠지… 이스라엘사람들은 이스라엘이면 다 부모형제요 자매요 그렇습니다. 뭐 친척이 따로 없습니다. 이스라엘이고 순례의 길에 올라서면 다 한 형제자매로 압니다. 그러니 어딘가에 같이 있겠지 했는데 알고보니 아이를 잃어버린 것입니다. 그래 예루살렘성전에 다시 올라가서 예수님을 만나게 됩니다. 그때 그 어머니는 너무 답답해서 '네가 어떻게 우리한테 이렇게 했느냐? 우리한테 쓸데없는 고생을 하게 했느냐?' 하고 탓하지만 예수님께서는 너무도 천연스럽게 아주 중요한 대답을 하십니다. "내가 내 아버지 집에 있어야 될 줄을 알지 못하셨나이까(눅 2 : 49)." 내가 내 아버지 집에—무슨 말씀입니까. 예수님의 고향이 어딥니까. 이제 추석때가 되니 다들 시골로 간다 하는데 반대로 서울로 올라오는 사람들도 많습니다. 자녀들이 사는 곳으로 부모님들이 올라옵니다. 결국 고향이란 지방도 아니고 땅덩어리가 아닙니다. 아버지 어머니가 계신 곳, 사랑하는 사람이 있는 곳, 그것이 고향입니다. 우리는 이것을 알아야 합니다. 죄송하지만 몇년 전에 제가 우리고향에 한번 가봤습니다. 다시는 안갈 겁니다. 쓸쓸하기 짝이 없고 아무것도 없습니다. 할아버지 할머니 산소마저 싹 쓸어버렸습니다. 그래 넓은 밭이 되고 말았습니다. 교회가 있던 곳도 한참 추리해야 알 만큼 다 밀어버려서 농장을 만들고 말았습니다. 아는 사람 하나 없고 만날 수도 없고… 그걸 어찌 고향이라고 하겠습니까. 여러분은 마음의 고향이 어딥니까? 예수님 보십시오. 오랫동안 훈련받고 교육받은 결과라고 생각합니다. 오늘 처음 깨달은 게 아닙니다. "내가 내 아버지 집에…"

아버지가 누구입니까. 내 아버지 집이 어디입니까. 어린 예수님의 마음의 고향입니다. 여기가 행복하고 여기가 즐거운 것입니다. 그래서 다시 갈릴리로 갈 생각을 못하신 것입니다. 나사렛이냐 베들레헴이냐 가버나움이냐—그거 중요하지 않습니다. 내 아버지 집, 내 아버지의 사랑이 있는 곳, 아버지의 따뜻한 보살핌이 있는 곳, 푸근하고 행복한 바로 그 자리가 내 아버지 집입니다. 우리 예수믿는 사람들은 이 교회를 우리마음의 고향으로 삼고 삽니다. 바로 교회중심으로 삽니다. 우리마음의 고향, 언제나 여기가 우리의 고향입니다. 귀성이라고 하고 요새는 역귀성도 하는데 그건 문제가 안됩니다. 내 아버지 집—그런 개념에서 다시한번 생각을 해야 하겠습니다.

그리고 오늘성경은 말씀합니다. "내 집은 만민의 기도하는 집이라…" 만민의 기도하는 집. 여러분, 경건이 무엇입니까? 경건은 일시적으로라도 우리가 일상적인 현상에서 벗어나야 가능합니다. 그럼으로 경건이 이루어집니다. 항상 하던대로만 되어서는 안됩니다. 그래서 교회에 나와야 되고 그래서 기도시간을 정해야 되고 그래서 주일이 중요하고 안식일이 중요한 것입니다. 우리인간들도 아는데 창조주되시는 하나님께서 모르시겠습니까. 우리인간들이 매니아현상에 빠지는 약점을 가지고 있습니다. 무엇인가 좋은 일을 만나면 거기 미쳐버리는 것입니다. 돈을 줬더니 돈에 미칩니다. 여자를 줬더니 여자에 미칩니다. 아브라함에게 아들을 줬더니 아들에 미쳐 정신 못차리는 것입니다. 사람에게 이런 매니아이즘(Maniaism)이 있습니다. 그래서 하나님께서는 '아니다, 일주일 그 중에 하루를 떼라. 시간적으로 구별하라. 이건 안식일이다. 일상적인 것으로부터 벗어나라. 또 성전이다. 만민이 기도하는 집이다' 하십니다. 하나님께서 어딘들 안계시겠습니까. 어디선들 기도 못하겠습니까마는 '아니다. 성전이다. 만민의 기도하는 집으로 오너라. 거기서 내가 만나주마' 하십니다. 이렇게 시간과 공간을 종합해서 이루어놓은 것이 절기입니다. '온 이스라엘이 예루살렘성전 앞에 모여라. 일주일 동안 모든 일을 전폐하고 모여라.' 그게 절기입니다. 글쎄요, 우리 팔월추석이 그건 아닙니다마는 그러나 그런 의미가 있습니다. 우리가 다 일상적인 것에 매여 있습니다. 일에 매이고 공부에 매이고 가정에 매이고 육체에 매이고… 다 뭔가에 빠져서, 뭔가에 미쳐서 삽니다. 하나님께서 미치지 않기 위해서 떠나라 하십니다. 매니아이즘으로부터 구원하기 위하여 시간적으로는 안식일, 공간적으로는 교회, 그리고 민족적으로 절기를 주셨습니다. '이것을 지켜라. 그리하면 이 땅에 복을 주리라' 말씀하십니다.

　기도라는 게 무엇입니까. 우리가 하나님께 나온 줄로 알지만 사실은 하나님께서 우리를 부르시는 것이요 우리가 하나님께 기도하는 것이 아니라 하나님께서 임마누엘하시어 우리 가운데 계시는 것입니다. 그렇게 계시는 곳 계시는 시간 계시는 사건, 그래서 하나님의 전에서 예배하도록 하셨습니다. "만민의 기도하는 집'이라 하셨습니다. 중요한 역사를 봅시다. 이스라엘백성이 광야에 나옵니다. 애굽에서 나와 광야에 머무릅니다. 이 광야교회라는 것, 대단히 중요한 의미를 가졌습니다. 애굽에서 나와 가나안에 들어가기 전의 가나안에 들어가서 영원히 살 생활에 대한 오리엔테이션입니다. 새로운 삶의 스타일을, 삶의 의미를 결정하는 시간입니다. 그래 광야교회생활을 딱 세 마디로 요약할 수 있습니다. 첫째가 율법을 지키는 것입니다. 하나님의 법을 가르치고 하나님의 법을 외우고 하나님께 명상하면서 사는 법을 가르칩니다. 오로지 하나님의 법. 두 번째는 성막입니다. 수달피가죽으로 만든 천막입니다마는 그게 옛날에는 성전입니다. 옛날성전 그 앞에 모여서 안식일을 지키며 하나님 앞에 예배합니다. 그래서 성전중심으로 삽니다. 천막을 칠 때도 성막을 치고 그 뒤에 죽 돌아가면서 칩니다. 그래 지금도 경건한 유대사람들은 집을 살 때에 좋은 집 나쁜 집 가리지 않습니다. 아예 그대로 들판에다가 회당을 떡 지어놓고 회당중심으로 자기집들을 뺑돌아가면서 짓습니다. 그분들의 의식은 지금도 걸어서 교회갈 수 있는 거리에 살아야 경건한 유대인이라는 것입니다. 그만큼 철저하게 회당중심으로 삽니다. 좋은 집이고 나쁜 집이고 동향이고 남향이고 없습니다. 오로지 성전중심입니다. 이렇게 살아가는 것을 볼 수 있습니다. 세 번째가 모세중심입니다. 그들은 하나님의 음성을 직접 듣는 것을 두려워했습니다. 모세를 통해 듣기를 원합니다. '주여, 모세에게 말씀하소서. 우리는 모세를 통해 듣겠습니다.' 이것이 확실한 관계입니다. 오늘도 사실은 여러분이 목사님을 통해서 하나님의 음성을 듣습니다. 그 어떤 목사를 만나느냐에 따라서 신앙생활이 달라지지 않습니까. 운명이 달라집니다. 하나님의 음성을 목사를 통해서 듣습니다. 그래서 목사님중심으로입니다. 실제로 그런 것입니다. 율법중심, 성전중심, 그리고 목사님중심, 이것이 광야교회입니다.

 자, 여기서 생각해야 합니다. 오늘본문은 특별히 중요한 말씀을 합니다. '이방인들까지도'입니다. 선택받은 백성이 아닌 이방인들까지도 다 모아서 성전에 모일 것이다, 그래서 이스라엘만이 아니라 만민의 기도하는 집이 될 것이다―이렇게 말씀합니다. 철학자 파스칼은 가장 이성적이고 냉철한 수학자였습니다마는 그는 이렇게 말합니다. '신이란 이성으로가 아니라 심정에 느끼는 것이며 신이 심정을 기울여주실 때 하나님을 알 수 있는 것이다.' 그래서 마음을 기울인다는 말을 그렇게 중요하게 여깁니다. 마음을 내가 열기보다도 하나님께서 열어주실 때 비로소 하나님을 믿고 하나님을 알게 된다 하는 말씀입니다. 우리가 성전에 들어설 때 하나님께서 우리마음을 열어주십니다. 찬송할 때 우리마음을 하나님께로 기울여주십니다. 그리고 경건이 이루어지고 그리고 하나님의 역사가 나타나는 것입니다. 신학자 로버트 메슬은 「Process Theology」라는 저서에서 말합니다. '사랑이란 관계성이다. 사랑은 개방코자 하는 그런 성향을 가지고 그런 능력을 가지고 있고 사랑은 언제나 창조적 능력을 가지고 있다. 하나님의 사랑을 느낄 때 창조의 역사가 나타나는 것이다. 또한 입장을 바꾸어가며 서로 영접하게 되는 것이다. 서로 영향을 주는 것이다.' 그렇습니다. 우리가 하나님 앞에 예배하면서 우리마음이 열리고 또 이웃에 대하여 우리마음이 열리게 되는 것입니다. 서로서로 사랑하게 되고 서로 화해하게 되는 것입니다. 이것이 예배입니다. 그래 오늘성경말씀에는 만민의 기도하는 집, 이스라엘만이 아니고 이방사람까지, 우리까지 다 포함해서 하나님께서 만나주시는 집으로 이 집에 역사하게 되겠다 하십니다. 여기서 치유가 이루어지고 여기에 속죄의 역사가 이루어지고 여기에 말씀의 역사가 이루어지는 것입니다. 그것이 교회입니다. 여러분은 이 교회에 출입할 때마다 무엇을 느낍니까? 세월이 갈수록 점점 더 이 교회가 소중해지는 것입니다.

좀 우스운 애기입니다마는 압구정동에 있는 소망교회, 아시는대로 그 근방의 집값은 항상 올라만 가지 내려가지를 않습니다. 집값이 왜 비싸냐? 강남에서 최고로 집값이 비싼데, 왜 비싸냐? 가끔 복덕방에 찾아오는 이런 사람들이 있다고 합니다. 육칠순 넘은 사람들이 찾아와서 '얼마라도 좋으니 여기 교회 가까이 있는 집 하나 소개하라' 합니다. 얼마라도 좋으니까—그게 문제라니까요. 그래 자꾸 집값이 올라가는 것입니다. 왜 그러냐? 이 분들이 그동안에는 나름대로 좋은 집, 공기좋은 데 어쩌고 하며 살다가 이제 나이드니까 교회 가까이 살면서 새벽기도 나가고 저녁예배 나가고 계속 왔다갔다 하면서 기도하다가 죽을 거다, 하는 마음 가졌습니다. 우리소망교회 가까이에 셋방살이하는 권사님들 많습니다. 조그마한 방 하나씩 얻어가지고 거기서 교회 왔다갔다 하다가 그냥 갈 생각입니다. 아들딸 없어서가 아닙니다. 마음의 고향인 것입니다. 어디로 갈 것입니까. 만민의 기도하는 집입니다. 언제나 이걸 잊지 말아야 됩니다. 그러니 교회서 멀리 살거든 이제 알아서 하십시오. 나이들면서는 그렇게 교회로부터 멀리 가는 게 아닙니다. 적어도 걸어서, 지팡이짚고 걸어서 올 수 있는 정도의 거리에는 살아야 됩니다. 집이 크냐 작으냐가 문제가 아닙니다. 요새 한국땅에 공기좋은 데가 어디 있습니까. 그저 내 아버지 집, 낮에도 좋고 저녁에도 좋고, 언제나… 저는 교회에서 늘 봅니다. 성전에 올라가보면 낮에도 여기저기 앉아서 기도하는 분들을 많이 봅니다. 그럴 때 제마음이 얼마나 좋은지 모릅니다. 기도, 하나님을 만나는 그 시간이 가장 행복한 시간입니다. 하나님을 만나는 그 자리가 제일 좋은 곳입니다. 하나님의 음성이 조용히 들려오는 그런 시간 그런 자리 말입니다.

"내 집은 만민의 기도하는 집이라 일컬음이 될 것임이라." '이 방사람까지도, 멀리 간 유대인들까지도 다 돌아오게 할 것이다.' 바로 이것이 하나님께서 우리에게 약속하신 축복입니다. 여기서 만나 주십니다. 그런고로 이 집은 중요합니다. 이 성전은 아주 소중한 것입니다. 주님 앞에 갈 날이 가까울수록 더욱더 이 성전은 아주 귀중한 의미를 가지는 것입니다. 바른 신앙생활이란 그리스도중심적인 것이고 십자가중심적인 것이고 말씀중심적인 것이고 그리고 교회중심적인 것입니다. 교회를 소중히 여기고 교회를 사랑하는 그것이 바로 하나님의 사람의 모습입니다. 그러다가 이제 주님 앞에 갈 것입니다. 미국사람들은 교회를 가리켜서 뭐라고 하는지 아십니까? 별명으로 '천당가는 대합실'이라 합니다. 대합실입니다. 여기 잠깐 머물렀다 가는 것입니다. 천당가는 대합실이라는 의미가 있는 것입니다.

  분명히 주께서 말씀하십니다. "내 집은 만민의 기도하는 집이라 일컬음이 될 것임이라." 교회 사랑하면서, 지극히 사랑하면서 그 속에서 우리삶의 높은 의미를 다시 찾아가야 할 것입니다. △

네 이름을 존귀케 하리라

그러므로 이제 내 종 다윗에게 이처럼 말하라 만군의 여호와께서 이처럼 말씀하시기를 내가 너를 목장 곧 양을 따르는 데서 취하여 내 백성 이스라엘의 주권자를 삼고 네가 어디를 가든지 내가 너와 함께 있어 네 모든 대적을 네 앞에서 멸하였은즉 세상에서 존귀한 자의 이름같이 네 이름을 존귀케 만들어 주리라 내가 또 내 백성 이스라엘을 위하여 한 곳을 정하여 저희를 심고 저희로 자기 곳에 거하여 다시 옮기지 않게 하며 악한 유로 전과 같이 저희를 해하지 못하게 하여 전에 내가 사사를 명하여 내 백성 이스라엘을 다스리던 때와 같지 않게 하고 너를 모든 대적에게서 벗어나 평안케 하리라 여호와가 또 네게 이르노니 여호와가 너를 위하여 집을 이루고 네 수한이 차서 네 조상들과 함께 잘 때에 내가 네 몸에서 날 자식을 네 뒤에 세워 그 나라를 견고케 하리라 저는 내 이름을 위하여 집을 건축할 것이요 나는 그 나라 위를 영원히 견고케 하리라 나는 그 아비가 되고 그는 내 아들이 되리니 저가 만일 죄를 범하면 내가 사람 막대기와 인생 채찍으로 징계하려니와 내가 네 앞에서 폐한 사울에게서 내 은총을 빼앗은 것같이 그에게서는 빼앗지 아니하리라 네 집과 네 나라기 네 앞에서 영원히 보전되고 네 위가 영원히 견고하리라 하셨다 하라 나단이 이 모든 말씀과 이 모든 묵시대로 다윗에게 고하니라

(사무엘하 7 : 8 - 17)

네 이름을 존귀케 하리라

　오늘은 먼저 제 개인적인 말씀을 드릴까 합니다. 실례가 되겠습니다마는 이해하시고 들어주시면 좋겠습니다. 제가 고향에서 자랄 때 저를 사랑하시는 어머니손에 이끌려 14살 때부터 새벽기도회를 나갔습니다. 그때는 특별하게 기도회라고 하는 예배의식은 없고 각자가 교회나가서 자기 원하는 만큼 기도하고 원하는 때에 돌아오고 그랬습니다. 그러니까 좀 일이 바쁜 분들은 아주 일찍이 기도하고 또 조금 여유있는 분들은 조금 늦게 가고 했습니다. 그러다보면 기도하고 돌아오다가 지금 기도하러 교회가는 사람들을 만나게 됩니다. 또 어떤 때는 기도하러 가다가 벌써 가서 기도하고 아직 깜깜한데 돌아오고 있는 분을 길에서 만나기도 합니다. 그래서 서로 인사를 하게 되는데 그 인사는 별로 말이 없고 눈빛으로 하는 거룩한 인사였습니다. 그런 아름다운 일들이 있었습니다. 어떤 때는 눈이 많이 오는 날, 그런 날 제가 새벽기도회 나가느라고 가다보면 어머니는 벌써 가서 기도하고 돌아오십니다. 그러다가 중간에서 떡 만나게 되면 눈이 워낙 많이 왔으니까 지금 어디어디가 눈이 많이 와서 발이 좀 빠지더라, 그러니 길을 조심하여라, 이렇게 말씀하시던 어머니의 그 음성 그것이 지금도 마음에 늘 생각이 나곤 합니다.
　어느 장마철입니다. 비가 많이 왔습니다. 그런 장마철에 새벽에 교회가려고 하니까 얼마나 비가 쏟아지는지 많이 망설이다가 그래도 내가 오늘 비 때문에 새벽기도 못나가서는 안되지 하고 우비를 좀 갖춰 입고 비를 맞으면서 교회에 나갔습니다. 아주 깜깜한 데 갔다가 저는 깜짝놀랐습니다. 그 경험은 일생 잊을 수가 없습니다. 예배당 문열고 들어갔을 때 예배당 안에는 통곡하는 소리가 납니다. 온 예배당이 쩡쩡울리게 대성통곡 우는 분이 있었습니다. 음성을 들어보니 박장로님이라고 하는 분입니다. 예배당 한가운데 앉아 땅을 치고 울면서 기도하고 있는 것입니다. 그 기도내용은 이렇습니다. "제가 죽일 놈입니다. 저는 죽어 마땅한 놈입니다. 어떻게 이런 놈이 살아 있을 수 있단말입니까. 죽어 마땅합니다." 그리고 "하나님 용서해 주십시오." 소리소리지르는 것입니다. 왜 그러냐고요? 예배당이 새더라고요. 한가운데 지붕이 뚫려가지고 비가 줄줄 새는 것입니다. 이 장로님이 걱정이 돼서 와보니 비가 주룩주룩 새는데 거기다가 양동이를 갖다놓지만 그래봐도 넘치는 것입니다. 또 갖다놔도 또 넘칩니다. 워낙 지붕이 양철로 되어 있는데 구멍이 뚫려 비가 새니까 이걸 막아보려고 갖은 방법을 다 쓰다가 뜻대로 안되니까 속상해서 우는 것입니다. "어찌 이런 일이 있단말입니까." 그도그럴것은 여러분도 아시다시피 장마철이 가까워오면 옛날 농촌사람들은 비 새는 데가 없나 살펴보게 마련입니다. 여기저기 장독까지 살펴보게 마련인데 이 분은 자기집은 돌아보면서 예배당은 안돌아봤다는 것입니다. 옛날에는 교회사찰이 없었거든요. 그런데 와보니 비가 새고, 이걸 양동이 갖다가 받쳐보지만 마냥 넘치는 것이니 너무도 속이 상한 것입니다. 그래 "하나님 내가 죽일 놈입니다. 죽어 마땅한 놈입니다" 하면서 통곡하는 것을 제가 뒤에서 보았습니다. 이때 제기 받은 충격은 아마도 일생동안 잊히지 않을 것입니다. 제가 피란나올 때 높은 산을 넘어서 오는데 꽝하고 폭음이 나기에 보니까 그 예배당이 폭격을 당한 것입니다. 예배당이 불탑니다. 그 불타는 예배당을 바라보면서 얼마나 울었는지 모릅니다. 언제 저 예배당을 다시 지을 수 있을까? 제가 고향에 가보았습니다마는 예배당은 흔적도 없습니다. 거기다 농장을 만들어버렸더라고요. 언제 다시 돌아가서 예배당을 지을 수 있을는지 모릅니다. 저는 여러 교회를 섬기지는 못했습니다만 예배당은 여러 번 지었습니다. 증축도 해봤고 교육관도 지어봤습니다. 지을 때마다 제게는 그래서 남다른 감회가 있습니다.

여러분, 우리가 교회를 사랑합니다. 만민의 기도하는 집, 이 교회를 사랑합니다. 하나님을 사랑하는 마음은 바로 이 교회를 사랑하는 마음으로 구체화된다는 것을 잊지 말아야 합니다. 다윗은 하나님의 사랑을 특별하게 받은 사람입니다. 성경에 보면 사람의 이름 중에 가장 많이 나오는 이름이 다윗입니다. 800번도 넘게 나옵니다. 성경전체를 통해서 가장 그 이름이 많이 나오는 것입니다. 하나님께서는 다윗을 지극하게 사랑하셨습니다. 내 종 다윗처럼, 내 종 다윗과 같이, 내 종 다윗… 늘 이렇게 말씀하십니다. 뿐만아니라 예수님의 별명이 무엇입니까. '다윗의 자손'입니다. 다윗의 이름은 메시야라는 이름의 성이 되다시피 된 것입니다. 다윗, 아주 높아졌습니다. 하나님께서 높이셨습니다. 그 이름을 아주 높여주셨습니다. 그런데 다윗은 의인이 아니지 않습니까. 그런데 어찌 이렇게 하나님의 사랑을 받았을까? 저는 오늘본문 사무엘하 7장을 좋아합니다. 저는 여기에서 해답을 얻었습니다. 왜 하나님께서 다윗을 그렇듯 사랑하셨나? 바로 사무엘하 7장에 그 해답이 있습니다. 사도행전 13장 22절에 보면 사도 바울의 고백 가운데 이런 말씀이 있습니다. "내 마음에 합한 사람이라…" 하나님의 마음에 합한 사람이라고 말씀합니다. 하나님의 마음에 합한 사람, 그 다윗의 인간됨에 대한 통칭입니다. 그는 누구보다도 겸손한 사람입니다. 그 겸손에 대한 이야기가 성경에 많이 있습니다마는 특히 극적인 것이 있습니다. 사무엘선지가 하나님의 명령을 따라 기름을 준비해가서 앞으로 유대나라 왕이 될 사람에게 기름을 부으려 합니다. 하나님께서는 이새의 집에 가면 그 아들들 중에 있다 하셨습니다. 그래 이새라고 하는 사람의 집을 찾아가서 '아들들을 보자' 했습니다. 아들 일곱 명을 다 데려다가 사열을 시켰습니다. 큰아들부터 차례차례. 그런데 아무리 봐도 그 중에 왕될 사람이 없습니다. 그래서—사무엘선지가 말하는데 그 말이 재미있습니다. "이 아들이 다냐?" 이에 그 아버지 이새가 하는 말이 '하나 더 있습니다' 합니다. 여기에 주(註)는 제가 달겠습니다. '하나 더 있는데 신통치 않습니다. 양을 좀 돌보라고 했습니다.' 그 말의 뜻이 뭐겠습니까. '우리집에서 왕될 사람이 나온다고 하더라도 다윗은 아닙니다. 저건 차한에 부재합니다.' 이런 말입니다. 왜요? 못생겼는데다 덩치도 왜소하거든요. 게다가 음악이나 좋아하거든요. 그래서 그는 장군이나 왕이 될 위인이 못된다고 이 아버지는 생각하는 것입니다. 형제들도 이 막내를 우습게 여기고 "야, 너는 양이나 돌봐. 우리가 갔다올께" 하고 저들끼리만 사무엘 앞에 온 거 아닙니까. 이럴 때 여러분이 다윗의 입장이었다면 고분고분 순종하겠습니까? 다윗은 바로 이런 순간에도 '그러시죠. 아, 형님들이 가서 기름부음받아야지 나야 뭐…' 순순히 빠졌습니다. 불평없이 양을 돌보고 있었습니다. 그가 겸손한 다윗입니다.

다윗은 진실했습니다. 친구와의 의도 진실했습니다. 요나단과의 관계가 너무너무 아름답습니다. 각곳의 미술관에 가보면 요나단과 다윗이 숲에서 만나 얼싸안고 서로 사랑하는 모습을 그린 그림을 볼 수가 있습니다. 감동적인 모습입니다. 그리고 다윗은 정직했습니다.

비록 죄인이지만 정직했습니다. 밧세바로 인한 그 엄청난 죄를 지었을 때 나단 선지자가 와서 '당신이 그 사람이오?' 하고 정면으로 지적할 때 다윗은 '내가 그 죄인입니다' 하고 많은 사람 앞에서 정직하게 회개했습니다. 회개의 용기가 있는 사람입니다. 왕이 이렇게 죄를 인정하고도 보좌에 앉아 있을 수 있는 것입니까? 저는 다윗의 그 점을 높입니다. 왜냐하면 그가 만일 '내가 이렇게 큰 죄를 지었고 회개하고 부끄러워졌으니까 나는 이제 하야하겠노라' 하고는 베들레헴으로 돌아가버렸다면 어떻게 되겠습니까. 그건 반항입니다. 그건 겸손이 아닙니다. 그건 정직이 아닙니다. 그 엄청난 죄를 짓고 부끄러움을 샀지마는 하나님의 명하신대로 왕위에 앉아 있었습니다. 그는 왕관을 벗어버리지 않았습니다. 어차피 내 의로 일하는 것이 아니고 하나님의 허락하심으로 하는 것이고 하나님의 명으로 하나님의 일을 하는 것입니다. 나의 의는 없습니다. 그런 정직함, 하나님 앞에 정직한 것, 그것이 다윗을 위대하게 돋보이도록 하는 성품입니다. 또한 그는 믿음의 사람입니다. 하나님의 이름을 소중하게 여겼습니다. 늘 하나님 앞에 정직했습니다. 보십시오. 그의 왕이자 아내의 아버지 곧 장인인 사울이 사위인 나를 죽이려고 합니다. 죽이려고 창을 던집니다, 두 번이나. 그걸 피했습니다. 그러나 그는 사울이 죽이려고 그를 쫓아다닐 때 이리저리 피해다니면서도 사울에게 대항하지 않았습니다. 왜요? 사울 왕이 하나님의 기름부으신 자이기 때문입니다. 사울 왕이 비록 잘못됐지만 그는 하나님께서 세우신 왕입니다. 하나님을 보고 어떤 경우에도 사울 왕을 대항하지 않았습니다. 그리고 그가 죽이겠다고 할 때 이리저리 피신해 다녔습니다. 그것이 다윗의 위대한 점이요 다윗의 믿음입니다. 하나님을 생각하는 것입니다. 그런가하면 압살롬이라는 아들이 아버지를 대항해서 요샛말로 혁명을 일으켰지요. 얼마든지 마주해서 그 아들과 그 무리를 진멸할 수 있었습니다. 그러나 그는 피란가자 하고 또 정처없이 보좌를 버리고 여기저기로 피란을 다닙니다. 왜요? 그는 시므이 앞에서 분명히 말했습니다. '하나님께서 이렇게 하라 하셨으니 이렇게 하는 게 아니겠느냐.' 하나님 앞에 정직했습니다. 아들이 반란을 일으키는 것도 하나님의 손에 있는 것이라 생각했습니다. 내가 대항할 성격이 아니라고 생각했습니다. 설령 아들이 아버지를 죽인다해도 이것도 하나님의 하시는 일이라고 했습니다. 그래서 그는 조용히 피란의 길을 나섭니다. 얼마나 겸손하고 정직합니까. 얼마나 믿음직합니까. 그래서 하나님께서는 다윗을 사랑하신 것입니다.

그리고 오늘본문에 나타난 이야기는 클라이막스라고 저는 생각합니다. 그가 궁전에 있습니다. 백향목궁전을 지었습니다. 궁전을 그렇게 잘 지어놓고 그 화려한 가운데 살면서 생각했습니다. 고난당할 때가 아니고 형통한 날에, 영광을 누리는 날에 그는 하나님을 생각했습니다. '하나님의 법궤는 저 낡은 천막 속에 있도다. 이럴 수가 없도다.' 그래서 나단선지를 불러 성전지을 생각을 합니다. '이래선 안됩니다. 내 성전보다 더, 내 궁전보다 더 좋은 성전을 지어서 거기다가 모셔야지 이래서야 되겠습니까, 법궤를.' 나단선지에게 이렇게 청원을 하게 될 때 이 이야기를 그대로 나난선시가 받아서 하나님 앞에 기도하게 됩니다. 이때 하나님께서 주신 말씀이 오늘본문입니다. 하나님께서 얼마나 기뻐하시는지 저는 이 성경을 읽으면서 이렇게 생각했습니다. 하나님께서 마치 어린아이처럼 좋아하신다고… '너더러 누가 성전지으라고 하더냐. 내가 이 천막에 있다고 불편하다고 하더냐. 어떻게 그런 생각을 했느냐?' 왜요? 자발적이니까. 우리가 고난당할 때는 하나님 이름 부르는 게 쉽습니다. 그러나 이렇게 형통하는 날에, 영광을 누릴 때 하나님을 생각했습니다. 그것이 하나님 보시기에 더없이 아름다웠습니다. 이렇게 자발적으로 성전을 짓겠다고 요청을 할 때 하나님께서는 나단선지를 통해서 오늘과 같은 복을 주십니다. 아주 큰 복을 주십니다. 사실로 다윗은 법궤를 다윗 성으로 메고 들어올 때 너무도 기뻐서 자기의 궁전이 있는 그 도성으로 모셔들이면서 법궤 앞에서 옷이 벗어지는 줄도 모르고 춤을 추었습니다. 너무도 행복해서입니다. 왕의 체면도 상관하지 않고 법궤 앞에서 춤을 출 만큼 그는 하나님의 지극히 사랑하는 사람이었습니다. 시편 84편은 너무나 유명한 말씀입니다. 그는 하나님의 전을 사모합니다. 너무 그리워해서, 사모하여 내 몸과 내 영이 아주 피곤해졌다고까지 말씀합니다. 제비와 참새를 부러워했습니다. 저것들은 제맘대로 날아가는데 나는 어째서 피란의 길을 다니며 하나님의 전에 들어갈 수 없단말인가? 하나님의 전을 지극히 사랑했습니다. 하나님의 전에 들어가는 자는 복이 있습니다. 하나님의 전으로 향하는 자는 복이 있습니다. 시온의 대로가 있는 자는 복이 있습니다. 그는 그만큼 철저하게 하나님중심이며 성전중심의 신앙을 가졌습니다. 하나님께서 이것을 기쁘게 여기셨습니다. 그는 막연하게 하나님을 사랑한 사람이 아닙니다. 그는 하나님의 이름을 높이고 하나님의 이름이 거하는 성전을 지극히 사랑했습니다. 그래서 오늘 하나님께서 그에게 복을 주십니다. '내가 네 나라 네 위를 평안케 하리라. 이름을 존귀케 하리라.' 그리고 특별히 중요한 것은 '대대로 복을 누릴 것이다. 대가 끊어지지 아니하리라. 그리고 네가 성전을 지을 것이다' 하신 것입니다. 그러나 여기에 또한번 다윗이 넘어야 할 시험이 있었습니다. '네가 전쟁에서 많은 사람을 죽였기 때문에 네가 성전을 짓되 너는 다 준비할 것이다마는 성전봉헌은 솔로몬이 할 것이다. 네가 준비하고 다 짓겠지마는 이 성전은 솔로몬성전으로 불릴 것이다.' 하나님의 이 뜻에 쉬 순종할 수 있겠습니까. 그러나 다윗은 '내가 지었는데, 내가 생각하고 내가 준비하고 내가 만들었는데 어째서 내 이름이 안됩니까? 다윗성전이 왜 안됩니까?' 하지 않습니다. '네 아들 대에 가서 솔로몬성전이다.' 다윗은 이것을 받아들입니다. 겸손하게 정직하게 받아들입니다. 이것이 다윗의 믿음입니다. 다윗은 이래서 복을 받은 것입니다.

특별히 오늘본문말씀 끝에 눈물겹도록 중요한 말씀이 있습니다. 그게 뭐냐하면 '절대적 은혜'입니다. '내가 사울을 왕으로 세웠다. 그러나 교만할 때 내가 치워버렸다. 그러나 내가 네 후손과 약속을 하노라. 너의 후손은 이제 교만하기도 하고 겸손하기도 하고 믿음 있을 때도 믿음 없을 때도 있겠지. 그러나 잘못되면 인생막대기와 채찍으로 때려서 저곳으로 돌아오게 할지언정 사울의 왕위를 폐한 것같이 하지 아니하리라.' 절대적 은혜입니다. '때려서 제자리에 돌려놓겠다. 그럴지언정 버리지는 않겠다.' 얼마나, 얼마나 감격스런 말씀입니까. 절대적인 완전한 은혜를 말씀하고 있습니다. 여러분, 깊이 생각해야 합니다. 유럽여행을 하든가 미국여행을 가든가 기독교역사가 정착했던 곳을 한번 방문해보십시오. 얼마나 성전이 굉장합니까. 러시아에 가보고 저는 놀랐습니다. 우리성전 이거 거기다 대면 예배당도 아닙니다. 얼마나 많은 돈을 들여서 지붕을 아예 금으로 씌웠습니다. 몇톤이나 될 금으로다가 누렇게… 그런 성전들을 봅니다. 그런데 놀라운 것은 이 성전들이 이렇게 세워졌는데 왜 러시아가 망했느냐입니다. 왜 경제 정치적으로 어려워졌습니까. 달리 그리된 게 아닙니다. 러시아의 대주교는 나한테 이렇게 말했습니다. "성전문을 닫으니까 경제도 망합디다." 이걸 알아야 합니다. 경제가 좋아지고 정치가 좋아져서 성전을 지은 줄 알지요? 아닙니다. 성전을 지어서 정치적 안정과 경제적 부흥이 왔던 것입니다. 이것을 논문으로 써놓은 분이 있습니다. 자세하게 연구한 것입니다. 어느 나라든지 교회성장과 경제성장은 정비례한다—우리는 이것을 알아야 합니다. 여유가 있어서 성전을 지었던 게 아닙니다. 성전을 지어놓으니까 경제가 올라가고 정치도 안정되는 것입니다. 유럽의 많은 교회들이 공산주의하에서 문을 닫아버렸습니다. 문에다 못을 박아버렸습니다. 그리고 그대로 무너지고 말았습니다. 경제 정치가 말입니다. 다시 교회문을 열고나니까 조금씩 올라가기 시작합니다. 이것이 현실입니다. 신앙의 눈으로 보십시오. 교회를 사랑하는 마음, 성전 짓는 마음, 구체적으로 표현되는 신앙고백, 그 속에 정치안정 경제부흥이 있는 것입니다. 제가 슬프게 생각하는 것은 지금 유럽의 많은 교회들이 열의가 적어져서 교회수리도 못하고 저렇게 무너져가는 것입니다. 그러면 정치 경제도 무너집니다. 저는 어느 교회 가든지 가서 봤을 때 제일 먼저 보이는 게 창문유리창이 깨진 것이라든가 하면 미안하지만 설교할 마음이 없어집니다. 또 등이 꽤 많지 않습니까. 등이 많다보면 하나둘 꺼질 수도 있겠지요, 물론. 하지마는 이렇게 봐서 꺼진 데가 몇개 있으면 저는 마음이 몹시 아픕니다. 이러고 하나님 앞에 예배하겠다는 건가? 저거 쳐다보는 사람도 없나? 그런 생각을 합니다.

다윗이 하나님 앞에 복받은 것은 바로 하나님을 사랑하는 마음이 성전을 사랑하는 마음으로 구체화되었기 때문입니다. 그리할 때 하나님께서 '너는 내 집을 지으라. 나는 네 왕위를 영원히 견고케 하리라. 네 이름을 영원히 높여줄 것이다.' 이렇게 약속하십니다.

축복의 길이 어디 있는가를 다윗을 통해서 다시한번 생각하여야 할 것입니다. △

교회됨의 원초적 속성

사람마다 두려워하는데 사도들로 인하여 기사와 표적이 많이 나타나니 믿는 사람이 다 함께 있어 모든 물건을 서로 통용하고 또 재산과 소유를 팔아 각 사람의 필요를 따라 나눠 주고 떡을 떼며 기쁨과 순전한 마음으로 음식을 먹고 하나님을 찬미하며 또 온 백성에게 칭송을 받으니 주께서 구원받는 사람을 날마다 더하게 하시니라
(사도행전 2 : 43 - 47)

교회됨의 원초적 속성

　　미국 노스캐롤라이나주 샬럿에 있는 갈보리교회에 옥스퍼드대학에서 박사학위를 받은 E. Glean Waynel이라고 하는 유명한 목사님이 있습니다. 그가 아주 특별한 제목의 책을 썼습니다. 「Escape from Church Incorporated(교회주식회사로부터의 탈출)」이라는 뜻깊고 도전적인 책입니다. 그가 이런 책을 쓰게 된 데는 동기가 있습니다. 공부를 마치고 목사가 되어서 어떤 교회에 부임을 했는데 첫번당회로 모였을 때 당회책임자가 이런 말을 하더라는 것입니다. "이제 당신은 향후 6년 동안 진행될 전략계획을 수립해야 합니다. 최고경영자가 진행할 20가지 사업목록이 여기 있습니다" 하고 목록을 내놓더랍니다. 그는 깜짝놀란 것입니다. 어떻게 교회가 이렇게 됐나? 이것이 교회인가? 이것은 주식회사지 교회랄 수 없는 것 아닌가? 거기서 그는 큰 충격을 받고 많이 연구를 해서 이 책을 쓰게 된 것입니다. 그는 지적합니다. 은혜가 아닌 이익을 생각하고 멘토링이 아닌 경영을 생각하고 양육이 아닌 숫자만을 생각하고 사역이 아닌 관리를 생각하고 사람이 아닌 프로그램을 생각하고 목자가 아닌 사장으로 임하는 이것이 교회더냐? 우리는 깊이 생각해야 합니다. 교회의 교회됨의 본질을 생각해야 합니다. 교회에 대한 큰 오해가 있습니다. 제가 늘 생각하고 늘 얘기하는 것입니다. 일반사람들이 교회가 뭔지도 모르면서 교회를 비판합니다. 일반사람들이 생각하는 잣대로 교회를 비평하는 것처럼 어리석고 잘못된 일이 없습니다. 교회는 결코 공부방이 아닙니다. 몇사람 모여서 '성경공부 합니다'하면 그걸로 교회되는 줄 아는데 지금 이것이 바로 오늘의 세계교회에 유행하며 교회를 무너뜨리는 큰 암적 존재가 되고 있습니다. cell church라고 그저 몇사람 모여서 성경공부 하고 그러면 이게 교회 아니냐, 교회가 어디 따로 있느냐? 여러분, 이걸 잊지 말아야 합니다. 부득이 핍박이 있고 환난이 있을 때 지하교회라고 하는 교회가 있습니다. 그러나 그것은 교회가 아닙니다. 제가 북한으로부터 받은 편지와 사진 몇장이 있습니다. 신도 몇명이 모여서 지하에서, 골방에서 예배를 드리는데 그래도 교회의 모양새를 갖추려고 십자가 하나를 어디선가 구해왔습니다. 놋으로 만든 십자가입니다. 그 놋십자가를 바람벽에 떡 걸어놓고 그쪽을 향해서 다 앉아 예배드리는 장면을 사진으로 찍었습니다. 그리고 그 놋십자가를 나한테 보내왔습니다. 십자가를 교환하자는 것입니다. 그 십자가는 이리 보내고 이곳 십자가를 그쪽으로 좀 보내줬으면 좋겠다는 것입니다. 그래서 내가 두 개 보내줬습니다. 그분들은 지금 모여서 기도도 하고 성경공부를 합니다. 그러나 교회가 그립습니다. 이렇게 모여서 이렇게 하면 '아, 그거 교회다' 합니까. 아닙니다. 예배의 분위기를 만들기 위하여 우리 신교는 십자가 그렇게 하는 거 아니지만 그래도 십자가를 앞에 놓고 죽 모여 앉은 사진을 볼 때 참 눈물겹습니다. 교회가 무엇입니까. 교회는 공부방이 아닙니다. 또한 교회는 친교단체가 아닙니다. 교회오면 친교가 있지요마는 친교한다고, fellowship이 있다고 이게 교회냐 하면 아닙니다. 그런 것은 중요한 게 아닙니다. 또한 특별히 우리가 오해 받는 것 중의 하나가 구제기관이냐입니다. 교회가 구제하지요. 구제봉사 하지요. 그러나 구제를 위해서 교회가 존재하는 건 아니지 않습니까. 교회를 평할 때 구제를 얼마나 했느냐, 교회예산의 몇퍼센트를 구제에 쓰느냐로 평가하는 이런 이야기를 들을 때마다 참 마음이 아픕니다. 구제해야지요. 하지만 그것이 교회의 존재이유는 절대로 아닙니다. 또 교회가 사업을 하지요. 교육사업도 하고 자선사업도 하고 사회사업도 하고 인권사업도 합니다. 많이 하고 있습니다. 그러나 분명한 것은 교회란 사업체가 아니라는 것입니다. 비즈니스기관이 아닙니다. 기업경영방식으로 교회를 관리하고 경영할 생각을 해서는 안된다 하는 것을 잊지 말아야 합니다.

마태복음 16장 18절에 예수님께서 말씀하십니다. "이 반석 위에 내 교회를 세우리니…" 이것은 주님의 교회입니다. 어디까지나 주님의 교회라는 것을 잊지 말아야 합니다. 또한 마태복음 18장 20절에 보면 "두세 사람이 내 이름으로 모인 곳에는 나도 그들 중에 있느니라" 하십니다. 다른 말로 바꾸면 '내가 거기 있어서 교회다' 하심입니다. 그리스도가 계셔서 교회입니다. 아주 신비로운 공동체임을 알아야 합니다. 제가 소망교회를 창립했고 또 우리 예수소망교회가 이렇게 나가고 있으니까 많은 사람이 저를 연구합니다. 저를 연구한 책도 많이 나오고 논문도 나오고 합니다. '어떻게 교회를 부흥시켰습니까?' 여러분 아시는대로 이 예수소망교회 부흥된 거 어떻게 해서 됐다고 생각하십니까? 이게 조직관리입니까. 이게 프로그램입니까. 여기에 관리적인 행정이 있었습니까. 경영학적 방법이 있었습니까. 깊이 생각해야 합니다. 그래 저는 늘 말합니다. '교회의 교회 부흥시키는 방법은 오식 하나, 교회로 교회되게 하는 것이다.' 참교회, 본질적인 교회 될 때 교회는 부흥하게 되어 있습니다. 별다른 노력이 필요없습니다. 교회됨이 중요합니다. 바로 부활하신, 살아계신 그리스도께서 여기 계셔야 한다는 말씀입니다. 교회에 가서 그리스도를 만나야 합니다. 목사님 만나는 것도 아니고 장로님 만나는 것도 아닙니다. 우리가 보기는 사람을 보지만 영적으로 그리스도를 만납니다. 그리스도를 만나면서부터 교인입니다. 그때부터 교회입니다. 살아계신 그리스도, 여기에 현존하시는 그리스도를 우리가 시간시간 체험해야 되는 것입니다. 동시에 그리스도의 말씀이 선포되는 것입니다. 이 말씀의 능력이 중요한 것입니다. 이것은 공부방이 아닙니다. 지식이 아닙니다. 뭐 많은 성경지식, 그거 아무 소용 없습니다. 문제는 시간시간 우리에게 주시는 말씀이 여기에 살아 있어서 이 말씀이 능력으로 바꾸어져서 원수도 사랑하게 되고 절망을 이기게 되고 병도 낫게 되고 사업에도 성공하게 되고 특별히 인간이 되는 것입니다. 참인간이 되는 것입니다. 하도 기가 차서 잊지 못하는 재미있는 얘기가 있습니다. 어느 대학이라고는 밝히지 않겠습니다. 어느 대학의 유명한 교수입니다. 어쨌든 교회나와서 예수를 믿었습니다. 한 3년 믿고 세례를 받았습니다. 그런데 어느날 부부싸움을 했습니다. 그 집에 부부싸움이 많다고 합니다. 그런데 그날따라 남편이 "여보 고만하오. 내가 잘못했소"라고 말하더랍니다. 그 부인이 깜짝놀라서 나를 찾아와 그 고백을 했습니다. "저는 이 사람하고 20년 살지만 '내가 잘못했소' 라는 소리는 처음 들었어요." 단 한 번도 자기가 잘못했다고 말해본 일이 없다고 합니다. 뻔히 잘못한 걸 알면서도 "너때문에 잘못됐다" 하지 "내가 잘못했소"하는 법이 없었다는 것입니다. 그래 도대체 이런 기적이 어디 있느냐고 하면서 나보고 하는 말이 "목사님 참 위대하십니다. 내 남편 '아이 엠 쏘리' 하게 만드셨으니…" 하는 것입니다. 이거 제가 하겠습니까. 그리스도의 말씀이 선포될 때, 그 마음에 들어가서 깊이 심겨질 때 인격도 언어도 또 생활양식도 변하는 것입니다. 이것이 교회입니다. 말씀이 능력으로 나타나는 것입니다. 또 성령의 역사가 함께하는 교회입니다. 성령이, 인간의 지혜가 아니고 성령이 감동합니다. 성령의 감동감화가 있어야 됩니다. 뭘 많이 기억한다는 게 중요하지 않습니다. 뭘 많이 알아야 되는 것도 아닙니다. 문제는 감동입니다. 성령이 감동함으로 그 속에서 새로운 생명적 역사가 나타나는 것입니다. 나도모르게, 예수님말씀대로 바람이 임의로 불매 어디서 왔다 어디로 가는지 모르듯이 내가 미처 알지도 못하는 사이에 감동이 되고 내가 달라지고 내 얼굴이 달라졌더라고요. 이것이 교회입니다.

초대교회의 특징을 오늘본문에서 봅니다. 제일 크게 말씀한 것이 무엇입니까. "사람마다 두려워하는데…" 두려움, 이 두려움이 있어야 됩니다. 여기서 함부로 말하고 함부로 떠들어서는 안됩니다. 요새 어떤 교회 가보면 꼭 노래방같습니다. 이거 마음에 안듭니다. 거의 발광을 하고 있으니 무슨 교회가 이 모양인가! 저는 가슴이 아픕니다. 교회는 두려운 곳입니다. 경건은 두려움입니다. 하나님께서 계신 곳입니다. 하나님께서 내 속을 다 알고 계십니다. 뼛속까지 속속들이 다 알고 계십니다. 그 앞에 지금 내가 노출되는 시간입니다. 이 두려움이 있어야 됩니다. 특별히 살아계신 그리스도께서 이 가운데 함께 계십니다. 그리고 이 두려움에서 또 용기가 생깁니다. 하나님께서 나와 함께 계시다, 그리스도께서 나와 함께 계시다 할 때 무서운 것이 없습니다. 이것이 초대교회의 용기입니다. 성령충만을 한 마디로 말하면 담력입니다. 무서운 게 없습니다. 이래야 교회입니다. 그리고 오늘본문에서 보는 두 번째 특징이 뭐냐하면 이것입니다. "사도들로 인하여 기사와 표적이 많이 나타나니…" 표적이 무엇입니까. 영적인 것이 육적인 것으로, 보이지 않는 영의 역사가 물질적으로 나타나는 것입니다. 구체적으로 나타나는 표적, 특별히 "사도들로 인하여"라고 했습니다. 아주 중요한 얘기입니다. 제가 늘 생각합니다. 이 사도행전 3장으로 넘어가면서 보십시오. 베드로가 성전에 올라가다가 나면서부터 앉은뱅이된 사람이 거기서 구걸하는 걸 봤습니다. 그를 벌떡 일으켰습니다. "나사렛 예수의 이름으로 걸으라." 그가 벌떡 일어납니다. 아마도 베드로 자신부터 깜짝놀랐을 것입니다. 그러면 이 표적은 뭘 말하는 것입니까? 부활하신 예수께서 이 사도 베드로를 지명하셨다는 얘기입니다. 예수께서 이 베드로와 함께하고 계시다는 말씀입니다. 그것이 교회입니다. 살아계신 그리스도께서 베드로 및 요한과 같이 계십니다. 그리고 그의 입을 통하여 말씀이 전해지고 그의 손을 통하여 권능이 나타났습니다. 한마디로 말하면 표적입니다. 그리스도께서 이 사람을 지명하여 세우셨습니다. 동시에 이 사람을 통해서 역사하셨다는 것입니다. 이 사람을 통해서 역사하신다—이 얼마나 중요한 사실입니까. 가끔 제가 장로님 집사님들이 기도하는 걸 들을 때 많은 은혜를 받습니다. 오늘도 많은 은혜를 받았습니다마는 어떤 때 이런 기도가 있을 때 저는 참 몸둘 바를 모르면서도 하나님께 감사할 때가 있습니다. '하나님께서 뜻이 계셔서 우리목사님을 세상에 보내시고, 훈련을 시키시고 보내셔서 우리교회를 세우시고 이렇게 역사하심을…' 도리없이 몸둘 바를 모르게 되는 것입니다. 그리고 눈물이 솟아오릅니다. 왜? 이 우연한 일입니까. 내가 이 자리에 선 것이 우연한 일입니까. 하나님의 뜻이 계셔서입니다. 내가 자랑 하나 할까요? 우리어머니가 41살에 저를 낳으셨습니다. 더욱이 10년 동안을 기도하고 낳으신 것입니다. 그 얘기는 제가 수천 번도 들은 얘기입니다. "내가 너를 10년 기도하고 낳았다. 10년 기도하고… 하루도 안빠지고 아침저녁으로 교회나가서 기도했다." 그렇게 기도하고 마흔한 살에 저를 얻었다는 것입니다. 자, 거기서부터 시작해서 여러 가지 일들을 거쳐서 오늘 여기서 여러분과 만나는 것입니다. 이제 이것을 오늘성경은 말씀합니다. 사도 베드로를 지명해서 그 가운데 세우셨습니다. 그것을 믿고 그렇게 받아들이고 그런 카리스마적 관계가 될 때 여기서 표적이 나타나는 것입니다. 카리스마적 관계인 것입니다.

조금 더 나가다가 사도행전 5장에서 보면 아나니아와 삽비라가 베드로 앞에서 거짓말하다가 죽었지 않습니까. 또 3장에서는 앉은뱅이가 일어나는 얘기도 있고 나아가서는 감옥에 들어갔다가 또 나오는 이야기도 있습니다. 그런 이야기, 모든 표적사건 속에서 그리스도께서 우리와 함께하신다는 것을 증거해주고 있습니다. 그것이 표적입니다. 그 결과로 오늘본문에 보는대로 많은 사람이 사도들에게 가르침을 받더라 합니다. 가르침을 받더라—알고보면 베드로 등은 갈릴리 어부였거든요. 이 사람들한테 뭘 배울 게 있다고 나갑니까. 그러나 아닙니다. 그들은 주님을 알고 주님과 함께한 분들입니다. 주님에 대해서 공부하려면 베드로를 만나야 되는 것입니다. 바리새인도 아니고 제사장도 아니고 박사도 아닙니다. 주님을 만난 사람, 주님과 함께한 사람, 바로 이 사람을 만나야 됩니다. 이 사람들을 통해서 하나님말씀을 배웁니다. 그런가하면 성경에 이 결과가 어떻게 나타납니까. 카리스마적 관계가 말입니다. 내것을 내것이라 한 자가 없더라 합니다. 저는 이 말을 참 중히 여깁니다. 어쩌면 이렇게 될 수 있습니까. 내것을 내것이라 하는 자가 없더라—이기심이 없어지고 말았습니다. 이젠 내것이 없습니다. 주님의 것일 뿐입니다. 모든

것은 주님의 것이요 그런고로 그 강퍅했던 이기심이 다 없어졌습니다. 프랑스의 신학자 샤르뗑은 기독교의 덕목으로 셋을 말합니다. 오로지 세 가지입니다. purity, charity 그리고 self-denial입니다. 아주 순결함, 어떻게 하든지 세상에 살면서 순결하게 그리고 사랑의 사람으로 베푸는 사람으로, 그리고 자기부정, 자기자신의 욕심을 다 버리는 거기에 그리스도인의 모습이 있다, 라고 말하고 있습니다. 오늘성경에서도 내것을 내것이라고 하는 자가 없고 필요에 따라서 나누어주더라 합니다. 나는 이 말씀에 깊은 의미가 있다고 생각합니다. 전에도 다 가난한 사람들 속에서 살아왔습니다. 그렇게 살아왔지만 저 사람에게 무엇이 필요한지 몰랐습니다. 성령받고보니 다른 사람의 배고픈 것도 알겠고 다른 사람의 추운 것도 알겠고 그 고통이 마음에 다가오더라, 이 말씀입니다.

제가 북한에 갈 때마다 늘 듣는 얘기가 있습니다. 그분들이 말합니다. 참 이상하다고 합니다. 우리를 도와주려면 우리에게 필요한 걸 도와줘야지 아, 웬 병원만 자꾸 세워준다고 그러느냐 합니다. 있는 병원도 남아돌아가는데 또 웬 병원이냐, 우리는 약품이 없지 병원이 없느냐고. 그런데 약품은 제쳐놓고 아무개 이름으로 병원, 아무 교회 이름으로 병원 세워주겠다고 하니 세울 테면 세우라, 한쪽에다 공사를 시켜놓고는 참 답답한 사람들이라고 말합니다. 이것은 놀랍게도 그쪽 보건부장관 얘기입니다. "우리네 형편에서는 의료는 사치입니다. 멀쩡한 사람 굶어죽는데 병든 사람 고치게 생겼습니까." 맞는 말이지요. 가슴이 찢어지는 얘기입니다. 의료는 사치다? 그렇지요? 젊은 사람 먹을 것이 없어서 굶어죽는데 병들어 누워 있는 사람 내버려두지 뭘 살릴 게 있느냐고요. 지난번 용천에서 사고

났을 때도 우리 의약품을 보냈지요? 거기 거의 도착 안했습니다. 왜요? 죽을 테면 내버려둬, 뭘 살려, 하고 아무도 구하는 사람이 없었습니다. 여러분, 참으로 필요한 게 무엇입니까? 그분들은 배가 고픕니다. 그런데 웬놈의 병원입니까. 무엇이 우선입니까. 그러나 곰곰이 생각해야 합니다. 저 사람에게 필요한 것이 뭔지 깊이 생각해야 합니다. 그걸 도와줘야 됩니다. 그저 알게모르게 도와줘야 됩니다. 보십시오. 인도의 간디는 글 아는 사람입니다. 그가 '배고픈 사람에게 줄 복음은 오직 빵뿐이다' 했습니다. 여러분, 배고파보십시오. 무엇이 필요합니까. 오로지 빵입니다. 이거 절실한 것입니다. 오늘 성경말씀에 필요에 따라서 나누어주었다 합니다. 사람들에게 무엇이 필요한지 알게 되었습니다. 그것이 바로 초대교회의 은혜의 열매였습니다.

성경 다음으로 많이 읽힌다는 유명한 책이 있지요. 여러분 다 보셨을 것입니다.「천로역정」아주 옛날책입니다. 이 책을 쓴 존 번연은 말년에 시각장애자였습니다. 그가 쓴 책입니다. 그는 항상 주의 음성을 들으며 살았다고 합니다. 그가 바람벽에 써놓은 기도문이 있는데 간절한 기도제목 7가지가 있었다고 합니다. '믿음을 잃지 않게 해주십시오. 항상 믿음을 지켜가게 해주십시오. 주의 사랑을 잃어버리지 않게 해주십시오. 좀 어렵다고 주의 사랑을 의심하는 그런 사람 되지 않게 해주십시오. 율법적인 인생을 살지 않게 해주십시오. 오직 은혜로 살게 해주십시오. 기도가 식어지는 죄가 없게 해주십시오. 잘 기도해나가다가 어느 때 기도를 쉬는 그런 일이 없게 해주십시오.' 더 신비스러운 고백이 있습니다. '기도한 내용을 잊지 않게 해주십시오.' 내가 기도한대로 살아야 할 게 아닙니까. 내가 기노해놓고는 기도와는 상관없이 사는 일 없이 기도하는대로 살아가기 위하여 '기도한 내용을 잊어버리지 않게 해주십시오' 하는 것입니다. 또한 '시간이든 물질이든 뭐든 낭비하지 않게 해주십시오. 그리고 선행에 있어서 자기명예와 이익을 계산하지 않게 해주십시오.' 무슨 좋은 일 좀 하려 하면 내게 돌아오는 이익을 생각하고 내게 돌아오는 명예를 생각하는 이런 일이 없게 해달라는 기도입니다. 그렇게 기도하고 있습니다. 이것이 바로 믿음의 사람의 고백입니다.

칼뱅은 말합니다. '하나님을 아버지라 부르는 자는 교회를 어머니라고 불러야 한다.' 그렇습니다. 교회는 영적 어머니입니다. 여기서 젖을 먹습니다. 여기서 위로를 받습니다. 여기서 말씀을 받고 힘을 얻고 살아갑니다. 젖줄입니다. 교회부흥의 비결은 교회로 교회되게 하는 것입니다. 그리스도께서 살아 역사하시는 그런 교회, 교회 나올 때마다 항상 그리스도를 만나는 그런 교회, 위로주시는 하나님의 은혜와 카리스마적 권위가 충만한 교회, 이런 교회가 될 때 이 교회는 자연히 아주 자연스럽게 부흥하게 될 것입니다. 이 은혜가 앞으로 함께하기를 바랍니다. △

추수자 인생

가르침을 받는 자는 말씀을 가르치는 자와 모든 좋은 것을 함께 하라 스스로 속이지 말라 하나님은 만홀히 여김을 받지 아니하시나니 사람이 무엇으로 심든지 그대로 거두리라 자기의 육체를 위하여 심는 자는 육체로부터 썩어진 것을 거두고 성령을 위하여 심는 자는 성령으로부터 영생을 거두리라 우리가 선을 행하되 낙심하지 말지니 피곤하지 아니하면 때가 이르매 거두리라 그러므로 우리는 기회 있는 대로 모든 이에게 착한 일을 하되 더욱 믿음의 가정들에게 할지니라

(갈라디아서 6 : 6 - 10)

추수자 인생

　인류역사상 가장 악명높은 아우슈비츠 수용소에서 정말로 기적적으로 살아남은 유대사람 예이엘 디므르라고 하는 분이 있습니다. 이 사람에 대한 얘기입니다. 1961년, 예루살렘에서 나치잔당에 대한 전범재판이 열렸습니다. 히틀러의 오른팔 격의 참모였던 아이히만이 체포되어서 여기서 재판받게 됩니다. 여러분 아시는대로 600만 명을 끌어다가 가스실에서 죽인 장본인 아이히만입니다. 이 아이히만의 전범증인으로 바로 디므르씨가 소환되었습니다. 재판장은 아주 정중하게 물었습니다. "디므르씨는 저 사람을 아십니까? 저 사람이 아이히만인 게 분명합니까? 아이히만이 맞습니까?" 대답이 없자 "좀더 다가가서 얼굴을 똑바로 보고 확실하게 대답해주세요. 저 사람이 아이히만 맞습니까?" 디므르씨는 가까이 가서 아이히만을 딱 들여다보다가 기절을 해서 벌렁 넘어졌습니다. 큰 사건이 생긴 것입니다. 어떻게 이런 일이 있을 수 있을까? 한참만에 정신을 차린 디므르씨에게 재판장이 물었습니다. "미안합니다. 과거의 그 무서웠던 악몽이 되살아나 충격을 받으셨나보군요." 그는 말했습니다. "아닙니다." "그러면 증오심 때문입니까? 너무나도 분하고 억울해서 그랬습니까?" "그것도 아닙니다." "그러면 어째서 그렇게 놀라고 놀랄 뿐만 아니라 졸도까지 했습니까?" 디므르는 아주 경건한 모습으로 이렇게 대답하는 것입니다. "저 사람이 너무나 평범한 사람이라는 것에 놀랐습니다. 어찌 저렇게 사람같이 생긴 사람이 그런 무서운 일을 할 수 있을까요?" 그 얼굴이 너무나 평범한 사람이라는 것입니다. 이에 놀랐다는 것입니다. 다시 그는 이어서 말합니다. "그러고 생각하니 저 사람이 딴사람이 아니더라고요. 나도 아이히만이 될 수 있다는 것을 알았습니다. 내 마음에 증오가 있고 악함이 있고 내 마음에 아주 불의한 일이 가득채워질 때 나도 언제든지 아이히만이 될 수 있다는 것을 생각하고, 그래서 깜짝놀란 것입니다." 짐작할 때는 '아이히만' 하면 얼굴이 몹시 흉하게 생겼을 줄 알았거든요. 그런데 오늘 이 시간 딱 대하고보니 아주 평범하고 오히려 선량하게 보이는 사람이었더라는 것입니다. '이 사실에 놀랐다.' 너무나도 중요한 이야기입니다. 문제는 사람의 마음속에 무엇이 있느냐입니다. 사람의 몸 사람의 얼굴이 별것 아닙니다. 그 속에 무엇이 있느냐가 문제입니다. 증오와 시기 질투 악독이 있으면 누구든지 아이히만이 될 수 있습니다. 어떻게 생겼느냐가 문제 아닙니다. 그 마음에 천사의 마음이 있고 선함이 있고 의로움이 있으면 그 사람은 천사의 얼굴로 나타나게 되는 것입니다.

오늘의 성경말씀은 아주 평범하면서도 엄연한 진리를 우리에게 말씀합니다. '심은대로 거둔다.' 이보다 더 상식적이고 쉬운 얘기가 어디 있습니까. 심은대로 거둔다—인생은 일생동안 심고 동시에 일생동안 거둡니다. 내가 말하고 내가 거둡니다. 내가 생각하고 내가 거둡니다. 내가 행동하고 내가 거둡니다. 이 엄연한 진리 앞에 정직해야 합니다. 이 엄연한 진리 앞에 우리는 좀더 성실해야 합니다. 심는 것은 자유입니다. 거두는 것은 심판입니다. 심을 때는 손쉽습니다. 우리가 씨앗을 땅에 묻고 지나갑니다마는 내 수고한 데 대한 추수는 가을에 가서 심판으로 거두어집니다. 그런고로 농사하는 사람은 겸손합니다. 아니, 겸손할 수밖에 없습니다. 자기가 수고한대로 거두니까 말입니다. 저는 농사하는 집에 태어나서 어렸을 때 농사하는 것을 거들었습니다. 정말로 부지런히 씨를 뿌리고 부지런히 가꾸고 부지런히 애를 쓴 사람은 가을에 웃습니다. 어떤 사람은 씨를 뿌려놨지만 밭에는 잡초가 우거지고 이제 가을에 가서 추수할 때면 완연하게 울상이 됩니다. 무슨 말을 하겠습니까. 내가 심은대로 거두고 이제 무슨 할말이 있습니까. 우리는 이걸 알아야 됩니다. 우리는 부지런히 심어야 됩니다. 회당에서 봉사하는 어느 랍비가 나이많아서 은퇴를 했습니다. 랍비라고 하면 우리기독교에서는 목사와 같은 분입니다. 은퇴를 하고나서 생활이 어려웠습니다. 그래서 하나님 앞에 "저는 뭐 많은 것을 구하지도 않고요 그저 일용할 양식만 좀 넉넉하게 주시면 참으로 감사하겠습니다"하고 늘 기도했는데 응답이 없더랍니다. 그래서 이 랍비가 생각하기를 구체적으로 기도해야지 막연하게 해서는 안되겠다 해서 하나님 앞에 이렇게 기도했답니다. "하나님, 복권 하나만 당첨되게 해주세요. 나는 더 바라지도 않습니다. 한 장만…" 로또복권 한 장만 당첨되게 해달라… 3년을 이렇게 기도했는데도 응답이 없더랍니다. 랍비가 하나님 앞에 좀 화를 냈습니다. "하나님, 어려운 것도 아니지 않습니까. 그거 하나 당첨되게 해달라고 하는데 뭘 그렇게 인색하게 안들어주십니까?" 했더니 하나님께서 아주 큰 소리로 분명하게 대답해주시더랍니다. "너 참 답답한 인간이다. 이 인간아, 복권을 사놓지도 않고 당첨시켜달라니, 나 어쩌란말이냐." 그렇지요. 복권을 사놓고 당첨이고뭐고 해달래야지 사놓지도 않고 당첨되게 해달라고 해서 되겠습니까. 이거 지나칠 얘기가 아닙니다. 보십시오. 내가 심지도 않고 거두게 해달라고 하면 됩니까. 아무것도 심은 것이 없습니다. 그런데 하늘로부터 복이 뚝 떨어지기만 바라는 것입니다. 또 보십시오. 학생이 공부를 잘하고 싶다면 공부를 하면서 잘하게 해주십시오, 그래야지 않겠습니까. 어떤 어머니가 자식이 입학시험을 앞두고 있어 새벽마다 하나님 앞에 기도합니다. 합격하게 해주세요, 합격하게 해주세요, 하고 기도하다보니 마음이 좀 거북한 것입니다. 그 자식 공부 안하는 거 다 알거든요. 그런 거 뻔히 알면서 합격하게 해달라는 게 말이 안된다 싶은 것입니다. 그래 너무 고민이 되어서 나한테 물어왔습니다. "이런 때는 뭐라고 기도합니까?" 그래 내가 이렇게 가르쳐주었습니다. '한 번이라도 본 건 생각나게 해주세요.' 고렇게 기도하라고 했습니다. 했더니 그 어머니 "아유 맞네요" 합니다. 그게 합리적인 기도지 한 번도 책을 안봤는데 합격시켜달라는 건 미신이지 신앙이 아닌 것입니다. 여러분, 잘 생각해보십시오. 여러분의 심은 바가 무엇이며 땀을 얼마나 흘렸습니까? 공짜 없습니다. 심은대로 거둡니다.

또한 종자의 문제입니다. 무엇을 심었느냐입니다. 콩을 심으면 콩이 납니다. 좋은 종자를 심으면 좋은 결과가 옵니다. 나쁜 것을 심어놓고 좋은 결실을 기대할 수는 없습니다. 언제든지 좋은 것이어야 합니다. 가장 무서운 것의 하나가 아이들하고의 얘기입니다. 아이들한테도 공대(恭待)를 해야 합니다. 이렇게 하십시오, 저렇게 하십시오, 해보십시오. 아이들이 그 말 듣고 잘합니다. 학교가서도 이 아이는 어떻게 이리도 점잖은 말을 하느냐고 칭찬을 받게 됩니다. 그러나 아이들한테 잘못해보십시오, 어떻게 되나. 나는 아들로부터 들은 기막힌 얘기를 잘합니다. 재미있는 얘기입니다. 하도 장난이 심해서 손자 보고 "이 자식아 그러면 못써" 했더니 그 어린 것이 아버지 쳐디보고 하는 말이 "거 자식, 자식, 하지 마세요" 하더랍니다. 저도 그게 기분나빴던가봅니다. 그래서 "자식을 자식이라고 하지 뭐라고 하냐?"했더니 아무 말도 안하더랍니다. 빤히 쳐다보더랍니다. 그래서 "너 무슨 생각 하냐?" 물었더니 싹 돌아서서 하는 말이 "저도 자식이면서…"라고 투덜거리더랍니다. 자식, 자식, 하면 '자식'소리 들을 거 뻔한 거지요. 우리가 언제든지 자기는 나쁘게 하면서 저는 내게 잘하길 바라니 문제입니다. 부부간이든 부자지간이든 간에요. 심은대로 거둔다니까요. 좋은 것을 심어야 좋은 것을 거두는 것입니다. 자, 여러분은 어떤 것을 심고 있습니까?

또한 농사의 이치라는 것이 중요합니다. 인내가 필요합니다. 기다려야 됩니다. 오늘 심고 오늘 당장 거두는 게 아닙니다. 오늘 심어놓고 10년 후에 거두기도 하고 20년 후에 거두기도 하고 때로는 나 죽은 뒤에 거두기도 합니다. 그러나 반드시 거둡니다. 시간이 필요합니다. 그런고로 기다려야 합니다. 기다리는 기간이 있어야 되는 것입니다. 기다리되 낙심하지 말고 부지런히 심고 기다려보십시오. 반드시 결과가 올 것입니다. 언젠가 반드시 올 것입니다. 제 개인적인 간증을 하나 하겠습니다. 비록 혼자서 혈혈단신 피란을 나왔고 군대생활도 하고 유학도 하고 고학도 하고 했지마는 아무리 생각해도 저는 좋은 사람들을 많이 만났습니다. 그래서 모든 일에 형통을 했고 굶는 일 없이 살 수가 있었습니다. 또 여유도 있습니다. 저의 할아버지를 잘 아는 분들은 꼭 제게 이런 말을 합니다. "자네 할아버지가 그렇게 좋은 일을 많이 하더니 자네가 복을 받는구먼." 그 이야기를 듣고 들을 때마다 고개를 숙였습니다. 내가 내 힘으로 사는 게 아니라는 것입니다. 할아버지 아버지가 심고 내가 거두는 것입니다. 공부도 장학금을 받아서 했습니다. 외국에 가서 공부를 할 때 5년 동안 큰 장학금을 받았습니다. 공짜입니다. 그러나 우리할아버지가 옛날 그 어려울 때 많은 목사님들을 키웠습니다. 그 목사님들이 나에게 말합니다. "내가 자네 할아버지 돈 받아서 공부했네." 저야 그 사실을 몰랐지요. 그러나 그분들이 가끔 나한테 이렇게 말할 때마다 숙연해집니다. '할아버지가 심고 내가 거두는구나.' 여러분, 당장 내 앞에 거둠이 없다고해서 그렇게 초조해하고 불안해하지 마십시오. 반드시 거두게 되어 있습니다. 얼마전에 이런 보고서를 보고 놀랐습니다. 천재를 연구해보니까 천재는 하나같이 가정이 좋은데 특별히 할아버지가 좋은 것입니다. 3대째 내려가서 천재가 나온다고 되어 있습니다. CEO들이 그렇습니다. 오늘 당장은 아니지만 벌써 저 위에서부터입니다. 이것은 유전학적인 것입니다. 얼마나 중요합니까. 부지런히 심고 그냥 기다리세요. 필요한 때에 하나님께서 다 거두게 해주실 것입니다. 때가 이르면 거두리라, 말씀하십니다. 가을은 하나님께서 정하시는 것입니다. 필요한 때 정하십니다. 딱 정해서 거두게 하십니다. 하나님께서 정하신 가을이 있습니다. 초조해하고 불안해하지 마십시오. 때가 이르매 하나님의 뜻에 따라 거두리라, 말씀하십니다.

　오늘본문말씀은 이런 이치만 말씀하고 있지 않습니다. 더 귀중한 것은 인간존재와 인격자체가 추수라고 하는 것입니다. 그것이 오늘본문의 뜻입니다. 농사하는 이치만 말씀하는 게 아니고 윤리 도덕만 말씀하는 게 아닙니다. 존재론적으로 말씀하고 있습니다. 네 마음에 선이 있으면 선한 말 선한 행동 선한 건강 선한 인간관계가 올 것이다―그런고로 네 속에 무엇이 있느냐 하는 것입니다. 성령을 위하여 심는 자는 신령한 것을 거두고 육체를 위하여 세상적인 것을 가슴에 담게되면 알게모르게 이제는 더러운 인간으로 나타날 수밖에 없습니다. 마음에 심고 인격으로 거두는 것입니다. 이것이 본문의 뜻입니다. 미국의 대표적인 부자였던 존 D. 록펠러라고 하는 분에 대한 이야기는 아무리 생각해도 중요한 교훈이 됩니다. 백만장자가 될 때 그의 나이 서른세 살이었습니다. 오십삼 세가 될 때는 억만장자가 됐습니다. 돈은 계속 벌리는데 몸이 약했습니다. 그래서 알로피시아(alopecia)라고 하는 병에 걸렸는데 머리가 다 빠지고 눈썹도 빠지고 점점 몸은 삐쩍 말라갑니다. 대책이 없습니다. 돈이 아무리 많으면 뭘 하겠습니까, 이렇게 죽어가고 있는데. 의사가 말하기를 1년을 채 넘기지 못할 거라고 합니다. '지금의 의학방법으로는' 치료할 수가 없다고 합니다. 병명만 알고 있을 뿐입니다. 백만장자 억만장자가 이제 무릎을 꿇었습니다. 하나님 앞에 간절히 기도했습니다. 하나님 앞에서 깊게 회개했습니다. 내가 도대체 누구냐고 자문했습니다. 그는 마지막에 유명한 것을 깨달았습니다. 'I am nothing but God is all.' 나는 아무것도 아니고 하나님만이 모든것이다—위대한 진리입니다. 그 안에 내가 있었다는 것을 깨닫고 그는 하나님의 뜻을 찾았습니다. 그 전에도 교회는 나갔지만 형식적으로 나갔는데 이제는 진실하게 나가서 앞에 앉아 진실하게 예배를 드리고, 그리고 나가서 보고 생각했습니다. '아, 그렇지. 내가 백만 억만으로 사는데 이거 아니지. 이제 이 세대에 가장 아름다운 성전을 내가 하나 지으리라.' 그래 '뉴욕 리버사이드 교회'라는 지금도 아주 놀라운 교회를 지었습니다. 내가 생전처음 그곳을 '63년도에 가보았을 때 참 감격했습니다. 종탑에 올라가 보니 종이 엄청나게 큰 종으로부터 작은 종까지 72개가 있는데 희한합디다. 종탑이 얼마나 높은지 엘리베이터 타고 올라갑니다. 그런데 엘리베이터는 재미있게도 목사라고 하면 공짜입니다. 그래 제가 여러 번 올라갔었습니다. 올라가서 거길 보고 내려가 보고 또 돌아보면서 '참 좋은 일 했다. 이렇게 아름다운 일을 했구나" 했습니다. 록펠러에 대해서 존경심을 가지게 되었습니다. 그 다음에 그는 다시 록펠러 자선재단을 만들었습니다. 돈이 없어서 치료하지 못하는 불쌍한 어린아이들 무료로 치료해주는 기관을 만들었습니다. 좋은 일 많이 했습니다. 착한 일이라면 다 하느라고 했습니다. 그리고 이게 웬일입니까. 53세에 1년을 넘기지 못한다고 했던 사람이 이렇게 마음속에 착한 마음 착한 뜻을 품고보니까 98세까지 살았습니다. 알아서들 하십시오. 98세까지 살려거든 알아서 하십시오. 그것은 아주 역사적인 사실이요 중요한 교훈이 되고 있습니다. 오늘성경말씀대로입니다. 성령을 위하여 심는 자는 영생을 거두고 육체를 위하여 심는 자는 육체로부터 사망을 거둘 수밖에 없습니다.

여러분, 무엇을 심고 무엇을 기다리고 있습니까? 선한 것을 심고 그것이 언젠가 나길 기다립니까? 조금만 더 기다리세요. 악한 것을 심고 혹이라도 이것이 들통날까봐 고민하고 있습니까? 벌벌떨고 있습니까? 쫓기고 있습니까? 이제 그만하십시오. 회개하고, 갈아버리고 다시 심읍시다. 이렇게 불안한 생을 더는 계속할 수 없지 않습니까. 여러분은 현실을 나의 추수현장으로 받아들일 수 있겠습니까? 심리학에 '나이 마흔이 넘었거든 내 얼굴표정에 책임을 져라'라는 말이 있습니다. 얼굴이 아주 밝은 얼굴입니까? 아니면 어딘지 모르게 좀 흉해져가고 있습니까? 그건 내 책임입니다. 마음에 시기 질투 증오 욕심, 이런 게 있고 그게 3년가면 피부가 바뀝니다. 그건 어떤 화장으로도 고칠 수가 없습니다. 이걸 알아야 합니다. '얼굴표정에 책임을 져라.' 또하나 있습니다. 주변환경에, 사람들과의 관계에 책임을 져라 합니다. 많은 사람들이 나를 반갑게 대하거든 내가 남에게 반갑게 한 줄 알고 사람들이 나를 미워하고 모든 사람이 나를 멀리하는 것같아보이거든 something wrong with me임을 알아야 합니다. 내가 뭔가를 잘못 심었습니다. 그래서 고독은 죄입니다. 말년의 고독은 더욱 죄입니다. 일생 심어놓고 지금 거두는 것입니다. 이걸 알아야 됩니다. 그런고로 우리는 보이지 않는 가운데서 또다른 가을을 맞아야 합니다. 젊어서는 고쳐 할 길이라도 있습니다. 나이들어서는 되돌아갈 수도 없습니다. 그러나 다시 시작해야겠습니다. '심은대로 거두리라.' 신령한 것, 하나님의 말씀, 진리, 선한 것, 그리스도의 마음을 심어서 그리스도와 같은 그런 인격으로 그런 표정으로 그런 얼굴로 그런 인간관계로 그렇게 아름다움을 추수하며 우리의 말년을 살아야 할 것입니다. '심은대로 거두리라.' 이 진리 앞에 다시한번 진실하여야 하겠습니다. △

곽선희목사 설교집 · 강해집 · 기타

〈설교집〉
 8권 물가에 심기운 나무
 9권 최종승리의 비결
10권 종말론적 윤리
11권 참회의 은총
12권 궁극적 관심
13권 한 나그네의 윤리
14권 모세의 고민
15권 두 예배자의 관심
16권 이 산지를 내게
17권 자유의 종
18권 하나님의 얼굴
19권 환상에 끌려간 사람
20권 복받은 사람의 여정
21권 좁은문의 신비
22권 내게 말씀을 주소서
23권 약속의 땅을 바라보며
24권 결단이 있는 자의 행로
25권 이 세대에 부한 자
26권 행복한 사람의 정체의식
27권 미련한 자의 지혜

28권 홀로 남은 자의 고민
29권 자기결단의 허실
30권 자기십자가의 의미
31권 자기승리의 비결
32권 자유인의 행로
33권 너는 저를 사랑하라
34권 주도적 신앙의 본질
35권 행복을 잃어버린 부자
36권 지식을 버린 자의 미로
37권 신앙인의 신앙
38권 예수께 잡힌바된 사람
39권 군중 속에 버려진 자
40권 한 수난자가 부르는 찬송
41권 복낙원 인간상

〈강해집〉
(빌립보서 강해) 희락의 복음
(갈라디아서 강해) 은혜의 복음
(고린도전서 사랑장 강해) 진정한 사랑의 의미
(예수님의 이적 강해) 이적으로 계시된 말씀
(사도신경 강해) 사도들의 신앙고백
(야고보서 강해) 참믿음 참경건
(예수님의 잠언 강해) 예수의 잠언
(사도행전 강해)(상) 교회의 권세

(사도행전 강해)(하) 교회의 권세
(로마서 강해) 믿음에서 믿음으로
(고린도전서 강해) 복음의 능력
(고린도후서 강해) 생명에로의 길
(예수님의 비유강해)(상) 하나님의 나라
              (중) 이 세대를 보라
              (하) 생명에로의 초대
(에베소서 강해) 내게 주신 은혜의 선물
(골로새서 강해) 위엣것을 찾으라
(데살로니가서 강해) 사도의 정체의식
(디모데서 강해) 네 직무를 다하라

〈기타〉
행복한 가정
참회의 기도
영성신학
종말론의 신학적 이해
생명의 길